ANTIKE UND GEGENWART



# Irritamenta animi

## Ein lateinisches Europa-Lesebuch

Lehrerkommentar
von Friedrich Maier
und einem studentischen
Autorenteam der
Humboldt-Universität zu Berlin

C.C. BUCHNER

ANTIKE UND GEGENWART

Lateinische Texte
zur Erschließung europäischer Kultur

Herausgegeben von Prof. Dr. Friedrich Maier,
Humboldt-Universität zu Berlin

1. Auflage 1 5 4 3 2 1 2007 06 05 04 03 02
Die letzte Zahl bedeutet das Jahr dieses Drucks.

Dieses Werk folgt der reformierten Rechtschreibung und Zeichensetzung. Ausnahmen bilden Texte, bei denen künstlerische, philologische oder lizenzrechtliche Gründe einer Änderung entgegenstehen.



www.ccbuchner.de

Layout und Satz: i.motion, Bamberg
Druck: Creo Druck & Medienservice GmbH, Bamberg

ISBN 3 7661 **5975** 5

# Vorwort

Der vorliegende Lehrerkommentar hat sich zur Aufgabe gemacht, die umfassende Zielsetzung eines Europa-Lesebuchs erfolgreich zu verwirklichen. Die Einzelprojekte werden demnach, soweit möglich, in ihrem Bezug zur Entwicklung der europäischen Geistes- und Kulturgeschichte untersucht und gedeutet. Die Lehrerin oder der Lehrer erhält hier also möglichst viele Informationen, die ihr / ihm helfen, die neun Lektüreeinheiten mit den Schülerinnen und Schülern so zu bearbeiten, dass sie deren europäische Dimension erkennen und ein Wissen davon in ihrem Gedächtnis verankern können. Dazu dienen vor allem die wissenschaftlich abgesicherten Textinterpretationen und der Vergleich von zeitlich mehr oder weniger weit auseinander liegenden Dokumenten der Rezeption in Text und Bild. Durch aktuelles Material wird, sooft möglich, immer auch die Perspektive der Gegenwart eingebracht.

Graphische Analysen (als Tafelbild oder Vorlage für eine Overhead-Projektion) versuchen in äußerst reduzierter Form die Kerngedanken des jeweiligen Textes optisch zu vergegenwärtigen. Die sprachliche und inhaltliche Analyse des Textes wird dadurch gestützt. Die texterschließenden Fragen im Schülerband, die gezielt zum Erfassen des Inhalts anstoßen, werden in den umfänglichen Interpretationen des Lehrerkommentars indirekt beantwortet, doch sind hier auch für den eiligen Lehrer die erwarteten Antworten in gedrängter Kürze als Schnellinformation geboten. Impulse zur kreativen Auseinandersetzung mit dem Thema, die im Schülerband gegeben werden, sind im Kommentar durch Beispiele verdeutlicht.

Da das Lehrbuch ganz verschiedene Autoren, Themen und literarische Gattungen in sich vereinigt, die mit ihrem unterschiedlichen Anspruchsniveau Schülerinnen und Schüler von der Mittel- bis zur beginnenden Oberstufe erreichen wollen, ist hier die didaktische Umsicht des Lehrenden gefordert. Die Interpretationsansätze stellen – je nach dem Schwierigkeitsgrad des Textes – verschieden hohe Denkansprüche. In den den Lektüreprojekten jeweils vorangestellten Kästen wird deshalb auf die Einsatzmöglichkeit und Zielgruppe der vorliegenden Lektüreeinheit hingewiesen.

Die Lektüreprojekte des Europa-Lesebuchs sind größtenteils von den Mitgliedern eines fachdidaktischen Hauptseminars an der Humboldt-Universität zu Berlin erarbeitet worden; deshalb sind ihre Verfasser jeweils im Schülerband mit Namen genannt. Für die Konzeption und Harmonisierung des Gesamtwerkes bin ich selbst verantwortlich. Die entsprechenden Teile im Lehrerkommentar sind – mit einer Ausnahme – von mir verfasst, wobei ich mich allerdings in Teilen an den Ausarbeitungen der Studentinnen und Studenten orientierte. Den jungen Mitarbeiterinnen und Mitarbeitern, denen die Teilnahme an der Forschungsfront sichtlich Freude machte, sei auch an dieser Stelle für ihr überdurchschnittliches Engagement herzlich gedankt. Die „Weisheit der grauen Haare“ und die jugendliche Dynamik verbanden sich bei der Schöpfung dieses Werkes ungezwungen zu einer fruchtbaren Einheit.

Prof. Dr. Friedrich Maier

# Didaktischer Hintergrund

## 1. Allgemeine Bildungserwartungen

Was soll ein junger Mensch von heute, der sich auf die Zukunft einrichtet, von der Vergangenheit wissen? Welchen Teil darf oder soll in der kollektiven Erinnerung des europäischen Menschen die Antike einnehmen? Der Satz „Zukunft braucht Herkunft", der nach wie vor unwiderlegt ist, muss, wenn er nicht zur bloßen Floskel erstarren soll, lebendige Wirkung entfalten, in den Bildungskonzepten der Kultusministerien ebenso wie in den Bildungsprogrammen der Schulen, besonders des Gymnasiums. Die Klassischen Fächer Latein und Griechisch, wie alle kulturhistorisch orientierten Disziplinen, haben ihr Angebot darauf auszurichten.

Die Bildung eines zur Persönlichkeit heranreifenden Menschen baut sich auf über die Ebenen Information (Wissen), Reflexion (Denken), Kontemplation (Besinnen) und Moralisation (Verantworten). Was kann in der Phase des lateinischen Lektüreunterrichts geboten werden, das zum kulturellen Code des Gebildeten gehört und ihm hilft, die heutige Welt besser, tiefgründiger und aus einer sachbezogenen Distanz heraus zu verstehen, das zugleich dem Heranwachsenden existenzielle Erfahrungen vermittelt, die seinem Bedürfnis nach Sinnorientierung zu befriedigen helfen.

Was aber lässt sich aus der Fülle dessen, das uns überliefert ist, herausfinden, das nicht zum „musealen Bildungsmüll" zählt. Und wie? Neben dem humanistischen Aspekt ist heute der Europa-Gedanke mit Nachdruck zu betonen. Welche grundlegenden Erkenntnisse lassen beim jungen Menschen ein Bewusstsein der europäischen Identität wachsen? Eine Identifikation mit unserem Kulturraum anzubahnen, die es letztlich erst ermöglicht, dass sich ein „Europa-Gefühl" in den Herzen der Heranwachsenden einstellt, zählt heute zu den vordringlichsten Bildungsaufgaben – zumal des Gymnasiums.

## 2. Bildungsziele der vorliegenden Projektauswahl

Die in diesem kleinen Lesebuch zusammengestellten Projekte sind das Ergebnis langjähriger Untersuchungen darüber, wie sich in nuce das Bildungsangebot darstellen sollte. Dabei wurden einerseits die aktuellen Existenzprobleme mitbedacht, die sich seit der Antike als gültig erwiesen haben und die für Entwicklung und Fortschritt der Kultur mitverantwortlich sind. Andererseits spielte der Europa-Gedanke eine beherrschende Rolle. Was Dietrich Schwanitz in seinem Buch „Bildung. Alles, was man wissen muss" (1999) über die lateinische Antike als Bildungsstoff schreibt, hat nachträglich das zugrunde liegende Auswahlprinzip bestätigt: „Bis in unsere Tage ... wird vor allem die römische Geschichte zur exemplarischen Geschichte überhaupt, aus der Europa wie in einer historischen Versuchsanordnung Politik lernt. Deshalb muss man von der römischen Geschichte die Dramen und Gestalten kennen, die das spätere Europa fasziniert haben." (S. 60)

Natürlich können in einer Kurzauswahl nicht alle hier relevanten Ereignisse und Personen an Originaltexten vorgeführt werden. Trotzdem ist versucht, durch breite Hintergrundinformationen das Wissenswerte zur Kenntnis zu geben und ein möglichst zusammenhängendes Bild von der römischen Antike zu schaffen. Im Zentrum steht ein Kanon von angesehenen Autoren:

NEPOS – CAESAR – LIVIUS – SALLUST – SUETON –
OVID – CICERO – HORAZ – SENECA

Den jeweils ausgewählten Texten sind Informationen, Zusatztexte, Bildmaterial beigegeben, so dass die Integration des Themas in den historischen Kontext erleichtert wird. Dabei wird sich zeigen, dass die einzelnen Projekte in einem engeren oder weiteren Sinne in einem thematischen Zusammenhang zueinander stehen.
Ergänzende Texte und Bilder aus der späteren Zeit dokumentieren die Wirkungsmacht der antiken Rezeptionsvorgaben im Kontinuum der europäischen Kultur. Die Verbindung von Antike und Gegenwart ist in jedem Projekt bewusst hergestellt. Die Aktualisierung ist jedoch niemals vordergründig; sie vollzieht sich immer auf der Ebene des existenziellen Transfers.
Dadurch ist zugleich gewährleistet, dass die zur Lektüre vorgeschlagenen Projekte auch fachübergreifend bearbeitet werden können. In jedem Falle dient das Arrangement der Texte dem Nachweis von der Sinnhaftigkeit lateinischer Lektüre. Das soll auch durch die „Projekt-Begründung" unterstützt werden, die expressis verbis den einzelnen Lektüreeinheiten jeweils vorangestellt ist; diese wurde in der Regel von jungen Studenten für junge Schüler verfasst, in der Absicht, ihnen einen Motivationsanreiz zur Lektüre zu geben.
Wie sehr der fachübergreifende Aspekt vorherrscht, geht aus der folgenden Matrix deutlich hervor. Hier sind in der neu geschaffenen Zusammenstellung der fachübergreifenden Ziele für den Lateinunterricht diejenigen Notationen durch Unterlegung hervorgehoben, die durch Leistungen der neun Lektüreprojekte abgedeckt werden:

**Fachübergreifende Ziele und Leistungen eines modernen Lateinunterrichts**

**1.** Umfassendes Wissen und Ordnung der Vorstellungswelt (Orientierungswissen)

1.1 *Aneignen von sprachlichem Wissen*
- Steigerung der muttersprachlichen Kompetenz
- Förderung der Sicherheit in fremder Terminologie
- Erhöhte Disponibilität zum Erlernen moderner Sprachen Europas

1.2 *Vertrautmachen mit Literaturwissen*
- Kennenlernen von anerkannten Stilmustern und Literaturformen
- Erfahren von standardisierten Figuren, Motiven, Themen der europäischen Literatur
- Erfassen von mythologisch-symbolischen Grundmustern im europäischen Denken

Vgl. dazu VERFASSER: Latein – auf gefestigter Basis in die Zukunft. Ansätze zu einer Begründung des Faches. In: Zukunft der Antike. Die Klassischen Sprachen am Scheideweg, Bamberg 2000, 44f., bes. 51.

**2.** Abstraktion und Theoriebildung – Erfassen komplexer Zusammenhänge (Komplexes Denken)

2.1 *Annäherung an die Sprache als ein Modell*

- Linguistischer Umgang mit Sprache an ihren Aufbauelementen
- Sprachvergleich als Voraussetzung von Sprachenverstehen und Völkerverständigung
- Erfahren der Grenzen des Übersetzens als Beleg für die unaufhebbare Identität der Völker

2.2 *Einblick in den systematischen Aufbau einer Sprache*

- Erfassen des funktionalen Vernetzungssystems von Sprache
- Erkennen der Zusammenhänge der im *Text* verlebendigten Sprache
- Bewusstwerden des Zusammenhangs von Sprache und Denken

**3.** Erfahrung der Kultur Europas – Prinzipielle Fragen (Offenheit für Sinnfragen)

- Kennenlernen der Wurzeln Europas
- Begreifen der eigenen Kultur als Ergebnis einer langen Tradition
- Einsicht in die identitätsstiftende Kraft der antik-römischen Kultur
- Vertrautwerden mit dem europäischen Paradigma als Voraussetzung für den multikulturellen Dialog und die Auseinandersetzung mit dem Fremden
- Erkennen des Ursprungs von Kultur
- Einsicht in das uralte Bemühen des Menschen um Erkenntnis seiner Herkunft und um Verbesserung seines Standards für die Zukunft
- Konfrontation mit dem intellektuellen Engagement des Menschen, den Dingen auf den Grund zu gehen
- Einblick in zeitlos gegebene Möglichkeiten, die Frage nach Sinn und Orientierung in der Welt zu lösen

**4.** Existenzprobleme der Menschheit – Fähigkeit und Bereitschaft zu Verantwortung (Wertbewusstsein und Verantwortlichkeit)

*Bewusstwerden der Existenzfragen der Menschheit*

- Auseinandersetzung mit den eher zeitlosen Problemen wie Krieg und Frieden, Ringen um die beste Staatsform
- Auseinandersetzen mit den mehr aktuellen und zukunftsbezogenen Problemen wie Natur und Umwelt, Wort und Bild, Freizeit und Beruf
- Konfrontation mit philosophisch diskutierten Existenzfragen
- Einüben in Verantwortlichkeit
- Erfahren von Krisensituationen der römischen und von Rom beeinflussten europäischen Geschichte, in denen verantwortliches Handeln gefordert war
- Aufsuchen von Analogien der Verantwortungssituationen in Geschichte und Gegenwart
- Einüben in Verantwortlichkeit in konkreten Unterrichtsprojekten im Lateinunterricht oder des Lateinunterrichts in Zusammenarbeit mit anderen

# Methodische Hinweise

## 1. Einsatzmöglichkeiten

Die zur Lektüre aufbereiteten Projekte können als „Appetithappen" in das laufende Lektüreprogramm eines Jahres eingefügt werden; einige Projekte (Nepos, Caesar) eignen sich auch zur Einstiegslektüre. In beiden Funktionen sind die Lektürevorschläge in der Praxis erprobt. Als Zwischenlektüre steigern sie erwiesenermaßen die Motivation der Lernenden und schaffen neue Impulse für das Interesse am Fach, zumal in der oft recht prekären Situation der 11. Jahrgangsstufe.
Die neun Projekte bieten den Kernkanon der römischen Schulautoren. Sie sprechen nahezu alle Existenzprobleme des Menschen an, die in der Antike diskutiert worden sind; dabei stellen die lateinischen Texte zusammen mit den vielen Informations- und Zusatztexten ein fast kontingentes Bild von der Antike den Schülerinnen und Schülern vor Augen. Zudem lässt sich jeweils ungezwungen die Verbindung zur europäischen Gegenwart herstellen. Die Aktualität ist immer gewährleistet, in gleichem Maße auch die Konfrontation mit den Wurzeln unserer Kultur.
Deshalb mag es plausibel erscheinen, bei zeitlich kurzen Lektürephasen (etwa bei L2 und L3) sich mit dem in diesem Lesebuch vorgelegten Gesamtprogramm zu begnügen. Einige Texte (z.B. von Catull) können als Ergänzung hinzugenommen werden. Die Originaltexte sind jeweils so aufbereitet, vor allem durch die kolometrische Textanordnung und den sub-linea-Kommentar, dass sie sich in einem fünfjährigen Lateinunterricht – wenn auch nur unter starkem Einsatz der Lehrerin oder des Lehrers bei den anspruchsvolleren Projekten – bewältigen lassen. Im Vorspann zu jedem Lektüreprojekt sind dazu jeweils neben anderem Hinweise auf Anspruch und Schwierigkeitsgrad gegeben. Die Textausgabe ist durch Inhalt und Aufmachung dazu angetan, bei Schülerinnen und Schülern einen guten Eindruck vom Fach Latein zu hinterlassen.

## 2. Projekt-Bearbeitung

Jedem Lektüreprojekt ist eine **Begründung** vorangestellt, die den Sinn und die Zielsetzung gerade dieser Lektüreeinheit anzeigen soll. Sie sollte am Anfang laut vorgelesen oder den Schülerinnen und Schülern vor Lektürebeginn zur häuslichen Bearbeitung aufgegeben werden; dabei könnte der Kerngedanke herausgearbeitet werden, über den man dann in das Projekt einsteigt. Am Ende der Projektarbeit ließe sich jeweils überprüfen, ob sich die Begründung in den Augen der jungen Menschen als stichhaltig erweist.
Vor dem Originaltext stehen außerdem **Informationen** **i**, die den Autor, sein Werk und die Geschichte seiner Zeit in Kürze vorstellen; es ist unschwer erkennbar, dass sich die einzelnen Projekte zumindest ansatzweise gerade auch mit Hilfe dieser Informationen zu einem Gesamtbild der Antike zusammenfügen. Auch diese Texte lassen sich am besten durch Eigenlektüre oder Schülerreferat zur Kenntnis geben.
Der Originaltext, in den jeweils kurz eingeführt wird, ist je nach Länge in Abschnit-

te aufgeteilt; diese Teiltexte sind im Umfang so bemessen, dass sie mit Hilfe des reichhaltigen sub-linea-Kommentars in 1 bis 2 Stunden bewältigt werden können. Die Aufgabenstellungen zur Interpretation, die sich jeweils anschließen, sollen zur vertieften Auseinandersetzung mit dem Inhalt des Textes anstoßen.

## 3. Tauglichkeitsbewertung der Projekte

In den Seminaren, in denen die vorgelegten Projekte erarbeitet wurden, wurden auch – unter Berücksichtigung von Vorgaben der allgemeinen Literaturdidaktik – Tauglichkeitskriterien zusammengestellt, die es ermöglichen, die Lektürevorschläge in ihrem Gesamtarrangement zu bewerten. Die Bewertung selbst wurde dann von einer Vielzahl von Studenten und Lehrern (gelegentlich auch von Schülern, soweit diese zu einem Urteil bereits fähig waren) vorgenommen. Die einzelnen Projekte wurden nämlich in didaktischen Abendvorlesungen Studenten, Lehrern (und gelegentlich auch Schülerklassen) vorgestellt, so dass anschließend eine Beurteilung möglich wurde. Die Tauglichkeit wurde mit den Ziffern 1 (weniger tauglich), 2 (tauglich), 3 (gut tauglich) notiert. Folgende Tauglichkeitskriterien wurden herangezogen:

**Tauglichteitskriterien**

1. Sprachliche Angemessenheit bei optimaler Diskrepanz (d.h. keine Unter- oder Überforderung)
2. Sicherung der Übersetzungsfähigkeit und Ergänzung des Sprachwissens
3. Erfahrung der Lesefähigkeit („Leseerlebnis“)
4. Nähe zur Interessenslage der Schüler (Abenteuerliches, Kurioses, Spannendes, anregende Geschichtsereignisse)
5. Mitteilung einer Botschaft (keine inhaltsleeren Informationen)
6. Förderung des Kulturwissens, des Denkens, der Urteilsfähigkeit
7. Orientierung an übergreifenden, aktuellen Bildungszielen (z.B. Europagedanke, Wertevermittlung)
8. Auseinandersetzung mit existenziellen Problemen des Menschen und der Menschheit
9. Erfahrung der kulturstiftenden Kraft der Antike (unter Einbeziehung von Dokumenten der Rezeption)
10. Möglichkeiten des Einsatzes moderner Methoden (z.B. offener Unterricht, fachübergreifender Projektunterricht, Einsatz von neuen Medien, bes. des Computers)

Die Notierungen der Bewertungsvorgänge wurden zusammengezählt und ergaben einen Tauglichkeitsindex. Dabei ergab sich im Durchschnitt aller Bewertungen (ca. 200) folgendes Ergebnis. Der Index musste jeweils zwischen 10 und 30 liegen.

| | | |
|---|---|---|
| 1. | Hannibals Eid (NEPOS) | 24,6 |
| 2. | Die Freiheit der Barbaren (CAESAR) | 25,3 |
| 3. | Die Kapitolinischen Gänse (LIVIUS) | 24,9 |
| 4. | Asiens Widerstand gegen Rom (SALLUST) | 21,1 |
| 5. | Das Attentat auf Caesar (SUETON) | 23,5 |
| 6. | Die Lykischen Bauern (OVID) | 27,4 |
| 7. | Die Würde einer fremden Kultur (CICERO) | 22,2 |
| 8. | Die Fabel von Stadt- und Landmaus (HORAZ) | 24,7 |
| 9. | Ein Philosoph als Staatslenker? (SENECA) | 23,1 |

Die Bewertungen wurden dabei immer auf die jeweilige Klassenstufe und den jeweiligen Lateinlehrgang (L1/2/3) bezogen, für die das Projekt geeignet erschien. Bezugspunkt war demnach der Stand der Übersetzungsfähigkeit und des Interpretationsverständnisses der Schülerinnen und Schüler.
Die Projektanlage weist nach dem Originaltext je nach Thematik eine verschiedene Gestaltung auf. Es können einerseits lateinische Paralleltexte folgen, die zu übersetzen sind; sie sind deshalb ausgewählt, weil sie eine andere antike Position aufzeigen, die zum Vergleich herausfordert und zur kritischen Stellungnahme zwingt. Andererseits werden Vergleichtexte aus der einschlägigen Literatur verschiedenster europäischer Herkunft angeboten, die die Kontinuität der Problemstellung im Lauf der Kulturentwicklung verdeutlichen und die die Wirkungsmacht des antiken Originals spüren lassen. Zuweilen werden auch motivgleiche oder motivkonträre Texte oder moderne Stellungnahmen zu antiken Denkpositionen angeführt, die den antiken Ausgangstext in den weiten Zusammenhang europäischen Denkens und Handelns stellen. Dabei deutet sich die fächerübergreifende Zusammenarbeit mit Geschichte, Politischer Bildung, Ethik, Religion, Englisch, Deutsch, Musik als notwendig oder förderlich an.

## 4. Die Arbeit mit dem Bildmaterial

Bildmaterial ist aus den verschiedensten Bereichen angeboten, aus der antiken und modernen Plastik und Architektur, dem antiken Münzwesen, aus der Malerei der Neuzeit und Gegenwart, aus der Karikatur, Zeichnung und Fotographie. Diese Bilder geben den Projekten Hintergrund und Atmosphäre, verdeutlichen Situationen und Personen, sie stehen sehr oft in einem engen Bezug zu den Textinhalten. Sie stoßen damit zur Interpretation an oder machen auf bestimmte Aspekte der Aussage aufmerksam. An ihnen wird die Rezeptionsgeschichte des antiken Textes lebendig. Wo immer es möglich ist, sollte dieses reichhaltige Angebot mit in das Unterrichtsvorhaben einbezogen werden, etwa indem die Schülerinnen und Schüler dazu veranlasst werden, zwischen Text und Bild einen Zusammenhang herzustellen.
Zuweilen sind auch Schüler-Kreationen in Form von Zeichnungen oder Collagen eingefügt; auch sie sollten mit dem Text in Beziehung gebracht werden. Zudem kann von ihnen ein starker Impuls auf die Schülerinnen und Schüler ausgehen, in ähnlicher Weise kreativ auf den antiken Text zu reagieren.

# 1 Der Eid des Hannibal (NEPOS)

## Oder: Ob man ein Kind auf ewigen Hass einschwören darf

Das Projekt lässt sich bei L1/L2 innerhalb der Nepos-Lektüre verwirklichen; es kann auch als Kleinprojekt zur Anfangs- oder Zwischenlektüre verwendet werden. Innerhalb der Lesebuch-Sequenz vertritt es den Autor NEPOS.
Hauptmethode: Vergleich a) strukturell und inhaltlich mit dem LIVIUS-Text
b) mit einem Ausschnitt aus dem Roman von JELUSICH
Kreative Anstöße: zu Schülerzeichnung und Schülerhörspiel
(mit neuer lat. Textfassung)
Fächerübergreifende Zusammenarbeit mit: Geschichte/Deutsch/Politische Bildung

### 1. Didaktische Einordnung der Texte

Die Universalgeschichte der Menschheit enthält gewiss auch dieses antike Datum: 146 v.Chr. Das Ende Karthagos gilt als epochales Jahr, als Zeitpunkt, an dem die Geschichte der Welt eine bedeutende Wende genommen hat. Der Untergang der phönikischen Handelsmacht in Nordafrika machte den Weg frei für eine in Raum und Zeit – von den damaligen Menschen aus gesehen – nahezu grenzenlose Herrschaft: *imperium sine fine*. Das Römische Reich stieg zur bestimmenden Ordnungsmacht empor, die politische und wirtschaftliche Entwicklungen in Gang setzte, die allmählich die ganze bewohnte Erde erfassten.[1]
Rom, seit damals ohne politischen Nebenbuhler, fing an, auch als geistig-kultureller Kristallisationspunkt auf die Welt auszustrahlen; selbst Athen trat in seinen Schatten. Die Römer haben diese historische Marke durchaus selbst erkannt; damals begannen sie, die Farben zu mischen, mit denen über Jahrhunderte hin das mächtige Bild der *Roma aeterna* gemalt wurde.[2]
Die römische Geschichtsdeutung stellt deshalb den Konflikt zwischen Römern und Karthagern ins Zentrum der Ursprungsgeschichte. Wen wundert es, dass sie dabei die manifesten Leistungen ihrer Ahnen verklärten, dabei freilich schon in diese Phase ihrer Geschichte ein „Denkmodell" projizierten, das für das Herrschaftsdenken der späteren Weltmacht bestimmend wurde: Der Kampf mit Karthago hat Roms Kräfte zur Gegenwehr aktiviert, die Römer sich ihrer Kampf- und Herrschaftsfähigkeit bewusst werden lassen. Folgerichtig formte sich an eben dieser existenziellen Auseinandersetzung der beiden Großmächte jene Ideologie aus, der zufolge Rom durch Verteidigung zur größten Macht der Erde wurde, quasi „ein Weltreich aus Notwehr".[3] Die Karthager haben sozusagen den Anstoß gegeben, dass die

1) Zur Bedeutung des römisch-karthagischen Antagonismus vgl. auch HOFMANN, W.: Hannibal. Göttingen 1962, 7f.: „Hinter dem Gegensatz Rom – Karthago treten alle anderen Momente zurück."

2) Wichtig dazu MEIER, TH.: Roma aeterna. Theorien zu Dauer und Verfall Roms. In: Impulse (hg. von KREFELD, H.), Frankfurt 1979, 103ff.

3) So v. BORRIES, B.: Römische Republik: Weltstaat ohne Frieden und Freiheit, Stuttgart 1980, 21ff.

Römer Herrscher des Erdkreises wurden. Jene Ideologie, nach der der Feind schuld ist an der Stärkung und Maximierung der eigenen Macht,[4] hat die römische Geschichtslegende in eine Form von plastischer Anschaulichkeit gerinnen lassen: in die Eidszene, in der der junge Hannibal vor seinem Vater ewigen Hass auf Rom schwören muss. Diese Szene mit weltgeschichtlichen Folgen ist uns neben anderen kurz bei Livius (XXI 1,4), etwas ausführlicher bei Nepos (*Hannibal* 2,3) überliefert.[5] Wenn lateinischer Lektüreunterricht auch die Aufgabe hat, Schüler weltgeschichtliche Ereignisse in ihrer literarischen Formung erleben zu lassen, dann scheint es geboten, gerade solche Szenen möglichst intensiv, mit allem methodischen Aufwand vorzuführen, zumal dabei auch grundsätzliche Probleme menschlichen Verhaltens zum Gespräch anstehen.[6]

## 2. Interpretationslinien

### 2.1 Nepos: Die Eidszene in der Biographie[7]

Hannibal galt nicht nur in der republikanischen Zeit als Roms größter Gegner. Der Schreckruf *Hannibal ad portas!*, zum sprichwörtlichen Ausdruck für eine drohende Gefahr geworden,[8] ließ noch lange nach seinem Tod die Nation erschaudern.[9] Das Feldherrngenie des Karthagers war in der Antike allseits anerkannt.[10] Nach ERNST KORNEMANN kann er in der Alten Geschichte nur „mit Alexander und Caesar" verglichen werden.[11] Diese Einschätzung geht auch aus der Biographie des Nepos hervor. Für ihn ist Hannibal der gefährlichste Feind, der den Römern je gegenüberge-

4) Dazu ausführlicher: VERFASSER: Lateinunterricht zwischen Tradition und Fortschritt, Bd. 3, Bamberg 1986, 81ff.

5) Überliefert auch bei Val. Max. IX 3, 7, Martial IX 44, Sil. Ical. I 81ff., Flor. II 62, Oros. IV 14, beim Griechen Polybios III 11.

6) Die Hannibal-Vita hat eine eingehende didaktische Behandlung erfahren. GLÜCKLICH, H.-J./ REITZER, S.: Die Hannibalbiographie des Nepos im Unterricht. Consilia 8, Göttingen 1985. Allgemein zur didaktischen Bewertung der Nepos-Lektüre zuletzt SCHÖNBERGER, O.: Von Nepos bis zum Neuen Testament. AUXILIA 14, Bamberg 1985, 3ff. (hier weitere Literatur). Vgl. auch ELLER, K. H.: Nepos-Lektüre. In: Handbuch für den Lateinunterricht, Sek. I, Frankfurt 1987, 209-221.

7) Vor der Textlektüre sollte die Information über die „Biographie" als literarische Gattung (s. Textband S. 9) gelesen werden.

8) Eigentlich: *Hannibal ad portas* (erstmals bei Livius XXI 16,2 und XXIII 16,1). Schon bei Cicero (Phil. 1,5,11: *Hannibal, credo, erat ad portas*) ist die sprichwörtliche Verwendung fassbar, etwa in dem Sinne: „Der Staat schwebte in der äußersten Gefahr" Vgl. dazu OTTO, A.: Die Sprichwörter der Römer, Hildesheim/New York 1971, 158.

9) GLÜCKLICH/REITZER, (a.O. 5) betonen, „dass noch zu Nepos' Zeiten den Römern der Schreck über seine unkonventionelle Italieninvasion in den Gliedern hing".

10) Vgl. dazu etwa Polybios 15, 15f.; Livius XXX 35; Diodor 29,19; Justin 32,4,10ff.

11) Römische Geschichte, Bd. 1, Stuttgart ³1954, 201. Vgl. dazu auch HOFMANN (a.O.), der bes. den Vergleich mit Alexander d. Gr. herausarbeitet. Hannibal habe im Westen der damaligen Welt Ähnliches geleistet wie Alexander im Osten.

standen ist, der, sooft er auf italischem Boden mit den Römern zusammenstieß, immer als Sieger vom Feld ging. Und der wohl, hätten nicht Neid und Intrigen von zu Hause seine Kräfte gelähmt, die aufstrebende Macht Roms hätte zerschlagen können – die Weltgeschichte wäre andere Wege gegangen.

**a) Die Eidleistung**

Den Grund für diese Möglichkeit sah der Biograph in Hannibals Römerhass. Dieses Faktum mag den Autor dazu bestimmt haben, die Eidszene nicht bloß in einer linearen Erzählkette an den Anfang der historischen Biographie zu stellen; er hat ihr einen Erzählrahmen gegeben, in dem ihre Bedeutung funktional dem Leser vermittelt wird. Als Hannibal bei Antiochus III. (dem Großen) weilte, um ihn zum Krieg gegen Rom aufzuhetzen (195 v. Chr., also schon fast am Ende seines Lebens), und als römische Gesandte den Ostherrscher schon beinahe wieder umgestimmt hatten, da berichtete er in einer Sonderaudienz Antiochus von seiner Antipathie gegen die Römer. Dies ist für Nepos der Moment, wo er Hannibal in einer Art von Rückblende in seine Kindheit die Eidverpflichtung ausführlich in direkter Rede vergegenwärtigen lässt.

*„Pater meus", inquit, „Hamilcar puerulo me, utpote non amplius novem annos nato, in Hispaniam imperator proficiscens Carthagine Iovi Optimo Maximo hostias immolavit. Quae divina res dum conficiebatur, quaesivit a me, vellemne secum in castra proficisci. Id cum libenter accepissem atque ab eo petere coepissem, ne dubitaret ducere, tum ille: ‚Faciam', inquit, ‚si mihi fidem, quam postulo, dederis.' Simul me ad aram adduxit, apud quam sacrificare instituerat, eamque ceteris remotis tenentem iurare iussit numquam me in amicitia cum Romanis fore. Id ego iusiurandum patri datum usque ad hanc aetatem ita conservavi, ut nemini dubium esse debeat, quin reliquo tempore eadem mente sim futurus. Quare si quid amice de Romanis cogitabis, non imprudenter feceris. Si me celaris; cum quidem bellum parabis, te ipsum frustraberis, si non me in eo principem posueris."*

Der Text der direkten Rede[12] ist auffallend in drei Teile gegliedert. Auf die kurze Darstellung der äußeren Situation (Opfer für Iuppiter Optimus Maximus[13] kurz vor Aufbruch von Karthago nach Spanien), folgt die Eidszene (Bedingung für Mitnahme des jungen Hannibal, Befehl und Leistung des Eides), schließlich die Folgerung für den Zuhörer (absolute Verlässlichkeit in seine Hilfsbereitschaft bei einem Krieg gegen Rom). Die Gliederung ist durch entsprechende Verbindungselemente (Konnektoren) jeweils stark betont. Der erste Teil, der eine sakrale Atmosphäre aufgebaut hat, wird zusammengefasst und weitergeführt mit einem den gleichzeitigen Ablauf des nachfolgenden Aktes betonenden *dum*-Satz, dem proleptisch, bedingt durch den relativen Satzanschluss, eine die atmosphärische Situation konzis erfassende Wendung vorangestellt ist: *Quae divina res* ... Auf den kultischen, also verpflichten-

12) Eine texterschließende Analyse bei GLÜCKLICH/REITZER, a.O. 23ff.

13) Damit ist natürlich der karthagische Gott Baal gemeint; auf die hier vorgenommene *interpretatio Romana* der fremden Gottheit ist hinzuweisen.

den Charakter der nachfolgenden Handlung ist eindrucksvoll verwiesen. Der zweite Teil, der in einem angedeuteten dramatisierten Wechselgespräch zwischen Vater und Sohn konsequent auf die Ableistung des Schwurs zuläuft, wird zusammengefasst und weitergeführt durch die mit demonstrativem Satzanschluss gestaltete Wendung *Id iusiurandum patri datum*; sie bildet das Objekt zur Aussage *usque ad hanc aetatem ... conservavi*, wodurch in die unmittelbare Erzählsituation vor Antiochus zurückgeblendet wird. Es ergibt sich also folgendes Schema der Textgliederung:

| | |
|---|---|
| 1. Äußere Situation: | Kurz vor dem Aufbruch von Karthago nach Spanien: Opfer an Iuppiter Optimus Maximus |
| | *Quae divina res dum conficiebatur* |
| 2. Eidszene: | Bedingung für die Mitnahme des jungen Hannibal; Befolgung des Eidbefehls; Leistung des Eides |
| | *Id ... iusiurandum patri datum* |
| 3. Folgerung für den zuhörenden Antiochus: | Absolute Verlässlichkeit des Hannibal in der Hilfsbereitschaft bei Krieg gegen Rom |

Die beiden ersten Teile zeigen Hannibal als Sohn, der dem Willen seines Vaters total unterworfen ist. Im Alter von neun Jahren muss er an der Opferhandlung teilnehmen, die das Kriegsunternehmen gegen Rom einleitet. Der Vater legt in dieser Situation schon den Lebenslauf seines Sohnes für die Zukunft fest; er ist die bestimmende Figur, die planend aktiv den jungen Menschen Hannibal führt (vgl. *ducere*), der nur gehorsam zustimmend reagieren kann. Dieses Verhaltensmuster ist bis in die Sprachstruktur hinein festgelegt. Was Hamilcar macht, steht in den Hauptsatz-Prädikaten; wie Hannibal reagiert, steht in unter- oder zugeordneten syntaktischen Elementen (*cum*-Sätze, Partizip, AcI).

Der Wechsel in Aktion und Reaktion bei Vater und Sohn ist zielstrebig dramatisiert (deshalb auch ein Stück direkter Rede in der direkten Erzählung); die Bedeutung der für das Handeln des Vaters verwendeten Verben macht den zunehmenden Druck des Vaters auf den kleinen Hannibal spürbar:

*quaesivit*: Willst du mitfahren?
*inquit*: Aber, nur wenn du mir ein Versprechen gibst!
*adduxit*: Lass dich an den Altar führen und lege deine Hand darauf!
*iussit*: Schwöre, dass du mit den Römern niemals ein freundschaftliches Verhältnis hast!

Dieser Eid, zu dem ihn sein Vater überredet oder besser: gezwungen hat und den er bis in das Alter gehalten hat, sollte für Antiochus die Garantie sein, in Hannibal einen unverbrüchlichen Mitstreiter gegen Rom zu haben. An Hannibals Treue in der Feindschaft gegen Rom sollte jeder Zweifel absolut unmöglich erscheinen. Warum?[14] Zunächst fällt auf, dass in dieser eingefügten Erzählung sich Hannibal nirgends als ‚Feind' der Römer bezeichnet; es wird nur angedeutet, dass es für ihn keine *amicitia* mit Rom gibt; es fehlen die Begriffe *hostis* oder *inimicus*. Womöglich steht hinter diesem Fehlen keine weitere Absicht des Autors. Denkbar wäre es aber, dass sie deshalb nicht genannt sind, weil das tiefere Motiv in seinem Verhalten zu Rom dann stärkere Geltung bekommt. Die Begriffe *hostis* (Staatsfeind) und *inimicus* (als Gegenbegriff zu *amicus*: politischer Feind) haben einen offiziellen, eher unpersönlichen Anstrich. Was Hannibal aber an Rom empfindet, ist sein abgrundtiefer, persönlicher Hass. Der Vater hat Hannibal als Menschen auf den Römerhass fixiert; der Eid, den er darauf geleistet hat, macht seine Existenz aus: Leben, Person, Ich sind mit dem Eid geradezu identisch. Deshalb ist dort, wo die Eidszene zu Ende berichtet ist und zusammenfassend in die Erzählsituation übergeleitet wird, zwischen *Id ... iusiurandum* akzentuiert und pointiert das *ego* gestellt. Der unmündige Hannibal, damals ganz dem Willen des Vaters ausgeliefert, ist durch dieses Eid-Erlebnis – aus der Retrospektive erkennt er diese Prägung – zu einer eigenständigen (freilich einseitig festgelegten) Person geworden, zu einem Ego. Ich, Hannibal, habe diesen Eid bis zu diesem Lebensalter gehalten; er ist mit mir untrennbar verwachsen; er und ich sind dasselbe. Wozu er mich verpflichtet, das bin ich: ein ewiger Römerhasser:

*id EGO iusiurandum*

Nur vor diesem durch Detailinterpretation am Originaltext gewonnenen Hintergrund wird es verständlich, warum der Autor die Biographie mit einer zeitlich viel späteren Lebensepisode begonnen hat. Er wollte den Kernzug von Hannibals Charakter von einer Begebenheit her, die jenseits des unmittelbaren punisch-römischen Kriegsdramas liegt, beleuchten: Selbst da, wo Hannibal als *hostis* der Römer nahezu ausgespielt hatte, war sein *odium erga Romanos* ungebrochen groß. Wie sieht das Leben eines Menschen aus, das vom Vater von allem Anfang an nur unter eine Bedingung gestellt, letztlich also manipuliert wurde? Mag diese Bedenklichkeit hier auch an einer exponierten Menschenfigur in Erscheinung treten, es wird daran doch ein Problem im Verhältnis der Generationen fassbar. Gehört etwa für die Römer, die sich ja dieses Verhaltensmuster ausgedacht und auf die Karthager projiziert haben,

---

14) Darin liegt die Antwort auf die Erschließungsfrage, die in der Schülerausgabe von HOFMANN, H./PIETSCHMANN, J. (Bayerische Verlagsanstalt Bamberg, Reihe Testimonia, 104) gestellt wird. „Zu welchem Zweck teilt Hannibal dem König dieses Kindheitserlebnis mit?" Vgl. dazu bes. HOFMANN, a.O. 123: „Römische Gesandte haben vielleicht dadurch, dass sie mit Hannibal in Ephesos zusammentrafen, ihn bei Antiochus kompromittieren wollen, so dass für ihn der Eindruck entstand, Hannibal habe versucht, hinter seinem Rücken zu einem Abkommen mit Rom zu gelangen." Dem habe der Karthager durch die Erzählung des Eides entgegenzuwirken versucht. Dazu HOFMANN, W.: Hannibal und Rom. In: Wege der Forschung, Bd. CCCLXXI, Darmstadt 1974, 42f.: „Hannibal ist es erst Monate später gelungen, dieses Misstrauen zu entkräften, indem er ihm, als alle anderen Rechtfertigungsversuche erfolglos blieben, schließlich erzählte, er sei durch den Eid, den er einst in seiner Jugend geschworen habe, verpflichtet, niemals den Römern wohlgesinnt zu sein."

die ideologische Fixierung eines Kindes dem ‚Ethos' eines unrömischen Barbarentums an? Damit hätten sie ihre Gegner auch moralisch disqualifiziert. Solche Raffinessen gehören, wie wir mittlerweile wissen, zu jeder Feindbild-Ideologie. Es ist Aufgabe der Kriegspropaganda, im eigenen Volk von der feindlichen Nation ein stereotypes Bild entstehen zu lassen oder ihm ein Image zu geben, durch das es „in karikaturhafter Überdeutlichkeit" abgewertet, verzerrt, barbarisiert wird.[15]

a 11

1. Der Text (Nepos 4.1) lässt sich in drei Teile gliedern. Diese werden durch die Konnektoren quae (*divina res*) und *id* (*... iusiurandum*) voneinander abgesetzt.
2. Der Vater ist als der Agierende dargestellt, alle Hauptsatz-Prädikate beziehen sich auf ihn: *quaesivit, inquit, adduxit, iussit.* Der Sohn ist der Reagierende, dem dominierenden Vater untergeordnet; deshalb sind seine Verhaltensreaktionen auch in die Gliedsätze abgedrängt. Das Verhältnis von Vater und Sohn spiegelt sich im Zueinander von Haupt- und Gliedsätzen.
3. Die Prädikate (s. dazu auch Antwort auf Frage 2) sind deutlich auf Steigerung angelegt; der Text ist auf den Höhepunkt des Befehls zur Eidleistung konzentriert.
4. Die Stellung des *ego* zwischen *id ... iusiurandum* deutet nachdrücklich an, dass der junge Hannibal sich von Jugend an mit dem Eid identifiziert, ja dass er und der Eid gleichsam identisch sind. Seine ganze Person begreift sich als Eid auf den ewigen Hass gegen Rom.
5. Der ewige Hass auf Rom ist ausgedrückt im AcI: *numquam me in amicitia cum Romanis fore.* Der Begriff *hostis* fehlt wohl deshalb, weil Hannibals Antipathie gegen Rom als persönlicher, abgrundtiefer (sozusagen vererbter) Hass gegen einen persönlichen Feind begriffen werden soll. Die Römer sind die Feinde des Barkiden-Geschlechts.
6. Der Hannibal kennzeichnende Zug des Römerhasses soll von seinem Lebensende her als ihn beherrschend erkannt werden. Auf diese Weise wird er als manipuliertes Werkzeug seines Vaters aus römischer Sicht hingestellt. Die Karthager erscheinen so in ihrer Feindbild-Ideologie als Barbaren, die sich nicht scheuen, ein Kind auf den ewigen Hass gegen Rom einzuschwören.

### b) Die Wirkung des Eides

Zum Verständnis, welch fundamentale Bedeutung die Eidleistung für den unmündigen Hannibal gehabt hat, muss eine Notiz der vorausgehenden Charakteristik des karthagischen Feldherrn herangezogen werden; sie sollte als kurze Textstelle auch im lateinischen Original gelesen werden. Darin stellt NEPOS dem Leser unter den Aspekten, die er am Wesen des Mannes hervorhebt, vorrangig die Wirkung des Eides vor Augen. Der Hass des Vaters sei durch den Akt der Eidleistung geradezu physisch und psychisch dem jungen Mann infiltriert worden; wie eine Erbmasse hinterlassen (vgl. *velut hereditate relictum*) gehöre er sozusagen zum genetischen Potential des

15) Vgl. dazu KLEINSTEUBER, H. J.: Stereotype, Images und Vorurteile. Die Bilder in den Köpfen der Menschen. In: TRAUTMANN, G.: Die hässlichen Deutschen? Darmstadt 1991, 60-68.

Romfeindes.[16] Er sei von diesem ihm vererbten Hasse so total und einseitig beherrscht, dass sein Leben ihm weniger wert sei als dieser Affekt. Er hätte lieber sein Leben als den Hass aufgegeben, sagt NEPOS. Selbst als er von den Seinen verjagt war aus „dem Land des Vaters" (*patria* muss man in einer emotionalen Spannung zu *paternum odium* sehen), also demnach die durch den Vater ihm abgenötigte *Vater*landsbindung ihn nicht mehr verpflichtete und als er persönlich entmachtet der Macht und Unterstützung anderer bedurfte (*alienarum opum indigeret*), konnte er nicht davon ablassen, zumindest im Geiste (*animo*), also in seiner Vorstellung und Planung, mit den Römern Krieg zu führen. Der Hass war nach NEPOS offensichtlich die einzige oder dominante Triebkraft, gewissermaßen der Motor für Hannibals Existenz und Handeln. Der Karthager war sozusagen kriegssüchtig gegenüber Rom. Seine Person und seine hassbedingte Kriegssucht waren identisch. Der Eid ist hier gewiss als Symbol einer Indoktrination zu verstehen, die zu einer fundamentalistischen Lebensorientierung führt. Am Fall Hannibal lässt sich dieses durchaus nicht unmoderne Problem exemplarisch studieren.

Im Schema:

## 2.2 Livius: Die Eidszene in einem Geschichtswerk

LIVIUS erwähnt die Eidszene im 21. Buch seiner Annalen (1,4); es geht hier um die Darstellung des Zweiten Punischen Krieges, dessen Fakten er wahrheitsgetreu (vgl. *non flectere a vero*, praef. 5) darstellen will. Da er für dieses Ereignis keinen sicheren Bürgen hat, stellt er es unter das einschränkende *fama est*, wodurch er diese ihm bekannte Überlieferung in den Bereich eines Gerüchts, einer Anekdote abschiebt. Warum berichtet er sie aber überhaupt? Sehen wir uns den Text zunächst genauer an!

*Fama est etiam Hannibalem annorum ferme novem pueriliter blandientem patri Hamilcari, ut duceretur in Hispaniam, cum perfecto Africo bello exercitum eo traiecturus sacrificaret, altaribus admotum tactis sacris iure iurando adactum se, cum primum posset, hostem fore populo Romano.*

16) GLÜCKLICH/REITZNER, a.O. 18, zu diesem Eid: „Hamilkar vererbt ihn auf seinen Sohn Hannibal, der von Jugend an damit ‚imprägniert' wird."

Die ganze Szene ist in einem Satz dargestellt, in einer von *fama est* abhängigen historischen Periode, die sich im „Stammbaum-Schema“[17] so analysieren lässt:

| | |
|---|---|
| | *Fama est* |
| Subjekt | *Hannibalem* |
| PC | *blandientem* |
| $GS_1$ | — *ut duceretur* |
| $GS_2$ | — *cum (Hamilcar)* |
| | *exercitum traiecturus sacrificaret* |
| PC | *altaribus admotum* |
| Abl. abs. | *tactis sacris* |
| Prädikat | *adactum (esse)* |
| AcI | *se hostem fore populo Romano* |
| $GS_1$ | — *cum ... posset* |

Es wird erkennbar, dass der syntaktisch äußerst verdichtete Satz alle Informationen der ersten beiden Gliederungsteile des NEPOS-Textes (mit geringfügigen Änderungen) enthält:

- Alter des Hannibal
- Mitnahme nach Spanien
- Opferhandlung vor der Abfahrt
- Heranführen an den Altar und Berühren des Altars
- Verpflichtung zum Eid
- Inhalt des Eides

Weggelassen ist die Andeutung einer geheimnisvollen, kultisch-sakralen Atmosphäre (kein Erwähnen der Gottheit, kein Hinweis auf Wegschicken aller Zeugen). Hinzugefügt ist eine Datierungsangabe: *perfecto Africo bello*: 201 v. Chr.) Geändert ist das Motiv für den Eid: Bei LIVIUS geht der Wunsch, mitgenommen zu werden, von Hannibal aus, bei NEPOS wird dieser Wille vom Vater dem Sohn durch die Frage suggeriert. Bei LIVIUS erscheint nun der staatspolitische Begriff *hostis* als Bezeichnung des Verhältnisses des Karthagers zu Rom.

Der historische Bericht reduziert offensichtlich das, was von diesem Hannibal-Eid bekannt ist, auf die nüchternen Tatsachen (ergänzt durch eine Datumsangabe), wobei diese nur als Gerücht angegeben, auf solche Weise in die Distanz einer mehr objektiven Betrachtung gerückt werden. Die Eidszene erhält hier, anders als in der Biographie, die die individuellen Züge des Herrschers Hannibal herausarbeitet, innerhalb des Gesamtgeschehens nur einen kleinen Stellenwert, weshalb alle Informationen in einem Satz zusammengedrängt sind. Alles Atmosphärische fehlt. Die Szene ist deshalb erwähnt, weil auch für LIVIUS das Verhalten Hannibals nur als Folge

---

17) Zu dieser von KURT BENEDICTER entwickelten Analysemethode vgl. VERFASSER. In: Lateinunterricht, Bd. 1, 207; s. dazu auch CURSUS LATINUS III 115 ff. und Methodisches Beiheft III 49 ff.

einer derartigen Eidverpflichtung letztlich erklärbar wird. Außerdem entspricht es der Herrschaftsideologie, wie sie sich zu Livius' Zeiten längst ausgeprägt hatte, das Feindbild vom absoluten Römerhass aufseiten der Karthager (symbolisiert eben im Hannibal-Eid) zu schaffen. Die Vernichtung Karthagos als *hostis* Nr. 1, das *ceterum censeo Carthaginem esse delendam* muss vor der Geschichte gerechtfertigt werden.

a

S. 12

1. Die Kerninformationen sind bei beiden Autoren (Livius und Nepos) gleich: Alter des Hannibal, Mitnahme des Jungen nach Spanien, Opferhandlung vor der Abfahrt, Heranführen an den Altar und Berühren des Altars durch Hannibal, Verpflichtung zum Eid, Inhalt des Eides. Die Unterschiede sind beträchtlich: Es fehlt bei Livius die sakrale Atmosphäre; es werden nur die historisch wichtigen Fakten angegeben, hinzugefügt sind ein historisches Datum (*perfecto bello Africo*) und der staatspolitische Begriff *hostis*.
2. Nepos liefert eine spannend ausgestaltete Szene innerhalb einer Biographie, mit bewusst stilistisch herausgehobener Identifikation von Eid und Hannibal. Alles ist in direkter Rede erzählt und recht breit ausformuliert. Livius dagegen berichtet das Ereignis als historische Information in einer einzigen Satzperiode. Da ihm die Geschichte zu wenig verbürgt erscheint, bringt er sie als Gerücht (*fama*), als überlieferte Erzählung, zu der er als Historiker auf eine gewisse Distanz geht (das Erzählte erscheint im AcI).
3. Die Darstellungsabsicht der Biographie ist neben der historischen Information vor allem die Unterhaltung des Lesers; sie will die dargestellte Person als „Helden" in einem dramatischen Szenario präsentieren. Die Historiographie stellt das Ereignis in den größeren geschichtlichen Zusammenhang, verkürzt deshalb alles auf das faktisch Wichtige und bewertet es unter dem Aspekt der historischen Wahrheit.

## 2.3 Mirko Jelusich: Die Eidszene in einem Roman

Jelusichs historisch-biographischer Roman „Hannibal" (1943 erschienen) beschreibt in szenenartig aneinander gereihten Kapiteln Leben und Leistungen des karthagischen Feldherrn, alles im historischen Präsens, wodurch eine dramatisierende Wirkung erreicht wird.[18] Der Eidszene wird, da der Schwur die Grundlage für das ganze Verhalten des erwachsenen Hannibal bildet, eine Schlüsselfunktion zugewiesen; sie steht fast am Anfang des Romans; sie ist in ausführlicher Anschaulichkeit erzählt.[19] (Der Text ist in der Schülerausgabe auf S. 13 ff. abgedruckt.)

---

18) Die Darstellungsweise in Jelusichs Roman ist, wie Golttschnigg, D. (Jelusich, in: NDB 10, 398) feststellt, den „Gestaltungsgesetzen des Dramas" angenähert.

19) Die Textstelle aus Mirko Jelusichs Hannibal-Roman kann man im Unterricht mit verteilten Rollen lesen lassen. Noch eindrucksvoller ist es aber, wenn Schüler, die vorher dazu gewonnen wurden, eine Tonmontage zu Hause erstellen, die dann im Unterricht auf Kassetten-Recorder vorgespielt wird. Sie hinterlässt bei den Schülern eine nachhaltige Wirkung. Der Vergleich mit den antiken „Vorbildern" gelingt umso besser. (Vgl. dazu S. 21 ff.)

In dieser romanhaften Ausgestaltung sind alle Informationen, wie wir sie von NEPOS und LIVIUS her kennen, enthalten und szenisch verarbeitet. Ein scheinbar neutraler Erzähler, der Autor, führt uns diese Schlüsselszene vom Leben des Karthagers eindrucksvoll vor Augen. Es geht ihm darum, Atmosphäre zu schaffen, in der schrittweise, mit zunehmender Spannung auf das Ereignis des Schwurs – der Name Hannibal fällt erst kurz davor – hingeführt wird. Zunächst wird ein geheimnisvoll sakraler Stimmungsraum aufgebaut, der Tempel des Gottes Baal im Lichte der Fackeln, in dem Hamilkar den neunjährigen Sohn an den Altar führt. Der Vater suggeriert Hannibal den Wunsch, dass er ihn auf einem seiner Feldzüge mitnehme, indem er ihm von der existenzbedrohenden Gefährlichkeit der Römer und seiner eigenen Todfeindschaft diesem räuberischen Volk gegenüber erzählt. Dem Kind wird, ehe es zum Schwur veranlasst wird, Kampf und Krieg unter der Alternative Karthago oder Rom als Lebenssinn und Lebensziel vom Vater mit beschwörender Geste, sozusagen durch Handauflegung, einverleibt. Der Schwur selbst ist so funktionalisiert, dass er die im Anblick der Gottheit gegebene Garantie dafür darstellt, dass der Sohn das Lebenswerk des Vaters fortführt: mit nie endendem Hass Rom zu bekämpfen. JELUSICH hat sich an die antike Vorlage gehalten, er hat freilich, den Gesetzen der Romantechnik folgend, jedes Informationselement ausgefaltet, atmosphärisch verdichtet und das Ganze zu einem dramatischen Arrangement geformt, in dem die Wechselrede zwischen Vater und Sohn dominiert. Zu diesen romanbedingten Änderungen kommt jedoch eine entscheidende Umgestaltung hinzu: der Wechsel der Perspektive. NEPOS (und auch LIVIUS) zeigt die Szene aus dem Blickwinkel der Römer. JELUSICH öffnet den Blick von Karthago auf Rom, dessen imperialistische Politik aus dem Munde Hamilkars aufs Schärfste verurteilt wird. Hannibals Römerhass erscheint dem Leser berechtigt; er macht den Kern seines im ganzen Roman mit Sympathie gezeichneten Wesens aus. Die Feindbild-Ideologie hat sich verkehrt. Nicht: Die Karthager erweisen sich als so barbarisch, dass schon dem Kind Hannibal der Hass auf Rom injiziert worden ist, sondern: Die Römer sind durch ihr Räubertum so gefährlich, dass schon das Kind Hannibal vom Vater auf dauerhafte Feindschaft gegen Rom eingeschworen werden muss.

a 17

1. Es sind alle Informationen bei JELUSICH aufgenommen, die auch bei NEPOS und LIVIUS vorhanden sind. Auch die nur bei NEPOS gegebene sakrale Atmosphäre ist nachgestaltet. Dieser Aspekt ist dem Autor überhaupt Anlass, dem Ereignis der Eidleistung eine szenisch-lebendige Ausformung zu geben. Die Erzählung hat abenteuerliche Züge. Die literarische Gattung ist der Jugendroman.
2. Bei NEPOS ist Hannibal aus der Sicht der Römer, bei JELUSICH aus der der Karthager vorgestellt. Die antiimperialistische Einstellung gegenüber der römischen Großmacht mag durch die Entstehungszeit des Romans (1943) bedingt sein (vgl. Anm. 22 und Schülerband S. 6).

## 3. Der Vergleich der Texte und ihre Bewertung

Der Vergleich der drei Textstellen (ein sog. Außenvergleich[20]) macht die verschiedenen Funktionen deutlich, die die Eidszene in einem jeweils anderen Kontext erhält. Es wird klar, wie die Grundinformationen in geringfügiger Abwandlung ihrem Inhalt nach konstant bleiben. Die folgende Übersicht, etwa als Overhead-Folie angelegt,[21] mag dies zeigen:

| Autor | NEPOS | LIVIUS | JELUSICH |
|---|---|---|---|
| Gattung | Biographie | Historiographie | Roman |
| Zeit | 1. Jh. v. Chr. | um Christi Geburt | 20. Jh. |
| Kontext | bei einem politischen Gespräch: *... inquit ...* | als Einleitung eines Buches über den 2. Pun. Krieg: *fama est ...* | als Einleitungskapitel des Hannibal-Romans: „Der Schwur“ |
| Gemeinsame Informationen | *pater meus Hamilcar* | *... patri Hamilcari ...* | „Du bist Hamilkar, zubenannt Barkas, Feldherr von Karthago.“ |
| | *puerulo me, utpote non amplius novem annos nato* | *annorum ferme novem* | Der Knabe ..., ist ein etwa neunjähriges Kind, ... |
| | *quaesivit a me, vellemne ... secum in castra proficisci.* | *blandientem ... ut duceretur in Hispaniam ...* | „Wann nimmst du mich auf einen deiner Feldzüge mit, Vater?“ |
| | *ad aram adduxit* <br> *eamque ... tenentem* | *altaribus admotum* <br> *tactis sacris* | Vor dem Altar bleiben die beiden stehen. <br> ... erfasst er mit beiden Händen den Altarstein ... |
| | *... iurare iussit* <br> *numquam me in amicitia cum Romanis fore* | *iure iurando adactum ...* <br> *hostem fore populo Romano* | „Schwöre mir ..., dass du, ..., dein Leben lang die Römer hassen und bekämpfen wirst ...!“ <br> „Ich schwöre es.“ |

Ein Gewinn des Vergleichs ist sicherlich der Einblick in die literaturtechnische Arbeit der Materialbehandlung. Denn durch die jeweilige Gattung bedingt, sind die Informationselemente verschieden verwendet (reduziert oder erweitert) und arrangiert (als Bericht in direkter Rede, als abhängige historische Periode, als dramati-

20) Vgl. dazu VERFASSER, Lateinunterricht. Bd. 3, 156ff.

21) Diese Übersicht wurde in einem fachdidaktischen Seminar des SS 1986 an der Universität München von CHRISTIAN BAUER hergestellt. Einige weitere Interpretationshinweise verdanke ich einer fachdidaktischen Seminararbeit von SABINE NOLTE, SS 1985.

sierte Erzählung). Dass hier ein fachübergreifender Aspekt der Literaturbehandlung verwirklicht wird, steht außer Zweifel. Für die Schüler bekommen die literarischen Gattungen schärfere Konturen. Dazu kommt die Erkenntnis, dass bestimmte literarische Bestandteile über die Zeiten hin erhalten bleiben und so als Konstanten eine Kette von Rezeptionen bewirken (LIVIUS ist womöglich schon Rezipient des NEPOS, auf jeden Fall JELUSICH von NEPOS, LIVIUS u. a.). Ein Gespür für das, was literarische Tradition bedeutet, bildet sich im Schüler allmählich aus.
Die Verschiedenheit der Texte, in die die Eidszene jeweils gefasst ist, verstärkt zudem den Eindruck, den ein solches Ereignis auf den jungen Menschen machen soll; sie lässt ihn dieses nachhaltiger erfahren (gerade beim Einsatz des modernen Rezeptionsdokuments). Es geht ja dabei nicht nur um die Erfahrung eines historisch bedeutsamen Vorgangs, weit wertvoller ist die Provokation, die den jungen Menschen aufgrund des an diesem Vorgang wirksamen Psychologems trifft.
Ein Vater, Führer seines Volkes, fixiert den Sohn auf eine lebenslange Verhaltensweise, auf den Hass und Kampf gegen ein anderes Volk. Daran ist nicht nur ein Generationenproblem zu fassen, vielmehr auch ein allgemein-existenzielles Problem, das die Menschen unserer Zeit, wo Krieg nicht mehr die ultima ratio sein kann, zutiefst beschäftigt. Das legt aber auch die Folgerung nahe: Die Interpretation dieser Textstellen will behutsam vorgenommen sein – und e contrario.[22]

## 4. Produktive Schüler-Rezeptionen

### 4.1 Bild-Rezeption

Der Vergleich der bearbeiteten Texte von NEPOS, LIVIUS und MIRKO JELUSICH sollte von den Schülern nicht bloß im Kopf aufgenommen werden. Der Vorwurf der „Verkopfung des Literaturunterrichts" wiegt schwer. Wie lassen sich aber die emotionalen Schichten der Schüler stärker erreichen? Vielleicht durch den Versuch, aus inhaltlichen Elementen der drei Texte von den Schülern als Hausaufgabe eine dramatische Szene in deutscher Sprache schreiben zu lassen. Sie tun es, wie die Erfahrung zeigt, gerne und bieten erfreuliche Leistungen. Aus den gebotenen Lösungen versucht der Lehrer dann, in einer Unterrichtsstunde gemeinsam mit den Schülern eine lateinische Fassung zu schaffen. Auf solche Weise werden von den Schülern nochmals ihre aktiven Sprachkenntnisse – nicht zu ihrem Schaden – gefordert. Der hergestellte lateinische Text sollte von allen dann auswendig gelernt werden; er wird in den nachfolgenden Stunden jeweils – als Einlage – von drei Personen (Sprecher, Hamilcar, Hannibal) vor der Klasse spielerisch umgesetzt. Das Szenenbild, das ein begabter Schüler dazu gemalt hat, wird dabei durch eine Folie an die Wand geworfen;

22) JELUSICHS Roman, der auf Leser-Identifikation angelegt ist, heroisiert die Hauptgestalt Hannibal und verklärt den Krieg (es wird kaum irgendwo daran Kritik geübt): dies darf nicht unbeanstandet hingenommen werden. Mit Recht stellen HOFMANN/PIETSCHMANN (104) die Erschließungsfrage: „Wie beurteilst du eine Erziehung, deren erklärtes Ziel der Hass ist?" Dass „bösartige Vorurteile", also auch Fremdenhass aus der Welt verschwinden sollen, gilt als eine zentrale Aufgabe der Toleranzerziehung. Vgl. dazu KLEINSTEUBER, a.O. 68.

es schafft einen Stimmungshintergrund. Die beste Gruppe darf ihre szenische Darbietung dann am Ende auf Band aufnehmen.

### 4.2 Kreative Auseinandersetzung: ein Hörspiel

Didaktischer Hintergrund: Mit einer 8. Klasse (L1) wurde die NEPOS-Biographie über Hannibal gelesen. Die Eidszene erregte gleich am Anfang die Gemüter. Man versetzte sich in die Lage des jungen Hannibal, der hier von seinem Vater auf einen einseitigen Weg durch sein Leben fixiert wurde: auf die Feindschaft mit und den Krieg gegen Rom. Als diese Eidverpflichtung zudem in der dramatischen Ausgestaltung und emotionalen Inszenierung im Jugendroman von MIRKO JELUSICH vorgelesen wurde, verstärkte sich der Eindruck noch mehr, zudem wurde man sich der Problematik dieses Vorgehens des Vaters Hamilkar noch mehr bewusst. Spontan kam von Seiten der Klasse der Wunsch auf, dieses Ereignis zu einer eigenen, neuen Form produktiv umzugestalten, und zwar zunächst außerhalb des Unterrichts.
Es bildete sich ein kleines Arbeitsteam, das sich Gedanken über das Drehbuch machte. Sehr bald einigte man sich auf folgendes Konzept: Archäologen ist ein sensationeller Fund in Nordafrika gelungen: ein Kästchen mit einem Tonband darin, auf dem Stimmen zu vernehmen sind, war in Tusur nahe dem Schatt-El-Arab gefunden worden. Ein Bericht über diesen Fund wird in die Jugendsendung „B3-Geschichte Aktuell" eingebaut, wobei eine live-Schaltung nach Tunesien hergestellt wird. Von dort wird über den Fund berichtet und das Tonband, das in lateinischer Spreche die Eidszene in lebendiger Form, wie sie sich vor über 2000 Jahren abgespielt hat, vergegenwärtigt. Im Anschluss daran wird eine junge Frau Professor Römer über den sensationellen Fund und dessen Bedeutung im Heimatstudio B3 befragt.
Zur Verwirklichung des Konzepts mussten Aufgaben an bestimmte Spezialisten vergeben werden. Einer schrieb das Drehbuch auf Deutsch, ein anderer stellte seinen Kassetten-Recorder mit Mikrophon zu Verfügung und organisierte die technische Aufnahme. Die Sprecherin und die Sprecher wurden bestimmt. Wieder andere kümmerten sich um die Musikeinblendungen. Dann musste die Eidszene in lateinischer Sprache – in verkürzter und verdichteter Form an die Romanvorgabe angelehnt – hergestellt werden. Dieser lateinische Text wurde gemeinsam in der Klasse mit allen Schülern an der Tafel erarbeitet, natürlich unter starker Führung des Lehrers. Aus dem NEPOS-Text konnten dafür Wörter, Wendungen, ja ganze Sätze übernommen werden.
Das kreative Produkt wurde dann vom Arbeitsteam in der Wohnung eines Schülers hergestellt, d.h., das Drehbuch wurde in ein Hördokument umgesetzt. Schließlich wurde es in der Klasse – ziemlich am Jahresschluss – vor allen Schülerinnen und Schülern „vorgeführt", nicht ohne Stolz und Spaß aller Beteiligten. Das Thema verinnerlichte sich wohl so bei allen Beteiligten in einer kaum überbietbaren Weise.

### Hörspieltext: Der Schwur des Hannibal

(*Rockmusik – Anspiel zur Einleitung der Sendung*)
• *Jugendlicher Sprecher aus dem Rundfunkstudio in München:*
„Hallo Freunde! Hier ist wieder Peter Jansen mit ‚B3-Geschichte-Aktuell' und wir begeben uns sofort medias in res. Wir bleiben gar nicht lange im Studio, sondern schalten sofort um zu meinem Kollegen Karl Hart nach Tusur in Tunesien, das nahe der

algerischen Grenzen liegt, wo ein sensationeller Fund gemacht wurde. Bitte, Karl, in Tusur."

• *Auslandskorrespondent:*
„Ja, guten Abend, liebe Hörerinnen und Hörer, wir sind hier in Tusur nahe dem Schatt-El-Arab, wo am Samstag von einem britischen Archäologen ein sensationeller Fund gemacht wurde, der die Annahme, dass die Römer von moderner Technik nichts verstanden, über den Haufen wirft. Der Archäologe Ben Carrington hat am Samstag Vormittag gegen 10:45 Uhr ein mit Eisen beschlagenes Kästchen, das ungefähr aus den Jahren 250-200 v. Chr. stammt, gefunden. Als er es öffnete, erschrak er furchtbar, weil aus dem Kästchen Stimmen kamen. Inzwischen hat man rausgefunden, dass es sich um eine primitive Art eines Tonbandgerätes handelt, das automatisch mit dem Öffnen des Kastens zu laufen beginnt. Über die Technik des Aufnehmens ist man sich noch nicht im Klaren, der Text ist lateinisch und nach der Untersuchung einiger Experten steht fest, dass es sich bei der aufgenommenen Szene um eine Eidleistung handelt, und zwar um jene, die Hannibal seinem Vater Hamilkar gegenüber vollzog. Der Geschichte nach etwa um 231 v. Chr., so ungefähr zwölf Jahre vor seinem Aufbruch nach Spanien. Die Aufnahme wurde wahrscheinlich vom römischen Geheimdienst gemacht, da der Szene noch einige Angaben über die Stärke zweier karthagischer Heere folgen. In Bezug auf den Fundort wird weiter angenommen, dass sich speziell dieses Gerät, von dessen Sorte die Römer vielleicht noch mehrere im Einsatz hatten, bei den vier Kohorten befand, die ca. 230 v. Chr. auf dem Weg zur Küste waren, sie aber nie erreichten, da sie von den Numidern niedergemacht wurden; denn in diesem Gebiet siedelt dieser Volksstamm. Da die Aufnahme inzwischen der Öffentlichkeit zugänglich gemacht wurde, haben wir diese für Sie aufgenommen und werden sie jetzt vorspielen."
(*Dunkle, getragene Musik*)
*In urbe Carthaginiensium templum quoddam amplissimum aedificatum est; quod sacrum est summi dei, qui eorum lingua Baal vocatur. Cum id templum in specu quodam sub urbe sito conditum sit, interiora tam obscura sunt, ut ingentissima dei statua in fronte templi posita vix conspici possit. Nonnullae faces parietibus affixae parva lumina dant. Medio autem in templo ara exstructa est, in qua modo hostia immolatur, ita ut omnia non solum caligine densa, sed etiam fumo impleta sint. Subito portae templi aperiuntur. Intrant duo homines, alter vir magni corporis, alter puer novem ferme annorum. Lento gradu appropinquant arae. Et maior natu dicit:* „Immolemus deo nostro optimo maximo!"
*Statim sacra facere incipit. Tum puerum manu tenens alloquitur:* „Hannibal, mi fili, num times? Scisne, ubi simus?"
*Puer respondet:* „Minime timeo. Sumus in templo dei nostri ‚Baal'!"
*Ille:* „Quis ego sum?"
*Hannibal:* „Tu es Hamilcar, pater meus, et tu es dux potentissimus Carthaginiensium."
*Hamilcar:* „Profiteor tibi, cur hodie templum dei visitaverimus."
*Hannibal:* „Quod mihi libet exaudire, pater!"
*Hamilcar:* „Ego profecturus sum in Hispaniam, ubi exercitus nostri in castris morantur, dum in Romanos ducantur."
*Hannibal:* „Cur in Romanos, mi pater?"
*Hamilcar:* „Hoc scito! Iste populus nobis ex antiquissimis temporibus inimicissimus est. Romani raptores orbis terrarum sunt semperque erunt. Etiam opes Carthaginis occu-

pare eis in animo est. At nos, Carthaginienses, parati sumus istos a patria prohibere. Qua de causa eos in eorum ipsis finibus aggressuri sumus. Ab Hispania vel trans Alpes in Italiam invadere conemur!"

*Hannibal, cum patrem magna voce declamantem audiverit, eius animum firmum atque audacem miratus interrogat:* „Cur, pater, non vis me in Hispaniam tecum ducere?"

*Tum silentio facto et exiguo spatio temporis intermisso Hamilcar vultu gravi et severo sic loquitur:* „Libenter, Hannibal, te ducam mecum ad exercitum. Sed faciam, si mihi fidem, quam postulo, dederis."

*Hannibal:* „Fidem tibi certe dabo, pater. Tu sane es maximus et clarissimus dux. Tibi confidam!"

*Hamilcar:* „Proinde adi aram, in qua ignis flagrat, et tactis manu sacris iura te numquam in amicitia cum Romanis fore!"

*Hannibal puer, perterritus et patrem diu intuens, cunctatur respondere. Tandem trepida voce:* „Volo, mi pater carissime, iurabo! Ego, cum primum potero, hostis populo Romano ero neque umquam desinam istos barbaros odisse!"

*Hamilcar:* „Recte fecisti, mi fili. Tu es verus filius regis Carthaginiensium. Baal te iurantem audivit. Discedamus! Abeamus domum! Cras in Hispaniam proficiscamur!"

*Hannibal:* „Non timeo Romanos! De eis victoriam reportabimus!"

(*Die dunkle, getragene Musik setzt wieder ein; dann Ende der Reportage*)

• *Jugendlicher Sprecher aus dem Studio in München:*

„Ja, hier ist wieder Peter Jansen, was es nicht alles gibt! Zu diesem Thema habe ich auch noch einen sehr interessanten Gast hier im Studio; es ist Frau Prof. Römer, mit der ich mich nur kurz über diesen Fund unterhalten möchte. ‚Frau Prof. Römer, glauben Sie, dass dies das einzige Gerät dieser Art war, das die Römer im Einsatz hatten?'

‚Non satis scio! Ich nehme an, dass dies ein allgemein verbreitetes militärisches Nachrichten-System war und dass noch mehrere Geräte dieser Art gefunden werden.'

‚Meinen Sie, dass die Numider, in deren Hände das Gerät gefallen war, dieses bedienen konnten?'

‚O di boni! Wohl kaum, sonst hätten sie die Karthager gewarnt und diese wären vorsichtiger gewesen. Außerdem war das Volk dafür viel zu primitiv.'

‚Glauben Sie, dass so etwas die gesamte Zeitgeschichte verändert hätte?'

‚Sic est! Ich meine, dass dann alle geheimen Militär-Aktionen der Römer aufgeflogen wären und sie den Krieg verloren hätten. Stellen Sie sich vor, das römische Reich wäre nicht gewesen!'

‚Eine letzte Frage, Frau Römer, was halten Sie von diesem Schwur, den wir eben gehört haben?'

‚Mirabile dictu. Dieser Schwur existierte bisher nur der Legende nach und ich finde es fantastisch, dass seine wirkliche Existenz jetzt bewiesen ist.'

‚Vielen Dank, Frau Prof. Römer. Das war mal wieder ein interessanter Abstecher ins alte Rom. Also, und hier geht es weiter mit Musik.'"

(*Fetzige Jugendmusik*)

---

Die – allerdings technisch nicht perfekte – Schüleraufnahme kann vom Verfasser (Prof. Dr. Maier, Mitterlängstraße 13, 82178 Puchheim-Ort) zum Selbstkostenpreis bezogen werden.

# 2 Die Freiheit der Barbaren (CAESAR)

## Oder: Warum Vercingetorix hingerichtet wurde

| |
|---|
| Das Projekt lässt sich bei L1/L2 als Teil der CAESAR-Lektüre oder als das für CAESAR repräsentative Textarrangement einsetzen. Es dient sowohl der Zwischen- als auch der Anfangslektüre (ohne Berücksichtigung der Critognatus-Rede) oder als Hauptlektüre, in der sich das Thema römische Eroberungspolitik den Lesern nahe bringen lässt.<br>Hauptmethode: a) die mikroskopische Lektüre von Kernstellen bei Paraphrasierung der Zwischenpartien<br>b) Vergleich mit modernen Texten aus Roman und wissenschaftlicher Literatur<br>Kreative Anstöße zu Texttransformationen (Nachrichtenmeldung – Hörspiel)<br>Fächerübergreifende Zusammenarbeit mit: Geschichte, Deutsch, Politische Bildung, Ethik |

### 1. Didaktische Einordnung der Texte

#### 1.1 Caesar als europäische Gestalt

CAESAR zählt zu den geschichtlichen Kernfiguren. Er ist Exponent einer Geschichte, die nach DIETRICH SCHWANITZ „zur exemplarischen Geschichte überhaupt" wird, „aus der Europa wie in einer historischen Versuchsanordnung Politik lernt".[1] Wenn SCHWANITZ daraus folgert, dass man deshalb „von der römischen Geschichte die Dramen und Gestalten kennen müsse, die das spätere Europa besonders fasziniert haben", dann gehört CAESAR wahrlich zu den Menschen, von denen man auch in Zukunft etwas wissen muss. Der römische Politiker ist faszinierend und provozierend zugleich; er ist der Typ des europäischen Machtmenschen. Dieser Typ ist heute genau so präsent, in der Politik ebenso wie in der Wirtschaft, durchdrungen von der Ambition, sich ein Imperium zu sichern – über andere Menschen oder Völker, über die Welt, ein Täter der Weltgeschichte, dem Macht vor Moral geht.

CAESAR, Napoleon und Bill Gates hat man nicht zu Unrecht im Jahr 2000 in eine Traditionslinie gebracht. Sie alle verbindet der Trieb nach Macht; auf sie trifft zu, was FRANZ FERDINAND SCHWARZ für CAESAR diagnostizierte: „CAESAR wusste, was er tat, weil er wusste, was zum Erfolg führte; und Erfolg führte zur Macht

1) Bildung. Alles, was man wissen muss, Frankfurt a. M. 1999, 60.

und die Macht befand sich im Fadenkreuz seiner Interessen, die ihn ‚machen' ließ, was er für richtig befand. Richtig war es aber, weil er es für richtig hielt."[2] CAESAR reiht sich so ein unter die Männer, die die Welt veränderten. Er ist zu einem Paradigma geworden.

„CAESAR zu seiner Zeit – wie Bill Gates heute – ein Garant des Fortschritts, der sich der Herausforderung der Zeit stellt, in unbekannte Regionen vordringt und neue Welten erschließt ... Wo Wirtschaft und modernste High-Tech-Forschung mit „CAESAR als Bannerträger den Schritt in die Zukunft, den Aufbruch ins nächste Jahrtausend wagen, sollten wir nicht zurückstecken." So HANS-JÜRGEN TSCHIEDEL.[3]

„CAESARS Griff nach der Macht kaschierte sich mit den Normen der römischen Herrschaftsideologie, der zufolge die freien, aber wilden Völker in den römischen Zivilisationsraum eingefügt werden sollten. Die Barbaren auf eine höhere Kulturstufe zu bringen war sogar eine philosophisch begründete Doktrin. In dieser Absicht der „Entbarbarisierung" der das römische Imperium umgebenden Völker gerieten Freiheit und Macht in schärfste Spannung zueinander, die sich zumeist in Kriegen entlud. Einen solchen Krieg nannten die Römer unter bestimmten Voraussetzungen den „Gerechten Krieg" (*bellum iustum*). Für „CAESAR war dieser das Instrument seiner Eroberungspolitik. Dass sich dieses Prinzip des Gerechten Krieges durch die europäische Geschichte zieht, ist unbestritten; auch heute hat es seine völkerrechtliche Verankerung. An „CAESAR lässt sich das Prinzip in seiner römisch vereinseitigten Form studieren.

Sollen das schon Schüler? Auf jeden Fall: Die Sensibilisierung für die Bedenklichkeit, für die Abscheulichkeit, für das Menschenunwürdige des Krieges kann nicht früh genug begonnen werden, zumal sich heute Schülerinnen und Schüler schon in jüngsten Jahren in der virtuellen Welt der modernen Informationsmedien tagtäglich mit Krieg und Gewalt „spielerisch" beschäftigen und den Sinn für die grausame Realität, die dahinter steht, nicht oder kaum entwickeln. Auch hier ist durch kritische Lektüre des „CAESAR-Textes ein Öffnen für die Problematik „Krieg" mit nachhaltiger Wirkung möglich. Freiheit, Frieden, Macht und Krieg sind offensichtlich Urbedürfnisse des Menschen, die sich niemals zu einem erträglichen Ausgleich bringen lassen.

### 1.2 Caesar als „Imperialist" in Gallien

*Quieta Gallia*: So beginnt das 1. Kap. des 7. Buches. Mit diesem Ablativus abs. in verkürzter Form, der eine Umstandsbestimmung angibt, markiert „CAESAR pointiert den Hintergrund eines infernalischen Szenarios, in dem der Gallische Krieg an die für die Antike äußerste Grenze seiner Möglichkeiten ging. „CAESAR kontrastiert und setzt den Leser dadurch von Anfang an in Spannung. Wenn Ruhe und Frieden in Gallien eingekehrt sind, wozu dann ein so umfangreicher Bericht über das Jahr 52? Für *quieta Gallia* hätte „CAESAR auch, wie sonst bei ihm üblich, *pacata Gallia* schreiben können (vgl. etwa: *omni pacata Gallia* II 1,2). Beide Wörter sind zwar synonym gebraucht, doch eröffnet *pacare* eine tiefere Dimension des Verhältnisses: „befrieden,

2) Caesar und der Triumph der Verwirklichung. In: IANUS 11 (1990), 8-14.

3) Faszination und Provokation. Begegnungen des europäischen Geistes mit Cäsars Größe (Vortrag auf dem Kongress des DAV in Marburg 2000, noch unveröffentlicht).

erobern", in den Ordnungsbereich der römischen *pax* einbeziehen. „CAESAR hat sich als „Friedensstifter" gemäß der römischen Eroberungsdoktrin erwiesen; er hat nach CICEROS Deutung des Imperators: *Fines imperii propagavit* (Cic. *rep.* 3, 15, 24), wie es auf den Denkmälern erfolgreicher Eroberer eingemeißelt stand). Durch seine defensive Eroberungsstrategie hat er die Grenzen des Reiches vorgeschoben, das Gebiet erweitert. Er hat für seinen Teil ein gutes Stück dazu beigetragen, dass das römische Volk durch Verteidigung von Bundesgenossen die Herrschaft über alle Länder erreichte: *Noster populus sociis defendendis iam omnium terrarum potitus est* (Cic. *rep.* 3, 23, 35).[4]

„CAESARS imperiale Leistungen verwirklichen sich im Norden, jenseits des Grenzwalls der Alpen, der die Mittelmeerwelt von den zum großen Bären hin siedelnden Barbarenvölkern abtrennt: In Gallien ist er durch seine Siege zum „Imperialisten" geworden, insofern hat er Rom zu einem weiteren Triumph verholfen; nach der Vorstellung von PETER PAUL RUBENS hat er der Göttin Victoria Anlass gegeben, der martialischen Gestalt der Roma, die machtbewusst ihren linken Fuß auf die Erdkugel setzt, den Siegeskranz umzulegen.

Die römische Herrschaftsideologie, wie wir sie in der Theorie aus CICEROS Werk kennen und wie sie RUBENS im Bild eindrucksvoll präsentiert, tritt uns in „CAESARS Bellum Gallicum konkret, d.h. in realhistorischen Vorgängen vor Augen.

Peter Paul Rubens: Roma triumphans. Die Göttin Victoria überreicht Roma den Siegeskranz; diese stellt triumphierend und in Siegespose den linken Fuß auf die Erdkugel – Zeichen ihrer imperialen Stellung in der Welt.

Roms Herrschaftsdoktrin wird nach WOLFGANG WILL in „CAESARS Gallien-Strategie konkrete Wirklichkeit".[5]

Der Triumph im Norden ist urplötzlich in Frage gestellt. Die Gallier gehen daran, der Göttin Victoria den Siegeskranz aus der Hand zu reißen. Gallien steht im Nu in Flammen. CAESAR sieht sich einer pangallischen Rebellion gegenüber. Der Autor zieht alle Register seiner Erzählkunst, die er ja ab dem zweiten Teil des Werkes immer mehr als Elemente der *historia* einsetzt. Der Leser wird aus der Distanz in die Nähe des unmittelbaren Erlebens gebracht, er erlebt CAESAR in der Krise des Krieges und wie er sie unter Aufbietung aller Kräfte letztendlich meistert.

4) Vgl. dazu VERFASSER: Lateinunterricht, Bamberg 1979, Bd. 3, 87 ff. (hier weitere Literatur).

5) Iulius Caesar, Eine Bilanz, Stuttgart/Berlin/Köln 1992, 74.

Im Gallienaufstand hat es CAESAR mit Vercingetorix zu tun, der zu seinem neuen, schärfsten und gefährlichsten Gegenspieler in Gallien avancierte. Im vorliegenden Unterrichtsprojekt konzentriert sich die knappe Auswahl auf diese Gestalt, wie CAESAR sie zeichnet und mit ihr verfährt. Seine Sprache und Politik lassen sich gerade hier, wie sich zeigen wird, als Einheit begreifen.

**1.3 Vercingetorix als historischer Held Frankreichs**

Vercingetorix gilt heute in Frankreich als Freiheitsheld; monumentale Standbilder zeugen von seiner historischen Tat, wie etwa auf dem Place Jaude in Clermont-Ferrand: Hoch oben auf einem tempelartigen Fundament erscheint er in der Pose des wilden und kampfentschlossenen Reiterführers (s. Bild in der Textausgabe).

Verkleinerte Nachbildung des Vercingetorix-Denkmals auf der Place Jaude in Clermont-Ferrand, Museum von Clermont-Ferrand

Die Nachfahren scheinen stolz auf ihren Helden der frühen Vergangenheit. In den Schulbüchern, selbst in einem deutschen Französischbuch wird er zum Thema; neben dem Bild der Statue des Vercingetorix steht dort der Auszug aus einem französischen Reiseführer, der die Taten des Helden, seinen Aufstand gegen die Römer und seine Niederlage bei Alesia beschreibt:

Statue de Vercingétorix

En 52 avant Jésus-Christ, Vercingétorix, chef des Arvernes[1], appelle la Gaule à la révolte contre[2] les Romains. L'armée de César attaque alors Gergovie[3], la capitale arverne. Mais les Gaulois luttent[4], gagnent. Les Romains partent.

Vercingétorix et son armée vont ensuite à Alésia[5]. Les Gaulois, bloqués dans la ville ont faim. Enfin, en septembre 52, les Romains prennent Alésia et gagnent la guerre. Les Gaulois perdent leur liberté et Vercingétorix perd sa vie pour la liberté de son peuple.

(Extrait d'un guide)

Vocabulaire:

1) **les Arvernes:** les Gaulois de la région qui s' appelle Auvergne aujourd' hui – 2) **contre:** gegen – 3) **Gergovie:** ville gauloise à 6 km du Clermont-Ferrand d'aujourd' hui – 4) **lutter:** kämpfen – 5) **Alésia:** une forteresse (= eine Festung) gauloise en Bourgogne

Aus: „Découvertes", 2, Klett-Stuttgart 1995

Vercingetorix ist offensichtlich eine Lichtgestalt in der französischen Geschichte, er gehört zum Kern des Nationalbewusstseins der Franzosen. Die Erinnerung erkennt in ihm einen Gallier, der sein Leben für „die Freiheit seines Volkes" verloren hat. *Liberté* ist die französische Erscheinungsform des lateinischen Wortes *libertas.* Im CAESAR-Bericht ist dieser Begriff in der Tat der vorherrschende im ganzen 7. Buch. Gleich zu Beginn wird er als das Motiv des Aufstandes angezeigt. Vercingetorix' Aufruf zu den Waffen wird damit begründet:

*<Vercingetorix> hortatur, ut communis libertatis causa arma capiant* (4,16 f.).

Hat also das Bild vom Freiheitshelden Vercingetorix schon bei CAESAR seine kräftigen Farben bekommen? In welches Licht stellt der Römer seinen großen Gegenspieler und in welche Atmosphäre taucht er den Wert der *libertas*?

### 1.4 Das Freiheitsmotiv – eine römische Projektion

Der Begriff *libertas* hat im römischen Denken – auch noch zur Zeit CAESARS einen positiven Klang, er ist als positiver Wert, als konstruktives Element der seit dem Sturz der Könige gültigen Staatsform zu sehen, die eben *res publica libera* („Freistaat") heißt. *Liber* („frei") ist das bestimmende Kriterium des römischen politischen Systems, sozusagen der demokratische Anteil in ihrer Staatsform.

Aber „Freiheit" bei den Galliern, den Barbaren des Nordens? Hat der Begriff auch dort den gleichen Stellenwert wie in Rom? Demnach auch eine staatstragende Funktion? Wäre dem so, würde sich CAESAR als Vertreter eines „Freistaates" als Räuber der Freiheit einem Volk oder einer Volksgruppe gegenüber betätigen, würde er gegen das tragende Prinzip des römischen Staatsverständnisses verstoßen. Doch Freiheit von Barbaren ist aus römischer Sicht ein Widerspruch in sich selbst; dahinter steht die griechische (aristotelische) Theorie, dass bestimmte Menschen – gemeint sind die Wilden, die Barbaren – von Natur aus Sklaven sind, dass sie deshalb, damit sie auf eine höhere Zivilisationsstufe kommen, unterworfen werden sollen, notfalls mit Krieg. Eine solche Zivilisationsleistung nennt man heute aus kritischer Distanz „Entbarbarisierung".[6]

Freiheit ist deshalb kein für einen Römer achtenswertes Motiv im Munde der Gallier. Haben diese überhaupt, ehe die Römer kamen, ein Bewusstsein von Freiheit gehabt?

„Erst mit der Sklaverei erlangte die Idee einer Klasse freier Menschen eine sinnvolle Bedeutung. Gallien mag in drei Teile unterteilt gewesen sein, doch bevor die Gallier versklavt worden waren, wäre es selbst ganz unsinnig gewesen, irgendeinen dieser Teile frei zu nennen." So ORLANDO PETERSON.[7]

Freiheit wird erst erfahrbar im Gegensatz zur Knechtschaft, zum Unterworfensein einer anderen Macht gegenüber. Dann spürt man den Drang nach Unabhängigkeit, das Bedürfnis, Leben und Gemeinschaft nach eigenen Regeln und Bräuchen zu gestalten, Herr seiner eigenen Entscheidungen zu sein, seine eigene Macht bewusst

---

6) S. dazu MÜNKLER, H./GRÜNBERGER, H.: Die alten und die neuen Barbaren. In: humboldt spektrum, 6. Jg., Heft 1/99, 26ff.

7) Freiheit, Sklaverei und die moderne Konstruktion der Rechte. In: GANZ, O. (Hg.): Menschenrechte in der Geschichte, Frankfurt 1998, 141-193, h. 143.

durchzusetzen.[8] Diesen psychischen Entwicklungsvorgang, der sich ohne Zweifel bei den Galliern, d.h. bei ihren Führern, seit Beginn des römischen Unterwerfungskrieges vollzog, hat CAESAR registriert und begrifflich in das Gegensatzpaar von *libertas* und *servitus* gebracht. Er hat also eine Wertekonstellation, die sich im Mittelmeerraum längst politisch verfestigt, sich dort auch staatsphilosophisch begründet hat, in seinem Bericht auf die Gallier projiziert; am deutlichsten tritt uns diese Projektion in dem nahezu wie eine philosophische Maxime anmutenden Satz entgegen, mit dem er seinen Kampf gegen rebellisches Verhalten der Veneter begründet; er wolle nicht, dass sich von diesem Teil Galliens (Westen) aus eine Aufstandsbewegung auf die anderen Völker Galliens ausbreite, weil er erkannte, dass das Streben nach Freiheit und der Hass auf die Knechtschaft eine naturbedingte Grundbefindlichkeit aller Menschen sei:
*cum intellegeret ... omnes homines natura libertatis studio incendi et condicionem servitutis odisse* (III 10,3).
Diese allgemeine, philosophische Lebensweisheit, die eine militär-politische Entscheidung stützt, ist ein klarer Beleg dafür, dass CAESAR die erkennbaren, von Natur aus vorhandenen Verhaltensformen der Gallier nach Vorstellungen bewertet und benennt, die ihm aus seinem Kulturraum bekannt sind. *Libertas* und das leidenschaftliche Streben danach gibt es bei den Galliern erst oder besser: dieses Wertes werden sich die Gallier erst bewusst, als oder weil CAESAR die totale Knechtschaft in das Land gebracht hat.
Wer jemandem Knechtschaft bringt, um sie in seinen Machtbereich einzugliedern und damit sein Herrschaftsgebiet zu erweitern (*fines imperii propagare*), kann das *libertas*-Streben der Unterworfenen nicht positiv beleuchten; das ist eine natürliche und logische Konsequenz! Deshalb ist der Freiheitsbegriff der Gallier von Anfang verdüstert, gewissermaßen in den Untergrund abgeschoben. Er erscheint als Parole der gegen CAESAR opponierenden Gegenspieler. Sie ist das Leitmotiv der gallischen Résistance; *libertas* erhält vom 1. bis zum 7. Buch an allen Stellen, wo sie zentral meist mit dem Gegenbegriff *servitus* verbunden wird, eine zunehmend negative Schattierung, da sie mit Verschwörung (*coniuratio, se coniurare*), Aufwiegelung (*sollicitare*), Umsturzverlangen (*rerum novarum cupidus*) und Hass auf die Römer (*odisse*) verbunden ist.[9]
In einer solchermaßen „vergifteten" Atmosphäre, die sich um den *libertas*-Begriff in CAESARS Bericht gelegt hat, tritt er dem Leser als durchgängiges Motiv im 7. Buch entgegen; er ist hier zur Idee des ganz Gallien vereinigenden Kampfes, der *universae Galliae consensio* geworden. Die *communis libertas* (37, 47, 71,3) wird zur Verschwörungsformel im Munde des Anführers des „Freiheitskampfes" gegenüber allen, die er dazu gewinnen und darin zum Durchhalten auffordern will. Aus dieser Sicht der Dinge kann folgerichtig Vercingetorix in CAESARS Bericht nicht als Lichtgestalt des

8) Für DIETER TIMPE (Rom und die Barbaren des Nordens. In: Begegnung mit dem Fremden, hg. von SCHUSTER, M., S. 387ff.) bedeutet die barbarische Freiheit ... Ungebändigtheit, Unfähigkeit, sich in den Wechsel von Befehlen und Gehorchen zu fügen, die politische Existenz erst möglich machen."

9) Ausführlich dazu VERFASSER: Caesar im Visier, AUXILIA 37 (1995), 102-112.

gallischen Widerstands erscheinen. Genauso wenig lässt sich die Rede des Critognatus, die – als rhetorischer Höhepunkt des 7. Buches, ja als „dramatischer Höhepunkt des gesamten Bellum Gallicum“[10] – vom Gegensatz zwischen *libertas* und *servitus* beherrscht wird, ohne die römische Brille richtig lesen. Zwischen ihrer Aussage und der Wesenszeichnung des Vercingetorix besteht, wie sich deutlich zeigen wird, ein enger Zusammenhang.

**Der gesamtgallische Freiheitskampf – Vercingetorix und Critognatus**
**Die innergallische Opposition „Résistance“ – Schwerpunkte und Motive**

| B 1 | B 3 | | B 5 | | B 7 | B 7 | **Critognatus** |
|---|---|---|---|---|---|---|---|
| | a) | b) | a) | b) | a) | b) | |
| Haeduer: | Veneter<br>*principes* | Veneter | Haeduer<br>***Dumnorix*** | Eburonen<br>**Ambiorix** | *principes*<br>*Galliae* | **Vercingetorix** | ? |
| *quidam*<br>***Dumnorix***<br>*Romani*<br>*omnibus*<br>*libertatem*<br>*erepturi*<br>**I 14,4** | *ut in ea*<br>*libertate*<br>*permanerent*<br>*quam*<br>*Romanorum*<br>*servitutem*<br>*perferre*<br>**III 8,2** | *omnes*<br>*homines*<br>*natura*<br>*libertatis*<br>*studio*<br>*incendi et*<br>*condicionem*<br>*servitutis*<br>*odisse*<br>**III 10,3** | *resistere*<br>*clamitans se*<br>*liberum esse*<br>*liberaeque*<br>*civitatis*<br>**V 6,7**<br>*rerum novarum*<br>*cupidus*<br>*sollicitare*<br>*principes Galliae* | *de recuperanda*<br>*communi libertate*<br>**V 27,6** | *Galliam in*<br>*libertatem*<br>*vindicare*<br>**VII 1,6**<br>*libertatem*<br>*recuperare*<br>**VII 4,3**<br>*communis*<br>*libertatis*<br>*causa*<br>**VII 4,4**<br>*arma*<br>*capere*<br>*egentes*<br>*perditi* | *perpetuum imperium*<br>*libertatemque*<br>*consequi*<br>**VII 4,3**<br>*furor*<br>*bellum*<br>*tanta universae*<br>*Galliae consensio“* | Critognatusrede<br><br>objektive<br>Romkritik<br>oder<br>Selbstentlarvung<br>der gallischen<br>Barbarei? |
| *coniuratio* | *inter se*<br>*coniurare*<br>*sollicitare* | *inter se se*<br>*coniurare* | | *coniuratio* | | | |

Grundlage zur Interpretation des Projekts „Die Freiheit der Barbaren“ (s. Textband S. 26ff.)
(Vorlage für Folie oder Kopie, die zu gegebener Zeit den Schülern ausgehändigt werden sollte.)

10) So SCHIEFER, R.: Die Rede des Critognatus (BG V 77) und Caesars Urteil über den gall'schen Krieg. In: Gymnasium 79 (1972), 478.

# Vercingetorix – Galliens Freiheitsheld

## Völker, Personen und Orte, die in diesem Unterrichtsprojekt begegnen

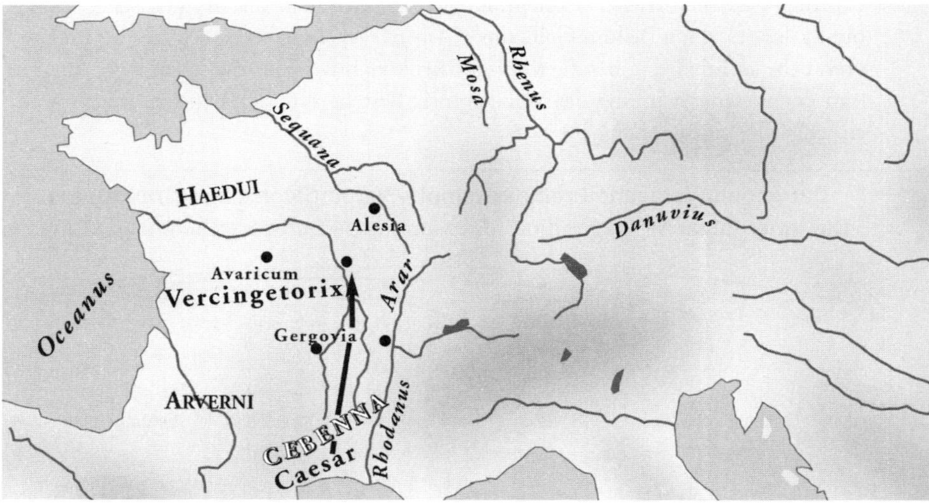


**Völker**

| | |
|---|---|
| Arverni: | Arverner, großer gallischer Stamm in der Mitte des südlichen Galliens, dessen Hauptort Gergovia ist; aus ihm entstammt Vercingetorix, der Führer des gesamtgallischen Aufstandes. |
| Haedui: | Haeduer, einer der gallischen Hauptstämme, in Zentralgallien siedelnd, mit Rom von Anfang an befreundet, im Zuge des Freiheitskampfes aber auf die Seite aller Gallier tretend. |
| Sequani: | Sequaner, großer gallischer Stamm, in der Nähe zum Rhein siedelnd, aus Herrschaftsrivalität mit den Haeduern den Römern immer ablehnend gegenüberstehend; sie haben 58 v. Chr. sogar den Germanen Ariovist aus Germanien nach Gallien gerufen. |
| Cimbri et Teutones: | Kimbern und Teutonen, zwei germanische Völker, die am Ende des 2. Jh.s v. Chr. über Gallien nach Italien vorgedrungen sind und dort mächtigen Schrecken hinterlassen haben (*Furor Teutonicus*). |

Ambivareti (Ambivareter), Bituriges (Bituriger), Bellovaci (Bellovaker), Remi (Remer), Ruteni (Rutener) sind kleinere gallische Stämme, die in der Eroberungsbilanz (K. VII 90) erwähnt werden.

**Personen**

| | |
|---|---|
| Vercingetorix: | adliger Arverner, der sich zum König der Gallier wählen lässt; Führer des Gallier-Aufstandes, gefährlichster Gegner Caesars in Gallien. |
| Critognatus: | Arverner, aus einer vornehmen Familie stammend, hervortretend durch seine die Römer angreifende Rede an die eingeschlossenen Bewohner von Alesia. |
| Celtillus: | Arverner, Vater des Vercingetorix, der schon einmal die Führung über ganz Gallien besaß, aber wegen seines Strebens nach der Königsherrschaft getötet wurde. |
| Gobannitio: | Arverner, Onkel des Vercingetorix, der seinen Neffen von einem Aufstand gegen Caesar abzuhalten versuchte. |

**Orte und Gebiete**

| | |
|---|---|
| Alesia: | Stadt (*oppidum*) in Zentralgallien, heute Alésie-Sainte-Reine bei Dijon. |
| Avaricum: | Hauptort der Biturigen, heute Bourges. |
| Gergovia: | Hauptort der Arverner, in Südgallien. |
| Cebenna: | Cevennen, Gebirgszug in Südfrankreich. |

Bibracte, Cavillonum, Matisco sind kleinere Städte (*oppida*), die in der Eroberungsbilanz (K. VII 90) erwähnt werden.

**Romfeindliche Führergestalten in Gallien**

| | |
|---|---|
| Orgetorix: | aus dem Stamm der Helvetier, hochadelig, reich, strebt nach einer Führungsrolle in Gallien; Schwiegervater des Haeduers Dumnorix. |
| Divico: | Adeliger aus dem Stamm der Helvetier, der deren Gesandtschaft bei CAESAR anführt, selbstbewusst und von provozierendem Stolz. |
| Dumnorix: | aus dem Stamm der Haeduer, ehrgeizig, erbitterter Romgegner, stellt sich gegen CAESARS Verteidigungsstrategie, hinterhältig, Bruder des Diviciacus, von CAESAR unter Arrest gestellt, später getötet. |
| Ambiorix: | Eburonenfürst, ein gefährlicher und listenreicher Gegner, der Caesars Truppen große Verluste zufügt |
| Critognatus: | hochadeliger Vertreter des Stammes der Arverner, der in Alesia die „Durchhalterede" vorträgt. |
| Vercingetorix: | adeliger Arverner, Anführer des Gallieraufstandes im Jahre 52 v. Chr., entschlossener Gegner der Römer und gefährlichster Widersacher CAESARS. |

## 2. Interpretationslinien

### 2.1 Vercingetorix' Ernennung zum König

Vercingetorix' Image gibt CAESAR in seinem Bericht von Anfang an dunkle Züge. Dem Stamm der Arverner zugehörig scheint er von seinem machtlüsternen Vater Celtillus, den man wegen seines Strebens nach der „Königswürde" (*regnum*) umgebracht hat, nicht nur eine hohe Machtstellung (*summa potentia*), sondern auch die Ambition, zu höchstem politischen Rang aufzusteigen,[11] vererbt bekommen zu haben. Er will sich sofort an die Spitze einer Rebellion gegen die Römer setzen,[12] hetzt in Gergovia ohne Schwierigkeit seine Anhänger dazu auf, er lässt davon auch dann nicht ab, als er von den vorsichtigen Häuptern des Stammes (*principes*) aus der Stadt geworfen worden ist, sondern rekrutiert auf dem Lande eine Truppe aus „Notleidenden" und „Halunken" und bringt alle, die er in seinem Stamm angeht, dazu, sich dieser Mannschaft anzuschließen. Mit den bewusst gesetzten Bezeichnungen *egentes* und *perditi* gibt der Autor dem Plan des Vercingetorix eine Schlagseite zum Schlechten, sein Heer setzt sich im Kern aus Gesindel zusammen. Diese pejorative Schattierung trifft auch das Freiheitsmotiv, mit dem er dazu aufruft, zu den Waffen zu greifen (*hortatur, ut communis libertatis causa arma capiant*). Was soll Freiheit in den Händen solcher Leute!

---

11) MATTHIAS GELZER: Caesar, Politiker und Staatsmann, Wiesbaden 1982, 141, stellt fest, dass sich in ihm „sein Ehrgeiz zum Gedanken an ein Königtum in einem keltischen Nationalreich erheben konnte."

12) Dazu sahen sich einige führende Gestalten der Arverner veranlasst, als sie von der Ermordung römischer Kaufleute in Cenabum durch die Carnuten erfuhren (3,1 u. 4 f.).

Blick auf das Plateau von Gergovia

Mit den offensichtlich rasch zu einer großen Masse angewachsenen Truppen begeht Vercingetorix einen ersten Gewaltakt, indem er nun seinerseits seine Gegner, also die nicht zum Aufstand bereiten führenden Köpfe, aus Gergovia verjagt, um dort seine strategische Basis einzurichten. Schon wird er hier von seinen Anhängern zum „Leiter" (*rex* → *regere*) der Operation ernannt. Im lapidaren, kurzen Satz *rex a suis appellatur* (VII 4,21) kommt gewissermaßen die Zielstrebigkeit und Entschlossenheit seines skrupellosen Wesens zum Ausdruck. Ohne Wenn und Aber hat er in Kürze das erreicht, weshalb sein Vater umgebracht worden ist: *regnum*, das „Königsamt". Im nachfolgenden, im Schülerband nur in einer sehr knappen Paraphrase wiedergegebenen Text (Kap. 4, 5-10), den man in seiner ganzen Länge den Schülern vorlesen soll, wird die negative Charakterisierung fortgesetzt:
„Er schickt nach allen Richtungen Gesandte und beschwört sie, sie sollten ihm die Treue halten. Schnell bewegt er die Senonen, Parisier, Cadurcer, Turonen, Aulercer, Lemovicer, Anden und alle, die am Atlantik siedeln, zum Anschluss. Mit aller Zustimmung wird ihm der Oberbefehl übertragen.Nachdem ihm diese Machtstellung gegeben worden ist, befiehlt er allen Stämmen die Stellung von Geiseln, gebietet, sie in einer bestimmten Zahl von Stunden zu ihm zu führen und setzt fest, wie viel an Waffen jeder Stamm zu Hause bis zu einer jeweils bestimmten Zeit herstellen solle. Am meisten setzte er auf die Reiterei. Hoher Gewissenhaftigkeit fügt er harte Strenge in der Ausführung seines Oberbefehls (*summa imperii*) hinzu. Mit großen Strafen übt er auf die Zaudernden Zwang aus. Denn bei einem größeren Vergehen lässt er sie durch Feuer und alle möglichen Foltern töten, bei geringerem Anlass schickt er sie, nachdem er ihnen die Ohren hat abschneiden oder ein Auge ausstechen lassen, nach Hause, damit sie den Anderen zur Warnung dienen und sie durch die Größe ihrer Bestrafung in Angst und Schrecken versetzen (*ut perterreant*)."
Durch Botschaften in alle Richtungen gewinnt er also, zum „König" ernannt, danach sehr rasch viele Stämme für die Rebellion, von diesen wird ihm das *imperium* übertragen, weil man allseits seinem offenen Verschwörungsakt zustimmt. Er ist also begrifflich zum ranggleichen Gegenspieler CAESARS geworden: *imperator omnium Gallorum*, er ist Oberbefehlshaber der Befreiungsarmee. Er gebietet allen Stämmen, ihm Geiseln zu stellen – als Zeichen ihrer unbedingten Abhängigkeit – und zwingt

alle Stämme Truppen zu stellen und Waffen zu bauen. Seinen Oberbefehl (*summa imperii*) übt er nicht nur gewissenhaft, sondern mit äußerster Strenge aus, wenn es um die Gefolgstreue im Freiheitskampf gegen Rom geht. Bei großen Vergehen bestraft er mit Folter- und Feuertod, bei geringem Anlass durch Abschneiden der Ohren oder Ausstechen eines Auges, wobei er die so Verstümmelten zu Warnung und Abschreckung nach Hause schickt.
Durch das Erwähnen dieser brutalen Strafen an Volksangehörigen zeichnet CAESAR den „Gallier-König“ als Ausgeburt von barbarischer Grausamkeit. Das bewusst verwendete Verbum *perterrere* soll den Eindruck erwecken, als übe Vercingetorix eine Art Schreckensherrschaft aus. Ganz gezielt werden, noch ehe es zur Konfrontation der beiden Kontrahenten kommt, die Mittel der propagandistischen Abwertung des Feindes eingesetzt. Das hat zur Folge: Das Freiheitsmotiv, das den ganzen Krieg gegen die Römer tragen soll, hat in der begrifflichen Umgebung des Berichts für den römischen Leser von Anfang an eine ausgesprochen negative Konnotation. Überspitzt formuliert: Wie sollen Schreckensherrschaft und Freiheitsstreben zu einander passen?
Die begriffliche Substanz des Textes erzwingt im Denken des Lesers diese Frage.

Im Schema:

*Vercingetorix*

*summa potentia*
*pater regnum appetebat*
*<clientes> facile* ***incendit***
***expellitur*** *Gergovia*
*in agris habet dilectum*
***egentium*** *et* ***perditorum***

*hortatur*
*ut communis libertatis causa arma capiant*

*adversarios* ***expellit*** *e civitate*
*rex appellatur*
*ad eum defertur imperium*
*summa imperii severitas*
*igni atque omnibus tormentis* ***necat***
***auribus desectis*** *aut singulis* ***effossis oculis*** *domum remittit*
*ut sint* ***documento*** *et …* ***perterreant***

a S. 22

1. Vercingetorix wird aus der Stadt Gergovia geworfen, weil man seine Absicht, eine Rebellion gegen die Besatzungsmacht anzuzetteln, für aussichtslos und zu gefährlich ansieht. Vercingetorix soll von Anfang an als ein machtbesessener Draufgänger erscheinen.
2. Dadurch, dass Vercingetorix nach seinem Rauswurf eine Truppe aus „Notleidenden und Halunken“ rekrutiert und dass er seinen Oberbefehl mit brutalen, Schrecken erregenden Strafen durchsetzt, stellt CAESAR seinen Charakter in ein noch trüberes Licht.
3. Das Freiheitsmotiv, d.h. die Möglichkeit, die römische Besatzung loszuwerden, bringt viele Stämme zum Anschluss an die Truppe des Vercingetorix.
4. Die Ernennung zum „König“ bedeutet, dass man ihn als Führer der Rebellion anerkennt und von ihm und seinen Fähigkeiten den Sieg über die Römer erwartet.

Am Anfang des großen Entscheidungskampfes zwischen CAESAR und Vercingetorix steht das Psychogramm des Gegenspielers in den Augen der Leser deutlich fest: Vercingetorix: einflussreich, machtbesessen, draufgängerisch; fähig, andere für seine Ziele zu gewinnen, „anzufeuern“; durch inneren Widerstand nicht aufzuhalten; entschlossen, für seine Zwecke alle Leute, auch Gesindel einzusetzen; vor Gewaltakten nicht zurückschreckend; auf Führung und Oberbefehl aus; mit Zwang und Strenge herrschend; grausam in der Bestrafung zur Warnung und Abschreckung von Unwilligen, nahe an den Methoden einer Terrorherrschaft.[13]

---

13) CHRISTIAN MEIER (Caesar, Berlin 1982, 385 f.) charakterisiert Vercingetorix so: „Vercingetorix war damals etwa dreißig Jahre alt, ein stattlicher, imponierender Mann, hochbegabt, ehrgeizig und tapfer. Er hasste die Römer, hatte sie aber genau beobachtet, um ihre Taktik zu studieren und herauszufinden, wie man sie besiegen konnte. Voller Feuer scheint er für den Aufstand geworben zu haben, unermüdlich im Land umherfahrend, mitreißend, überzeugend. Gallien musste wieder frei werden. Und alle mussten sich anschließen. Er stand für die Sache. Er entwarf die Strategie. Ihm gebührte, als es so weit war, ganz selbstverständlich die Führung. So sehr war er die Seele, die Mitte der verbreiteten Empörung. Zahlreiche Stämme, so die Senonen, Pariser, Pictonen, Cadurcer, Turonen, Aulercer, Lemovicer, Anden und alle, die am Atlantik wohnten, schlossen sich an. Vercingetorix wurde der Oberbefehl über das Ganze übertragen. Er setzte genau fest, welche Kontingente jeder Stamm zu stellen hatte, ließ jeden auch eine Menge Waffen bis zu einem gewissen Termin herstellen. Als wichtigste Streitmacht galt ihm die Reiterei. Alles war gedanklich aufs Beste vorbereitet. Vercingetorix verband, wie Caesar schreibt, ‚höchste Gründlichkeit mit größter Strenge in der Ausübung seines Oberbefehls.‘ Unter anderem setzte er drakonische Strafen fest. Bei größeren Delikten drohten alle Arten von Folter, anschließend die Verbrennung, bei geringeren sollten die Ohren abgeschnitten oder ein Auge ausgestochen werden, dann wurde der Betroffene in die Heimat zurückgesandt, damit jeder sah, wie ernst der Kampf war. Ein sehr großes Aufgebot kam zusammen.“ Die positiven Züge, die MEIER in dieses Bild von Vercingetorix einzeichnet, stammen keineswegs aus Caesars Bericht; insofern ist die von Caesar beabsichtigte Tendenz hier nicht angemessen erfasst. Infolgedessen wird auch der Gesamteindruck, den Caesar vom gallischen Freiheitskampf geben will, letztlich von MEIER kaum zutreffend referiert.

## 2.2 Vercingetorix' Strategie

Da es Vercingetorix nicht gelungen ist, CAESAR von der Hauptmacht seiner Heere abzuschneiden, im Gegenteil CAESAR durch eine Sonderleistung, nämlich die Überquerung der verschneiten Cevennen, mitten im Arvernerland steht, also die Konfrontation unmittelbar bevorsteht, muss der „Gallier-König“ seine Strategie ändern. In einer Rede versucht er die „Unterführer“ seiner Streitmacht davon zu überzeugen:

Kap. 14: Ziel müsse es sein, die Römer dadurch, dass man ihnen den Zugang zum Proviant nimmt, kampfunfähig zu machen; dies könne zu dieser Jahreszeit (Frühsommer) erreicht werden, indem alle Gebäude, in denen Getreide lagert, zerstört würden. Rücksicht auf persönliche Vermögen dürfe es dabei nicht geben (*rei familiaris commoda neglegenda <esse>*). Also müssten in allen Richtungen, wohin die Römer des Proviants wegen ziehen könnten, die Dörfer und Häuser in Brand gesetzt werden, selbst die Festungsstädte (*oppida*), die nicht hinreichend gesichert seien, seien einzuäschern, damit sie weder Kriegsverweigerern als Schlupfwinkel dienten, noch den Römern die Möglichkeit böten, Proviant und Beute zu machen.[14] Der Redner will demnach die Taktik der „verbrannten Erde“ durchsetzen. „Mit dem Verlust ihrer Habe erlangten sie immer währende Freiheit, verkündete Vercingetorix“. So WOLFGANG WILL, der in dieser Formulierung die Ironie dieser Forderung gut erfasst.[15]

CAESAR stellt Vercingetorix als rhetorisch versierten Gallierführer dar, der seine strategischen Ziele in scharf befehlerischem Ton vorzutragen imstande ist: Die Befehle sind in dichter Folge im Gerundivum mit nezessitärer Bedeutung oder mit *opportere* ausgedrückt (*studendum esse, neglegenda <esse>, incendi opportere* 2x). Vercingetorix erscheint hier als Mann, der für seine Kriegsziele, nämlich sich physisch gegen die Römer durchzusetzen, alle Rücksichten auf Privates unbedingt zurückzustellen gebietet und deswegen auch den Kampfesunwilligen jede Chance nimmt. Insofern sieht CAESAR in Vercingetorix einen ihm ebenbürtigen Gegenspieler, der hohes taktisches Geschick hat und keine Skrupel kennt – wohlahnend, dass dieser ihn „in die tiefste Krise des gesamten Feldzuges“ stürzen werde.[16]

a S. 23

1. Vercingetorix verfolgt die Taktik der verbrannten Erde, mit dem Hauptziel, den Römern alle Möglichkeiten zu nehmen sich in den Städten aus den Getreidelagern Proviant zu beschaffen.

---

14) GELZER, a.O. 142, dazu: „Sein strategischer Plan ging dahin, sie durch Wegnahme der Verpflegungsmöglichkeiten bis zum Untergang zu zermürben. Hierzu müssten rücksichtslos alle gegen einen Angriff nicht durchaus geschützten Ortschaften, wo Vorräte aufgespeichert waren, zerstört werden.“

15) S. dazu WILL, W., a.O. 92: „Vercingetorix plädierte ... für einen Kriegsplan, den bereits die persischen Satrapen 334 v.Chr. diskutierten, als Alexander in ihr Land eingefallen war: die Taktik der verbrannten Erde.“

16) So WILL, a.O. 93.

2. Das Wortfeld, das das Ziel von Vercingetorix' Taktik anzeigt, ist bestimmt von Wörtern und Wendungen, die „Proviant, Nahrung, Verpflegung beschaffen" ausdrücken; sie machen das Thema des Textes aus: *pabulatione et commeatu (prohiberi) – pabulum ... (secari non posse) – pabulandi causa – ad copiam commeatus praedamque tollendam.*

Kap. 15: Da die vorgeschlagene Taktik beim Heer Billigung findet, werden an einem Tag 20 Städte der Bituriger niedergebrannt, das Gleiche geschieht bei den übrigen Stämmen, so dass das ganze Land bald in Flammen steht. Die Menschen Galliens empfinden über ihren Verlust zwar großen Schmerz (*magno cum dolore ... ferebant*), trösten sich aber damit, dass sie angesichts des greifbar nahen Sieges fest daran glauben, das Verlorene bald wieder zurückzubekommen (*se ... celeriter amissa recuperaturos confidebant*).

S. 23

1. Die Gallier billigten den taktischen Schachzug ihres Oberbefehlshabers; sie empfanden über den Verlust ihrer Habe durch die Verbrennung zwar großen Schmerz, trösteten sich aber damit, das Verlorene bei einem Sieg zurückzubekommen. Die unmittelbaren Folgen waren, dass bei allen Stämmen Städte und Dörfer in Brand gesteckt wurden.
2. Das Ansehen, das Vercingetorix bei den Seinen besaß, muss bereits hoch gewesen sein; man hat seinen taktischen Vorschlag (*sententia*) mit allgemeiner Zustimmung (*omnium consensu*) angenommen (*probata*); alle hatten festes Zutrauen (*confidebant*), dass ihm der Erfolg gelingen werde.

### 2.3 Die Schlacht um Alesia

Der Kampf um Gallien konzentriert sich letztlich auf drei zentralgallische Städte: Avaricum, Gergovia und Alesia. Avaricum, das gegen den Rat des Vercingetorix nicht aufgegeben und in Brand gesteckt wurde, wird von den Römern mit der Folge eines furchtbaren Blutbades unter den Einwohnern erobert. Gergovia hingegen bringt CAESAR eine Niederlage; er kann die Stadt nicht erobern.[17] Die Entscheidungsschlacht um das Schicksal Galliens fällt letztlich bei Alesia. Um diese Stadt haben die Römer einen doppelten Belagerungsring gelegt, den einen in Richtung auf die Stadt, um die 80.000 Eingeschlossenen an einem Ausbruch zu hindern, den anderen um ein gesamtgallisches Entsatzheer, das man erwartet, von der Stadt abzuhalten. Da in der Stadt selbst die Nahrungsvorräte ausgehen, wird über mögliche Auswege aus der Bedrängnis diskutiert. Vorgeschlagen werden Kapitulation oder Ausfall. In dieser Situation hält ein gewisser Critognatus, ein hochadeliger Arverner eine Rede, „die wegen ihrer einzigartigen und ruchlosen Grausamkeit (*propter singularem et nefariam crudelitatem*) nicht übergangen werden darf"; CAESAR hat diese Rede deshalb direkt und in voller Länge in seinen Bericht aufgenommen.

---

17) Vgl. dazu ERNST, W.: Caesar, der überlegene Heerführer – Anmerkungen zu Caesar (BG VII, 36). In: Anregung 45 (1999), 235-242. Hier wird Caesars Leistung vor und während der Schlacht um Gergovia herausgearbeitet.

## 2.4 Die Rede des Critognatus[18]

CAESAR muss dieser Rede – schon wegen ihrer Länge, mit der sie alle vorausgehenden gleichfalls direkt gestalteten Reden überragt – im Kontext der Vercingetorix-Darstellung eine besondere Funktion zugewiesen haben. Sie ist deutlich auf Steigerung angelegt, wobei der Höhepunkt am Ende mit allen Mitteln der rhetorischen Kunst ausgeprägt wird: z.B. asyndetisches Tetrakolon *iura, leges, agros, libertatem* mit Steigerung; Parallelismus mit Iteratio: *quid petunt ... aut quid volunt*; emphatische Spitzenstellung des Relativsatzes *quos ... cognoverunt, horum in agris*; Hyperbata *aeternam iniungere servitute*m, *perpetua premitur servitute*; periodisierte Adhortative *quodsi ea, quae ..., ignoratis, respicite ... Galliam, quae*; asyndetische Reihung von Partizipialstrukturen ... *redacta* ... *commutatis* ... *subiecta*; Alliteration *securibus subiecta perpetua premitur servitute.* Der letzte Satz wirkt durch Struktur und Stilmittel geradezu wie ein mächtiger Schlussakkord und signalisiert die Höchststufe an emotionaler Bewegung.[19]
Unterstreicht man die bedeutungstragenden, begrifflichen Schwerpunkte im Text, so erkennt man an ihrer Massierung im letzten Drittel der Rede die Klimax, deren Ziel die Emotionalisierung des Lesers ist; dieser wird aufs Höchste provoziert.

Zunächst der Text:

1 *At ii, qui Alesiae obsidebantur, praeterita die, qua auxilia suorum exspectaverant, consumpto omni frumento inscii, quid in Haeduis gereretur, consilio coacto de exitu suarum*

2 *fortunarum consultabant. Ac variis dictis sententiis, quarum pars deditionem, pars, dum vires suppeterent, eruptionem censebat, non praetereunda videtur oratio Critognati propter eius* ***singularem ac nefariam crudelitatem.***

3 *Hic, summo in Arvernis ortus loco et magnae habitus auctoritatis, „Nihil" inquit „de eorum sententia dicturus sum, qui turpissimam servitutem deditionis nomine appellant, neque hos*

4 *habendos civium loco neque adhibendos ad concilium censeo. Cum his mihi res est, qui*

5 *eruptionem probant; quorum in consilio omnium vestrum consensu pristinae residere virtutis memoria videtur. Animi est ista mollitia, non virtus, paulisper inopiam ferre non posse.*

6 *Qui se ultro morti offerant, facilius reperiuntur, quam qui dolorem patienter ferant. Atque ego hanc sententiam probarem – tantum apud me dignitas potest –, si nullam praeterquam vitae nostrae*

---

18) Zur Deutung vgl. VERFASSER, Lateinunterricht, Bd. III, 95ff. (hier noch in traditionellem Sinne gedeutet) und: Die Freiheit der Feinde. Zur Rolle und Wertung der Critognatus-Rede (zu BG VII 77). In: Caesar im Visier, 96ff: (mit neuer Deutung). Dazu auch SCHIEFER, R., a.O. 477-494. Er kommt zu einem ähnlichen Deutungsergebnis, ohne allerdings die sich von Anfang an allmählich aufbauende Opposition gegen Rom und die sich entwickelnde Abwertung des Freiheitsbegriffs in seine Analyse mit einzubeziehen.

19) Zum kunstvollen Bau der Rede vgl. SCHIEFER, a.O. 485 (hier weitere Literatur dazu).

7 *iacturam fieri viderem; sed in consilio capiendo* ***omnem Galliam respiciamus,*** *quam ad nostrum auxilium concitavimus.*

8 *Quid hominum milibus octoginta uno loco interfectis propinquis consanguineisque*

9 *nostris animi fore existimatis, si paene in ipsis cadaveribus proelio decertare cogentur?* ***Nolite hos vestro auxilio exspoliare,*** *qui vestrae* ***salutis causa suum periculum neglexerunt, nec stultitia ac temeritate*** *vestra aut* ***animi imbecillitate omnem Galliam prosternere*** *et perpetuae servituti subicere.*

10 *An, quod ad diem non venerunt, de eorum fide constantiaque dubitatis? Quid ergo? Romanos*

11 *in illis ulterioribus munitionibus animine causa cotidie exerceri putatis? Si illorum nuntiis confirmari non potestis omni aditu praesaepto, his utimini testibus appropinquare eorum adventum; cuius rei timore exterriti diem noctemque in opere versantur.*

12 *Quid ergo mei consilii est? Facere, quod nostri maiores* ***nequaquam pari bello Cimbrorum Teutonumque*** *fecerunt; qui in oppida compulsi ac simili inopia subacti eorum corporibus, qui*

13 *aetate ad bellum inutiles videbantur, vitam toleraverunt neque se hostibus tradiderunt.*

14 *Cuius rei si exemplum non haberemus, tamen libertatis causa institui et posteris prodi*

15 *pulcherrimum iudicarem. Nam quid illi simile bello fuit? Depopulata Gallia Cimbri magnaque illata calamitate finibus quidem nostris aliquando excesserunt atque alias terras petierunt; iura leges agros libertatem nobis reliquerunt. Romani vero quid* ***petunt*** *aliud aut quid* ***volunt,*** *nisi invidia adducti, quos fama nobiles potentesque bello cognoverunt, horum in agris civitatibusque considere atque his*

16 *aeternam iniungere servitutem? Neque enim* ***umquam alia condicione bella gesserunt.*** *Quod si ea, quae in longinquis nationibus geruntur, ignoratis,* ***respicite finitimam Galliam, quae in provinciam redacta, iure et legibus commutatis, securibus subiecta perpetua premitur servitute.***"

Die Gliederung der Rede lässt fünf Abschnitte erkennen:

1. Das Eingehen auf die aktuelle Entscheidungssituation
2. Die Rücksicht auf ganz Gallien
3. Die Erinnerung an die Leistung der Vorfahren im Krieg gegen die Kimbern und Teutonen
4. Der Vorschlag zum Durchhalten mit der „Methode" des Kannibalismus
5. Die Attacke auf den römischen „Imperialismus"

Die leitmotivischen Begriffe sind, wie aus ihrer Kennzeichnung im Text hervorgeht, *servitus* und *libertas.* Die polare Spannung zwischen diesen beiden Prinzipien, von der ganz Gallien betroffen ist, beherrscht den Text; sie zeigt auch eine Art von Ringkomposition an, die sich im Schema so verdeutlichen lässt:

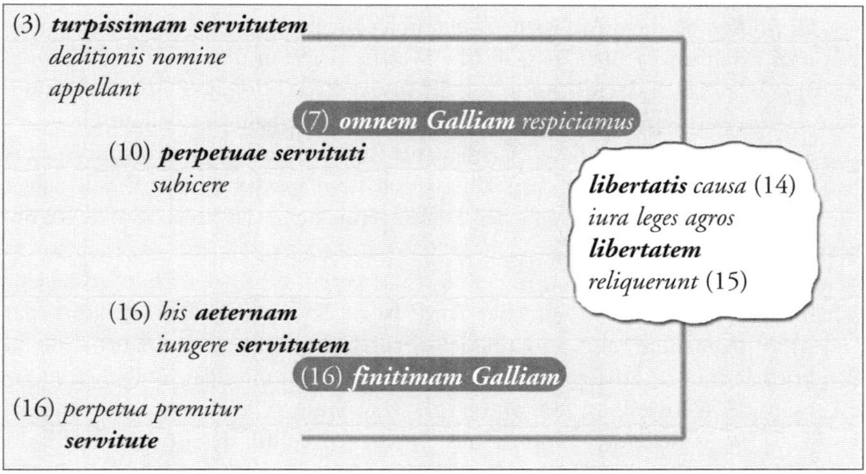


Der Begriff *servitus* begegnet am Anfang, in der Mitte und am Ende der Rede, hier sogar zweimal. Wer für Kapitulation sei, befürworte die schändlichste Knechtschaft (*turpissimam servitutem deditionis nomine appellant* 77,3). Man solle nicht aus Feigheit oder Unbesonnenheit ganz Gallien zugrunde richten und ewiger Knechtschaft ausliefern (*perpetuae servituti subicere* 77,10); die Römer würden ja alle Völker, die sie als bedeutend und kriegstüchtig erkennen, in ewige Knechtschaft stürzen wollen (*his aeternam iniungere servitutem* 77,16). Beweis dafür sei das benachbarte Gallien (gemeint ist *Gallia citerior* und *ulterior*), das zur römischen Provinz gemacht, in ewiger Knechtschaft schmachtet (*perpetua premitur servitute* 77,16).

Der Gegenbegriff der „Freiheit" (*libertas*) begegnet nur im Schlussteil der Rede, hier aber sehr pointiert gesetzt, zweimal, als Gegenbild zu der befürchteten und abgelehnten Knechtschaft. Die Eingeschlossenen sollten durchhalten, selbst wenn sie sich vom Fleisch der verstorbenen alten Leute ernähren müssten. Gäbe es dafür nicht schon ein Beispiel in ihrem Volke (beim Einfall der Kimbern und Teutonen), dann müsste es jetzt geliefert werden, und zwar „um der Freiheit willen" (*libertatis causa* 77,14). Die Römer nämlich würden schlimmer als jene vorgehen, jene hätten nach ihrem baldigen Abgang Recht, Gesetz, Felder und Freiheit zurückgelassen (*iura, leges, agros, libertatem nobis reliquerunt* 77,15); die Römer aber würden ewig bleiben und sie für immer all dessen berauben, was ihre nationale Identität ausmacht. Auf diese Weise werden die Römer letztlich als Versklaver gebrandmarkt, hier der ganzen Nation der Gallier.

Die Rede des Critognatus wird – als Invektive gegen Rom – in einer Versammlung der Gallier gesprochen, am Höhepunkt des offenen Krieges gegen Rom, und zwar in der von den Römern umlagerten Stadt Alesia, wo die Eingeschlossenen über ihr zukünftiges Schicksal in einer „Ratsversammlung" zu beschließen haben. Diese Beratung findet im Geheimen statt. CAESAR lässt sie seine Leser – als auktorialer Erzähler, also im Besitz eines höheren Wissens gewissermaßen „aus olympischer Höhe" (W. GÖRLER) – unmittelbar, nämlich in direkter Rede miterleben. Woher CAESAR dieses höhere Wissen hat, bleibt unerklärt. Ist es reine Fiktion oder in seinem Kern, bezogen auf die ansonsten bekannte Grundhaltung der Gallier, wahr? Es ist also zu prüfen, ob diese Aussagen als plausibles Ergebnis von CAESARS Überlegungen und Erfahrungen über die gallische Wesensart gelten dürfen. Wir finden die Antwort womöglich darauf, wenn wir die in der Rede wirksame Grundspannung von *servitus* und *libertas* in ähnlichen Situationen innerhalb des Bellum Gallicum von Anfang an bis hin zu dieser „Critognatus-Rede" untersuchen. Wo wird in ähnlicher Weise der Widerstand der Gallier gegen Rom spürbar gemacht? Wir haben die markantesten dafür maßgeblichen Stellen geprüft und das Ergebnis o. S. 42 bereits vorgestellt.

Wie ist die Rede zu bewerten, in der so scharf gegen die Knechtschaft, so leidenschaftlich für die Freiheit gesprochen wird? Ist sie ein Angriff auf Rom, gegen das Imperium Romanum, also antiimperialistisch? Gehört „die Critognatus-Rede zu den kritischsten und erbarmungslosesten Abrechnungen mit dem römischen Herrschaftsanspruch", wie HERBERT MEYERHÖFER annimmt?[20] Wird hier, wie vielleicht in der Calgacus-Rede des TACITUS „der imperialen Politik der Römer die Maske vom Gesicht gerissen?"[21] Oder liefert hier CAESAR „in selbstentlarvender Absicht eine Demonstration römischen Selbstbewusstseins, die ohne Schaden auch die Position des Gegners formulieren kann?" So CHRISTIAN MEIERS Deutung.[22] Warum hat CAESAR eine derart antiimperialistische Rede eines Galliers in sein durch und durch imperialistisches Werk aufgenommen oder, was als sehr viel wahrscheinlicher angenommen wird, selbst formuliert?[23] Will er sich wirklich selbst demaskieren?

Aus der Lektüre der vorausgehenden Bücher des Bellum Gallicum, also des bisherigen Kriegsberichtes, ist dem Leser, wie wir oben kurz anzudeuten versucht haben, die Grundspannung zwischen *servitus* und *libertas* in ähnlichen Situationen, wo von Widerstand und antirömischer Propaganda im gallischen Untergrund die Rede ist, längst vertraut. Wenn er sich also der Lektüre der Critognatus-Rede nähert, ist er bereits auf eine Antipathie-Haltung gegen das gallische Freiheitsdenken fixiert, zumal ihm eben auch die Atmosphäre um den Freiheitshelden Vercingetorix in der vorausgehenden Kapitelfolge düster, ja giftig vorkommen muss. Die Leserlenkung programmiert jeden Römer auf Ablehnung. In der Critognatus-Rede treten nun alle Wertungsaspekte, die die Begriffsopposition *libertas* – *servitus* betreffen, in verdichteter Form und noch viel stärker emotionalisiert in Erscheinung. Hier in der schicksalhaften Entscheidungssituation, wo es darum geht, sich den Römern endgültig zu ergeben oder auf ein rettungsbringendes Entsatzheer der Gallier zu warten, steht die Knechtschaft als Dauerzustand drohend vor Augen; deshalb ist *servitus* hier nun sogar der textbeherrschende Begriff; er begegnet, wie oben bereits angedeutet, an den Schwerpunktstellen des Textes, am Anfang, in der Mitte und am Schluss, stilistisch pointiert herausgehoben. In dieser Ratsversammlung in Alesia steht nicht bloß das Leben von 80.000 Eingeschlossenen auf dem Spiel, es geht um die Existenz ganz

20) Der Einzelne und der Staat. In: Handreichungen für den Lateinunterricht, 3. Folge, Bd. III, München 1977, 119.

21) So SUERBAUM, W.: Vom antiken zum mittelalterlichen Staatsbegriff, München 1979, 102, Anm. 3.

22) a.O. S. 309, 384.

23) Zur Diskussion darüber vgl. SCHIEFER, a.O. 46ff.

Galliens (77,7). Wenn man in Alesia kapituliere, würde das auf alle Gallier demotivierend wirken; ihre Unbesonnenheit und Feigheit würden ganz Gallien zugrunde richten und in ewige Knechtschaft stürzen. Um solches zu vermeiden, bräuchte man auch nicht vor kannibalistischen Trieben zurückzuschrecken: *libertatis causa*. Eine Extremsituation rechtfertige ein extremes Verhalten. Die Römer seien gefährlicher als die Kimbern und Teutonen, umso mehr sei ein solches Verhalten hier berechtigt. Das wird mit dem Unterschied der Kimbern/Teutonen auf der einen Seite, den Römern auf der anderen Seite begründet: Jene hätten den Galliern einmal *iura*, *leges*, *agros*, *libertatem* zurückgegeben, die Römer würden ihre Herrschaft auf ewige Dauer anlegen; das liege in ihrem Wesen, alle Völker, die sie als groß und kriegstüchtig erkannten und deren Rivalität sie nicht ertrügen (aus Neid, d.h. weil sie deren Souveränität nicht „mit ansehen" könnten: *invidia* (← *in-videre*), unter ihre Herrschaft zu zwingen. Die Grundbedingung ihrer Politik sei eben, wie ein Blick in die weite Welt zeige, durch Kriege alle unter ihre Rechtsordnung in der Form von Provinzen zu zwingen und ihnen so ewige Knechtschaft aufzulasten. Es ist ohne Zweifel zu erkennen, dass die Tendenz dieser Critognatus-Rede analog jener ist, die sich von Anfang an abzeichnet in den Äußerungen antirömischer Oppositioneller, die an verschiedenen Stellen Galliens, bei jeweils anderen Stämmen, zu gemeinsamen Aktionen aufrufen; dort geht es jeweils um Freiheit und gegen Knechtschaft, und immer werden die Römer heftig attackiert als gewaltsame Zerstörer der *libertas*, die den Galliern als quasi naturgegebenes Gut von den Vorfahren hinterlassen worden ist, und als Bringer von Unterdrückung und ewiger Knechtschaft. Diese Antistimmung gegen Rom manifestiert sich zunächst im Untergrund, bei Verschwörungen, in Geheimzirkeln, weitet sich dann mit der Zeit über ganz Gallien – als *consensus totius Galliae* – aus, und findet in Vercingetorix die Leitfigur, auf die sich die Erwartungen aller konzentrieren. Dieser Widerstands- und Aufstandsbewegung liegt eine romkritische Einstellung zugrunde: das Imperium Romanum sei gegen die Natur, die auf Freiheit angelegt sei; der natürliche Hass auf die Knechtschaft ist deshalb immer auch als ein Hass gegen die Knechter, die Römer, zu verstehen. Insofern ist die von Critognatus gegen Rom gerichtete gehässige Kritik nichts Unerwartetes; sie ist Fortsetzung und zugleich Höhepunkt dieser antirömischen Stimmung; sie markiert den Anfang vom Ende des sich allmählich entwickelnden und dann fulminant zum Ausbruch kommenden gallischen Freiheitskrieges; ihr kommt die Funktion eines dramatischen Ereignisses zu, das deshalb auch stilistisch durch die Darstellung in der Oratio recta gebührend gekennzeichnet ist.

CAESAR hat den letzten Ausbruch gallischen Romhasses regelrecht inszeniert, indem er diese Rede kunstvoll gestaltete. Sie hat deshalb eine enorme erzähltechnische Rolle inne. Am Kulminationspunkt des Krieges wird drastisch und unmittelbar die Stimmungslage in Alesia den Lesern zum Erleben gebracht, wobei eben – der Situation solcher geheimen Beratungen entsprechend – Kritik an Rom, hier massiv, umfassend und ins Allgemeine gehoben, mit scharfer Pointierung vorgebracht wird. Diese Kritik mag CAESAR durch Mittelsmänner bekannt geworden sein oder er hat sie so konstelliert, wie sie dem ihm allmählich bekannt gewordenen Denken und Reden der gallischen Oppositionellen entsprach; einige toposartige Elemente (z.B. den *invidia*-Gedanken) mag er hinzugefügt haben.

Also: Widerstand gegen die imperiale Politik der Römer ist an dieser Textstelle ausgedrückt, Kritik an Roms Vorgehen in der Rede des Galliers ist durchaus gegeben. Aber wie ist diese Attacke gegen die Römer, die CAESAR selbst formuliert hat, im Hinblick auf seine Herrschafts- und Eroberungspolitik letztlich zu deuten?
Dieser leidenschaftliche Angriff auf das Imperium Romanum erweckt Emotionen, er zwingt den Leser mitzuempfinden, „mitzuleiden". In welche Richtung wollte der Autor, indem er dieses sein Wissen in der kunstvoll gestalteten Form einer direkten Rede mitteilt, die Sympathie seiner Leser lenken? Gewiss nicht in die der Gallier! Deren Freiheitsambition ist in der sich im Laufe des Werkes aufbauenden Atmosphäre um den *libertas*-Begriff so negativ akzentuiert, dass er auch hier keine Attraktivität mehr entfaltet; im Gegenteil: die Verbindung dieser Freiheitsidee mit dem barbarischen Appell zum Kannibalismus macht das Wort und die dahinterstehende Bewegung für den römischen Leser noch abstoßender, sie wird desavouiert. Auf diese Reaktion legt CAESAR seine Leser ja schon von vornherein mit dem Hinweis auf die einzigartige, unmenschliche Grausamkeit (*singularis ac nefaria crudelitas* 77,3) des Redners fest. Die Kritik an Rom ist, wie an allen Stellen, immer aus der Perspektive der Romfeinde gesprochen zu sehen und zu nehmen. Sie relativiert sich dadurch; dies umso mehr, je stärker sich deren Freiheitsambition als illusionistisch, als leere Phrase ohne Realitätsbezug entlarvt.[24] Wie wirkt es zudem auf die Leser in Rom, wenn die Römer schlimmer als die Kimbern und Teutonen hingestellt werden, deren Schreckensangriff auf Italien vor einem halben Jahrhundert sie so nachhaltig traumatisiert hat?
Die Critognatus-Rede darf deshalb nicht als bloßes Zugeständnis an einen literarischen Topos verstanden werden; sie hat durchaus eine werk- und aussageimmanente Funktion. Freilich begegnet uns in ihr nicht römisches Selbstbewusstsein, das auch die Position des Gegners ohne Schaden formuliert; in ihr tritt uns auch nicht eine von CAESAR bewusst angestrebte Kritik am römischen Herrschaftsanspruch entgegen, CAESAR entlarvt sich nicht selbst als Imperialist. Er erweist sich vielmehr als Vertreter des Imperium Romanum, also, wenn man so will, als Imperialist, der die Position der Gegner als falsch, als verkehrt, letztlich als ihren eigenen Interessen zuwider hinstellt; denn, was sie in der Verbindung mit Freiheit erreichen wollen, nämlich *pax* und *otium*, kann, das zeigt er allerorts, nur unter der Schirmherrschaft Roms gewährleistet werden. Die Freiheit der Feinde ist auf diese Weise ad absurdum geführt; Roms Vorgehen gegen die Gallier, der Sieg bei Alesia liegen in der Konsequenz römischer Herrschaftsdoktrin und der sie tragenden Kriegsideologie, d.h. der Entbarbarisierung der wilden Grenzvölker.[25] „CAESARS Krieg war Roms Krieg; sich dem zu widersetzen bedeutet, sich die Verblendung eines menschenfressenden Barbaren zu eigen zu machen."[26]

24) Angesichts des „grässlichsten Barbarentums", wie es im Aufruf zum Kannibalismus zum Ausdruck komme, könne „die im gleichen Atem verkündete *libertas*-Parole nur hohl klingen." So SCHIEFER, a.O. 493.

25) Ganz richtig SCHIEFER, a.O. 490: Die Rede ist daraufhin angelegt, „in Fortsetzung der Barbarenschilderung den Gegner im Sinne des traditionellen römischen Feindbildes zu charakterisieren".

26) So SCHIEFER, a.O. 491.

Daraus lässt sich schließlich folgern: Die Critognatus-Rede liegt ganz auf der Linie der darstellerischen und inhaltlichen Entwicklung des Berichtes, der den Gallischen Krieg rechtfertigen will. Sie steht völlig im Einklang mit Wesen und Denken des Imperators CAESAR, sie ist kein Fremdkörper im Werk des Bellum Gallicum; sie ist ein Mittel, wenn nicht das stärkste, zur Überzeugung der römischen Leser, dass sein politisch-militärisches Vorgehen in Gallien zu Recht so und nicht anders erfolgte. Und dass in der gegebenen Situation sein Endkampf gegen Vercingetorix den Totaleinsatz aller Menschen und Mittel rechtfertigte.
Die Rede des Critognatus verstärkt, da von einem adeligen Stammesgenossen gesprochen, das düstere Bild, das CAESAR vom Gallier-König Vercingetorix zeichnen will. Der Kern seines Wesens und Denkens ist hier gewissermaßen verobjektiviert und an einer anderen Figur, die sonst im Werk ja keine Rolle spielt,[27] zur Anschauung gebracht. Sie macht deutlich: So hart und grausam in ihrem Widerstand gegen Rom sind die Gallier, deren Exponent Vercingetorix ist. Wie dieser als der gefährlichste Gegner im ganzen Bellum Gallicum vorgestellt wird, so erscheint die Freiheit, für die die Barbaren, allen voran ihr „König" kämpfen, in der Critognatus-Rede am stärksten diskreditiert. Die rhetorisch brillant gestaltete Rede erweist sich letztlich als das wirkungsvollste Mittel, das CAESAR zur Kennzeichnung seines größten und gefährlichsten Gegners in Gallien, des Freiheitskämpfers Vercingetorix, einsetzt. Sie hat also erwiesenermaßen eine gezielte erzählstrategische Funktion.[28]

a

S. 27

1. Critognatus lehnt den Ausbruch ab, weil bei der sicheren Gewissheit einer Niederlage der Heldentod für die Zukunft ganz Galliens, die hier auf dem Spiel steht, nichts brächte. Er schlägt deshalb vor, um durchzuhalten zu können, sich vom Fleisch der alten Leute zu ernähren.
2. Die äußeren Befestigungswälle richten sich gegen das erwartete Entsatzheer der Gallier; CAESAR sieht sich gezwungen, einen Zweifrontenkrieg zu führen.
3. CAESAR setzt in der Rede – gerade in der zweiten Hälfte, bes. gegen Ende zu, alle möglichen rhetorischen Mittel ein: z.B. Asyndeton, Hyperbata, emphatische Spitzenstellung, Alliteration, Iteratio. Er will einen emotionalisierenden Höhe-

---

27) Für LUDWIG VOIT (Gymnasium 62, 1965, 114) ist Critognatus offenbar ad hoc eingeführt.

28) In diese Richtung weist DETLEF RASMUSSENS Aussage (Caesars Commentarii, Stil und Stilwandel am Beispiel der direkten Rede, Göttingen 1963, 48): „Critognatus fungiert hier nur als Träger einer für die Darstellungsabsicht Caesars relevanten Meinung". Nach WILL RICHTER (Caesar als Darsteller seiner Taten, Heidelberg 1977, 78, Anm. 2) trifft der Vorwurf der *crudelitas* nicht zu, und auch sonst ist das Kennzeichen der Gallier bei Caesar nicht ihre *crudelitas*. Dem muss angesichts der Charakteristik, die Caesar dem Vercingetorix zuteil werden lässt, widersprochen werden. Wenn die Rede des Critognatus das Ziel verfolgt, Caesars Handeln zu rechtfertigen, dann muss Critognatus' Wesen stellvertretend für alle Gallier gelten, auch und gerade für Vercingrtorix. Dazu auch WILL., a.O. 94: „Caesar überliefert die Rede des Critognatus' ausführlich in seinem 7. Buch, um die Entschlossenheit des gallischen Feindes, seine Grausamkeit und seinen Hass gegen Rom vor Augen zu führen."

punkt gestalten, der die Hörer in seine Bahn nimmt. Die Rede ist sicherlich von CAESAR so gestaltet worden, sie passt nicht zu Critognatus. Schon das zeigt, dass der Römer damit eine andere Absicht verfolgt, als es die Aussage der Rede anzeigt.
4. Die Römer als Leser werden die *servitus* der Gallier unter dem Aspekt beurteilen, dass die Barbaren auf eine höhere Zivilisationsstufe gehoben werden müssen, auch durch diesen Krieg. Entbarbarisierung von angrenzenden Nachbarn ist ja Ziel römischer Eroberungspolitik.
5. CAESAR setzt die Rede gerade am Höhepunkt des gesamtgallischen Krieges ein, um durch die kannibalistische Grausamkeit des Redners das gallische Freiheitsstreben zu desavouieren. Die Attacke gegen den römischen „Imperalismus“ sollte als ultimativer Ausbruch des gallischen Widerstandskampfes von den Lesern erfahren und verurteilt werden.

S. 28

1. CAESAR schätzt wie CICERO die Nichtrömer als kulturell minderwertig (*barbari*) ein, weshalb er sich berechtigt fühlt, sie, um ihnen *cultus* und *humanitas* zu vermitteln, dem *Imperium Romanum* einzuverleiben.
2. Der barbarisch-grausame Kannibalismus des Vercingetorix liefert den letzten und stärksten Beweis, dass CAESAR mit Recht gegen die Gallier so unnachgiebig vorgegangen ist.

### 2.5 Alesia kurz vor dem Fall

Mag CAESAR auch die Critognatus-Rede „auf den dramatischsten Höhepunkt des gesamten Bellum Gallicum“[29] gesetzt haben, sie hat auf den Fortgang im „wichtigen und bestürzenden Finale“[30] der Ereignisse keine Wirkung.[31] Auch das bestätigt ex eventu ihre bloße Funktion der Gallier- und Vercingetorix-Charakteristik.
Die Schlacht um Alesia setzt unmittelbar darauf ein; und da das gallische Entsatzheer bald kam, bedurfte es des strategischen Genies CAESARS und der Höchstleistung seiner Soldaten, um am Ende Alesia zur Kapitulation zu zwingen. Doch ehe es dazu gekommen ist, wirft CAESAR nochmals ein Schlaglicht auf seinen Kontrahenten, das den bisher gewonnenen negativen Eindruck noch weiter verstärkt. Die Reiter, die Vercingetorix zu ihren Stämmen nach Hause schickt, um neue Waffenfähige anzuwerben, beschwört er; sie sollten an sein Wohl und Leben denken (*ut suae salutis rationem habeant*) und ihn, der sich doch um die gemeinsame Freiheit höchst verdient gemacht habe (*se optime de communi libertate meritum* VII 71,3) nicht den Feinden zur Folterung überlassen. Vercingetorix erscheint als Egoist, als „ein von

29) So SCHIEFER, a.O. 480.

30) So SCHÖNBERGER: Darstellungselemente in Caesars Bellum Gallicum, 7, 25, 26. In: Gymnasium 95 (1988), 142.

31) Vielleicht ist, wie PAUL KOSEL in einer Proseminararbeit 1999 annimmt, die Critognatus-Rede „ein letztes symbolisches Aufflackern des gallischen Widerstandswillen, dem Caesar jeden Realitätsbezug abspricht“. DETLEF RASMUSSEN, a.O. 52, dazu: „Caesar vertraut in seiner Darstellung auf die Entscheidung der Waffen, die dem Erfolgreichen Recht gibt. Nach der Rede beginnt die Entscheidungsschlacht und dann gibt es kein freies Gallien mehr.“

ehrgeizigen persönlichen Zielen getriebener Anführer",[32] der hier das Freiheitsmotiv für das Ziel seiner persönlichen Rettung instrumentalisiert. An dieser Stelle demaskiert CAESAR seinen Gegner: Er ist ein Barbar, der in der Krise letztlich nur an sich denkt. An ihm manifestiert sich die Verhaltensform eines Machtmenschen, als welchen ihn CAESAR von Anfang an den Lesern präsentiert.

## 2.6 Die Auslieferung des Vercingetorix

In einer letzten Versammlung seiner Leute macht Vercingetorix deutlich, dass er den Krieg nicht aus persönlichen Interessen (*non suarum necessitatum ... causa*), sondern „der gemeinsamen Freiheit wegen" geführt habe und dass er nun bereit sei, da man sich dem Schicksal fügen müsse, entweder durch den Tod den Römern Genugtuung zu geben oder sich lebend den Feinden ausliefern zu lassen. Mag auch der Hinweis auf die *communis libertas* in den geschärften Augen des römischen Lesers wiederum als hohle Phrase wirken, so gewinnt der Gallier-König hier doch eine gewisse Größe; CAESAR gesteht vor seinen Lesern dem Geschlagenen eine ehrenhafte Haltung zu (was in römischen Siegesberichten nicht unüblich ist, z.B. Cleopatra bei ihrem Freitod nach der Niederlage bei Aktium, Horaz, c. 1,37).
Vercingetorix ist bereit zur Kapitulation und dazu, sich dem Feind auszuliefern. Die Situation, wo Sieger und Besiegter sich am Ende des als „Zweikampf"[33] gestalteten Krieges zwischen den beiden Heerführern Auge in Auge gegenüberstehen, dramatisiert der Autor in einer leicht affektisch aufgeladenen Szene (welche für Historienmaler und Romanautoren ein willkommenes Sujet bietet, s. S. 49). Im dramatischen Präsens, in kurzen, asyndetisch gereihten Sätzen ist die Kapitulationsgeste geschildert: Vor dem auf einem Mauerwall sitzenden CAESAR wird Vercingetorix ausgeliefert (*deditur*), die Waffen werden hingeworfen.
Diese Szene ist so aus der Distanz der sonstigen Darstellung in die Unmittelbarkeit des Miterlebens gebracht, dass man das Ende des „Zweikampfes" in der „abbildenden Wortstellung" vor Augen hat.

Im Schema:

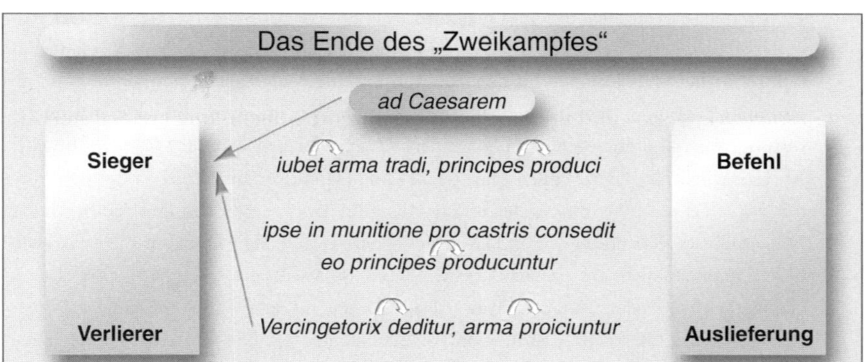


32) So PAUL KOSEL, a.O., in richtiger Einschätzung der Person.

33) Nach MENSCHING (Caesar, Bellum Gallicum, 126) ist das Buch VII weitgehend als Zweikampf „Caesar gegen Vercingetorix" gestaltet.

Der Gefangene wird, wie wir aus anderen Quellen wissen, nach Rom gebracht, dort im Tullianum eingekerkert und nach über fünf Jahren, nachdem er zunächst im Triumphzug den Römern präsentiert worden ist, durch Erdrosselung hingerichtet.[34]

**Vercingetorix ergibt sich Caesar – ein häufiges Motiv in der Bildenden Kunst des 19. Jahrhunderts**

Holzstich nach einer Zeichnung von A. de Neuville

Holzstich von Trichon und L. Cilspon

34) GELZER (a.O. 148) beschreibt die Szene, sich auf zusätzliche Quellen stützend, so: „Hoch zu Ross sprengte Vercingetorix heran und ließ sich vor Caesar stumm auf die Knie nieder, als ehemaliger Freund auf Begnadigung durch den Sieger hoffend. Manche Zuschauer wurden gerührt, doch Caesar blieb hart und hielt ihm seine Felonie [Untreue, d. Verf.] vor. Der große Rebell sollte die Folgen für seine Vermessenheit tragen, und der Imperator befahl, ihn nach römischem Herkommen für den Triumph und die nachfolgende Hinrichtung in Gewahrsam zu nehmen." Ähnlich bei MEIER (a.O. 398): „Vercingetocix kommt in glänzender Rüstung, noch als Unterlegener imponiert der stattliche, tapfere Mann den Römern. Er wirft sich Caesar schweigend zu Füßen und streckt seine Hände vor zum Zeichen der Kapitulation. Manch einen der Umstehenden erfasst Mitgefühl. Doch Caesar hält ihm den Bruch der alten Freundschaftsbindung vor und lässt ihn in Ketten legen." Die positiven Züge in diesen Bildern stammen nicht aus Caesars Bericht. WOLFGANG WILL (a.O. 94) gibt die eher caesarische Perspektive wieder: „Auf dem Tribunal sitzend, das auf dem Wall vor dem Lager aufgestellt war, nahm Caesar die Kapitulation von Alesia entgegen. Die gallischen Führer zogen vorbei und legten ihre Waffen nieder. Die Gefangenen wurden versklavt, lediglich die Haeduer und Arverner verschont, da der Sieger sie für die Neuordnung Galliens benötigte. Vercingetorix wurde in Ketten gelegt. Im Tullianum, dem römischen Staatsgefängnis, wartete er sechs Jahre auf seine Hinrichtung. Im August 46 ließ ihn Caesar erwürgen."

Holzstich nach einem Gemälde von Henri Motte

a . 30

1. CAESAR verwendet das dramatische Präsens, kurze, asyndetisch gereihte Satzglieder oder Sätze, parallel zueinander gestellt. Die Szene wird so unmittelbar vergegenwärtigt, aus der Distanz in die Nähe des miterlebenden Lesers gebracht.
2. Vercingetorix betont nochmals das Freiheitsmotiv, von dem er sich hat leiten lassen; vor dem Hintergrund der Kennzeichnung, die der Gallier und seine Zielsetzung durch CAESAR bekommen haben, wirkt das Motiv auch an dieser Stelle nicht mehr. Freiheit und Barbarentum passen nicht zusammen; sie müssen durch Unterwerfung auf eine höhere Zivilisationsstufe gebracht werden.
3. In dem im Textband abgebildeten Gemälde ist die Kopf-an-Kopf-Begegnung der zwei Imperatoren und Heerführer zu sehen; für CAESAR trifft zu: *ipse in munitione pro castris consedit ...*, für Vercingetorix nur sehr vage: *Vercingetorix deditur* („er fügt sich der Kapitulation"; allerdings ist von einem Anreiten auf dem Pferd nicht gesprochen); zutreffend: *arma proiciuntur.*

Noch heute erinnert die Tafel am *Carcere Mamertino*, die nahe des Forum Romanum zu sehen ist,[35] an diesen gefährlichen Barbaren aus dem Norden, neben dem nicht minder gefährlichen Barbaren aus dem Süden Iugurtha, dem Numider, mit dem sich Marius auseinander zu setzen hatte. Beider Namen sind neben anderen auf dieser Tafel eingraviert. Der Machtmensch CAESAR hat den Machtmenschen Vercingetorix – im Dienste des Imperium Romanum – zur Strecke gebracht, damals Grund genug, ihm in Rom wieder ein Dankfest von 20 Tagen zuzubilligen, Anlass heute zu harter Kritik:

35) Das im Textband abgedruckte Bild dieser Tafel am *Carcere Mamertino* verdanke ich Astrid Heuer, einer Teilnehmerin am fachdidaktischen Proseminar 1999/2000.

ALEXIS DE TOCQUEVILLE (Über die Demokratie in Amerika, 267): „Zur Zeit ihrer größten Bildung erschlugen die Römer die feindlichen Heerführer, nachdem sie sie hinter einem Wagen hergeschleppt hatten..."
ROLF HOCHHUTH (Täter der Weltgeschichte, 36): CAESAR wird ... exakter als durch jede andere Tat gekennzeichnet durch die Erdrosselung des Vercingetorix, einen Tag nach jenem Triumphzug durch Rom, in dem der strategisch so bedeutende Rebell an der Seite der Schwester der Kleopatra und des Sohnes des Königs Juba hatte mitgehen müssen: die Tapferkeit des Soldaten, der nichts getan hatte, als seine unterjochte Heimat gegen den Unterjocher zu führen, vermochte das Herz des großen Soldaten mitnichten zu rühren. Nach fast sechsjähriger Kerkerhaft ließ er den Gallier noch auf niedrigste Weise totmachen!"

Darstellung eines Triumphzuges auf einem römischen Silberbecher, um 12 n. Chr.

a

S. 32

1. CAESAR wird hier der Vorwurf der Grausamkeit gemacht.
2. Vercingetorix ist in Frankreich zum Freiheitshelden geworden, weil er nach der Französischen Revolution den Prototypen des für die Freiheit (*liberté*) seines Volkes kämpfenden und sterbenden Helden darstellen konnte.
3. In der Französischen Revolution von 1789 ist die Begriffs-Trias von *liberté*, *égalité* und *fraternité* zum Leitstern einer neuen politischen Denkweise und Staatsform geworden; dadurch hat der Begriff der Freiheit eine neue Qualität und Attraktivität bis heute gewonnen.

## 3. Pädagogischer Gewinn

Die römischen Leser mussten in Vercingetorix einen grausamen Barbaren sehen, den für CAESAR gefährlichsten. An ihm manifestiert sich die römische Sichtweise, nach der Freiheit und Barbarei unvereinbar sind. Doch dieses Bild änderte sich im Laufe der Geschichte Europas. Der Perspektivenwechsel hat sich vor allem in Frankreich vollzogen. Napoleon zwar hat CAESAR bewundert und sich zum Vorbild gemacht. Aber die Gegner des Kaisertums gingen auf Distanz zum Römer; ihnen lag Vercingetorix viel näher. CAESAR hat den Franzosen sozusagen das „Negativ" zu dieser historischen Gestalt geliefert, von dem sie sich ihr „Positiv"-Bild entwickelten. Für sie ist der „Gallier-König" ein Held, der für die Freiheit seines Landes gekämpft und sein Leben gelassen hat; man hat in ihm den Prototypen dafür erkannt. Vercingetorix ist zur Symbolfigur Frankreichs geworden, die man heute noch in monumentaler Größe präsentiert. Wir dürfen festhalten: Nur die von CAESAR in die gallische Welt projizierte Idee der Freiheit konnte eine solche Entwicklung anbahnen; dieser Freiheit (*libertas – liberté*) wurde man sich erst durch die Erfahrung ihres Gegenteils, der Knechtschaft und Sklaverei, bewusst, von der sich befreien zu wollen den Galliern erst das Selbstverständnis ihrer Zusammengehörigkeit und nationalen Einheit gab.[36] CAESAR hat für die Nachfahren der Gallier so ohne Zweifel den Freiheitshelden Vercingetorix geboren. Es ist gewiss kein Zufall der Geschichte, dass gleichfalls in Frankreich die folgenreichste Revolution für die Menschheit unter dem Begriffs-Dreigestirn von „Freiheit, Gleichheit, Brüderlichkeit" (*liberté, égalité, fraternité*) ausgebrochen ist, zumal sich deren geistige Protagonisten, wie wir wissen, auf antik-römisches Ideengut zurückbesannen. Es ist gewiss nicht abwegig, diese epochale politische Wende Europas letztlich als Fernwirkung von CAESARS Taten im Norden des Imperium Romanum zu bewerten. Insofern hat das Bellum Gallicum im Zuge einer Gegenreaktion auf das darin beschriebene Geschichtsereignis – zweifellos nur indirekt – auch zum Werden des heute weltweit gültigen politischen Systems mit Anstoß gegeben. Freilich Galliens Eroberung durch CAESAR und die Entstehung der modernen Demokratie in einen kausalen Zusammenhang zu bringen, ist vielleicht doch eine zu kühne Spekulation. Es dürfte sich allerdings lohnen, darüber mit Schülern nachzudenken; die CAESAR-Lektüre würde politisch interessanter und der Lateinunterricht zweifellos noch aktueller.

Vercingetorix-Denkmal im archäologischen Bezirk auf dem Plateau von Alésie-Sainte-Reine

36) Siehe dazu etwa GELZER, a.O. 141, der die Auffassung vertritt, dass das Schicksal, nämlich „ein keltisches Nationalreich" zu schaffen, „erst dadurch möglich wurde, dass Caesar das keltische Staatengewimmel in den Rahmen einer einheitlich regierten römischen Provinz zwang und den Kelten so die nationale Zusammengehörigkeit auch als eine politische zu Bewusstsein brachte."

# 3 Die Kapitolinischen Gänse (LIVIUS)

## Oder: Was das frühe Rom vor dem Untergang gerettet hat

Das Projekt lässt sich als eigenständiges Unterrichtsvorhaben zur Zwischenlektüre oder zur Schlusslektüre (etwa vor den Ferien) einsetzen. Es repräsentiert den römischen Historiker LIVIUS innerhalb der Lesebuch-Sequenz.
Hauptmethode: Statarische Lektüre beim Haupttext mit Periodenanalyse und textgrammatischer Erschließung.
Nebenmethode: Vergleich mit VERGIL-Paralleltext und mit einer Karikatur.
Kreative Anstöße: Schülerzeichnung zum Absturz der gallischen Front vom Kapitol. Fächerübergreifender Unterricht mit: Geschichte und Kunsterziehung.

### I. Didaktische Einordnung

Der Schild des Aeneas, den VERGIL im 8. Buch seiner *Aeneis* beschreibt, bringt epochale Ereignisse der römischen Geschichte ins Bild; sie sind auf ihm reliefartig herausgearbeitet. Zumeist sind hier historische Krisensituationen erfasst. Am Ende tritt geradezu kolossal das Ereignis der Schlacht von Aktium vor das geistige Auge des Lesers: Oktavians Sieg als Höhepunkt der *Historia Romana*. Durch Augustus ist daraufhin das alte Rom erneuert worden. Fast am Anfang steht der Galliersturm, der Roms Niedergang besiegelt hätte, noch bevor es groß geworden, hätten nicht die der Juno geweihten Gänse auf dem Kapitol Alarm geschlagen. So konnten die aufgescheuchten Wachen die hinaufdrängenden Gallier zurückwerfen. Auch hier ist Rom gleichsam wiedergegründet worden. LIVIUS zeichnet das Ereignis so, dass sich dabei die das römische Staats- und Herrschaftsdenken tragenden Werte von *pietas* und *virtus* als verwirklicht präsentieren. In der Not bewährt sich das Große – worauf auch der neue Princeps sein Reich gründen will.
Die Schüler erhalten einen – gewiss nur flüchtigen – Einblick nicht bloß in den Autor LIVIUS; sie werden auch mit politischen Ansprüchen konfrontiert. Gelten in der Politik moralische Werte? Inwieweit ist das Realität oder nur ideologischer Überbau? Durch den Vergleich mit dem Zitat aus VERGILS Nationalepos lässt sich diese Frage vertiefen. Überhaupt stellt sich die Frage: Welche Rolle spielt das Verhältnis von Macht und Moral in der politischen Auseinandersetzung? Inwiefern tritt uns gerade hier ein Grundproblem des europäischen Denkens entgegen?
Zugleich dient die Beschäftigung mit diesem Lektüreprojekt der Förderung der Sprachkultur, insofern es hilft, bildhafte Elemente der Sprache zu verdeutlichen und zu erhalten. Die Metapher der Kapitolinischen Gänse wird an ihrem historischen Ort aufgesucht und aus ihrer existenziellen Bedeutung für die Stadt Rom heraus erklärt, so dass sie mit ihrer heutigen Verwendung verglichen werden kann. Neben dem „Sitz in der Geschichte" wird an diesem Sprachbild auch sein „Sitz im Leben" verdeutlicht. Das sollte zu seinem Verständnis und seiner weiteren Pflege im lebendigen Wortschatz beitragen.
Bisherige Erfahrungen zeigen, dass sich Schüler ab Jgst. 10 gerne mit diesem Projekt beschäftigen und oft eigene kreative Beiträge dazu zu liefern bereit sind.

## 2. Die Interpretation des Textes

### 2.1 Die sprachliche und textgrammatische Analyse

Der LIVIUS-Bericht lässt sich in fünf Abschnitte einteilen; das ist allein schon durch Beobachtung einfacher textkonstituierender Elemente feststellbar. Die Konnektoren *nam – quae res – nam – deinde* zeigen dies ebenso an wie der Gebrauch der Tempora: konstatierendes Perfekt – historisches Perfekt – konstatierendes Perfekt – dramatisches Präsens/historischer Infinitiv – konstatierendes Perfekt. Den einzelnen Abschnitten kommen erkennbare Aussageschwerpunkte zu:

| Aussageschwerpunkte | Konnektoren | Tempusrelief |
|---|---|---|
| 1. Feststellung der Bedrohung der Stadtburg; am Anfang gewaltige Gefahr: | *nam* | hist. Perf.: *fuit* |
| 2. Nächtlicher Angriff der Gallier, Warnung der Gänse: | | hist. Perf.: *evasere, non fefellere* |
| 3. Bewertung der Leistung der Gänse: | *quae res* | konst. Perf.: *fuit* |
| 4. Die Heldentat des M. Manlius: | *nam* | dram. Präs./hist. Inf.: *vadit, deturbat, trucidat, proturbare, deferri* |
| 5. Beruhigung der Lage; am Ende vorübergegangene Gefahr: | *deinde* | konst. Perf.: *datum est* |

Dieses Darstellungskonzept lässt sich unter mehr oder weniger starker Führung des Lehrers bereits nach dem ersten Vorlesen des Textes erkennen; die textgrammatischen Kriterien unterstützen diesen Erkenntnisvorgang. Wenn dann der Text in seiner linearen Progression übersetzt wird, ist ein gewisses Vorverständnis bereits gegeben, und die Einzelaspekte des dramatischen Geschehens ordnen sich Stück für Stück in dem abgesteckten Rahmen zu einem eindrucksvollen Gesamtbild zusammen. Der Autor hat ein Szenario geschaffen, das den Leser fesselt und ihm eine denkwürdige Botschaft vermittelt. Um das zu erreichen, zieht er alle Register seiner erzähltechnischen Kunst.

**Teil 1:**

Zunächst wird in einem knappen Satz die extreme Gefährdung der Burg Roms und des Kapitols festgestellt. „Während dies in Veji vor sich ging, waren inzwischen die Burg Roms und das Kapitol in gewaltiger Gefahr.“ Dann wird als Begründung dieser Feststellung (*namque*) der schwierige Aufstieg der Gallier an der fast senkrechten Bergwand beschrieben, und zwar in einem einzigen Satz. Seine Analyse bedarf der graphischen Veranschaulichung:

Der Vorgang des Aufstiegs ist in seinen eng aufeinander folgenden Handlungsschritten mit den schwierigen Umständen in ein dichtes Gefüge von Strukturen (bes. Partizipien: 2 x Abl. abs. ▼▼; 4 x Part. coni. ▲▲▲▲ und Gliedsätzen) zusammengedrängt, das sich wörtlich so nicht wiedergeben lässt. Man muss die Satzperiode in

Teilsätze zerlegen, wodurch man zwangsläufig die Autorenabsicht zerstört, nämlich die Kompliziertheit des militärischen Unternehmens in einem ebenso komplizierten Satzbau zu spiegeln. Der Satzbau im Text entspricht gleichsam dem „Pyramidenbau" aus Menschenleibern durch die Gallier beim Aufstieg an der Felswand (s. dazu den Kupferstich von HENRI MOTTE im Textband S. 38).

*„Denn die Gallier machten sich an den Aufstieg, sei es, dass sie die Spur eines Menschen entdeckt hatten, wo der Bote aus Veji durchgekommen war, oder dass sie von sich aus einen weniger steil ansteigenden Felsen bemerkt hatten. Nachdem sie zunächst – bei dämmeriger Nacht – einen Mann ohne Waffen vorausgeschickt hatten, der den Weg erproben sollte, reichten sie die Waffen von dort weiter, wo eine weniger ungünstige Stelle war, stützten sie sich aufeinander, hoben sie sich abwechselnd hoch und zogen sich gegenseitig empor, je nachdem wie es die Stelle gerade erforderte, und drangen auf diese Weise so lautlos auf die Anhöhe vor, dass sie nicht bloß von den Wachtposten unbemerkt blieben, sondern auch die Hunde nicht aufweckten, Tiere, die sonst auf nächtliche Geräusche unruhig reagieren. Die Gänse aber konnten sie nicht täuschen, an denen man sich, da sie der Juno heilig sind, trotz größten Mangels an Nahrungsmitteln nicht vergriffen hatte."*

a

S. 38

1. Handlungsschwerpunkte: *vestigo notato humano – animadverso saxo – cum praemisissent – tradentes arma – alterni innixi – sublevantes – trahentes – in summum evasere – ut fallerent.*
2. Die Gallier bemerkten zunächst die Spur (Fährte) eines Menschen (vom Boten aus Veji), entdeckten dann den Aufstieg zum Berg, schickten einen Waffenlosen voraus, der den Weg testen sollte, zogen dann nach, wobei sie die Waffen weiterreichten und sich gegenseitig abstützend, hebend und ziehend auf die Höhe – in einer Art von Menschenpyramide – hocharbeiteten; auf der Anhöhe drangen sie so leise vor, dass sie nicht einmal die sonst auf jedes Geräusch reagierenden Hunde aufweckten. Die Gänse jedoch konnten sie nicht täuschen.
3. Die Länge des Satzbaus soll die Länge und Schwierigkeit des Bergaufstiegs spiegeln; der Satzbau entspricht dem „Menschenbau" steil die Felswand hoch. Der kurze letzte Satz signalisiert das Misslingen der langen Anstrengungen im Nu. Form und Aussage sind kunstvoll miteinander zur Deckung gebracht.
4. Das Tempus der Hauptsatzprädikate ist das Perfekt. Z. 2: *in periculo fuit*: konstatierendes Perfekt, das die höchste Bedrängnis des Kapitols, und damit der letzten Bastion der Römer, feststellt. Z. 13: *in summum evasere*: historisches, erzählendes Perfekt, das die Dramatik des Geschehens erfasst. Z. 17: *anseres non fefellerunt*: konstatierendes/effektives Perfekt, das das Fehlschlagen der beabsichtigten Wirkung ausdrückt.
5. Das Gemälde von HENRI MOTTE zeigt den mühevollen und kunstfertigen Aufstieg über die Felswand. Zuständige lateinische Wörter und Wendungen: *inermem praemittere – tradentes arma – alterni innixi – sublevantes invicem – trahentes alii alios – in summum evasere.*

**Teil 2:**
Was also Menschen und Hunde nicht leisten konnten, taten die Gänse. Sie warnten. Daran schließt sich unmittelbar und eng durch relativischen Satzanschluss damit verbunden der aus auktorialer Erzählperspektive geschriebene Satz von prägnanter Kürze an: „Dies bedeutete die Rettung." Der Aussage kommt das Gewicht eines eigenen Gliederungspunktes zu. Anschließend an die im konstatierenden Perfekt getroffene Feststellung wird als Begründung dafür (vgl. *nam*) die Heldentat des M. Manlius angeführt, dargestellt in verhältnismäßig kurzen, das Geschehen raffenden Sätzen, im dramatischen Präsens, das im Finale dieses „Dramas" in einen zweimaligen historischen Infinitiv übergeht: *„Denn durch das Geschnatter der Gänse und das Geräusch ihres Flügelschlages aufgeschreckt, reißt M. Manlius, der drei Jahre zuvor Konsul gewesen war, ein hervorragender Kriegsmann, die Waffen an sich; und indem er die anderen zu den Waffen ruft, rennt er los und rammt, während die anderen noch verschreckt umherlaufen, den Gallier, der bereits ganz oben Stellung bezogen hatte, mit dem Schildbuckel und wirft ihn hinunter. Als der Fall dieses Stürzenden die Nächstfolgenden umwirft, macht er die anderen nieder, die nun verunsichert sind und nach dem Loslassen ihrer Waffen sich an die Felsen, an denen sie hängen, mit den Händen klammern. Mittlerweile haben sich auch die anderen Kameraden der Römer gesammelt und werfen mit Hilfe von Geschossen und Schleudersteinen die Feinde hinunter, und durch deren Sturz verliert die ganze Front den Halt und stürzt jählings in die Tiefe."* Damit ist die Gefahr beseitigt. Der abschließende Satz, mit *deinde* angeschlossen, konstatiert im Perfekt das Ergebnis dieser heldenhaften Tat des Manlius und der Seinen: *„Nachdem sich schließlich die Aufregung gelegt hatte, gab man sich den Rest der Nacht, soweit dies bei den aufgewühlten Sinnen möglich war, da auch eine vorübergegangene Gefahr noch nicht zur Ruhe kommen ließ, dem Schlaf hin."*
Das Profil der Erzählung prägt sich durch die verwendeten sprachlichen Mittel deutlich aus; es lässt sich im Schema so veranschaulichen:

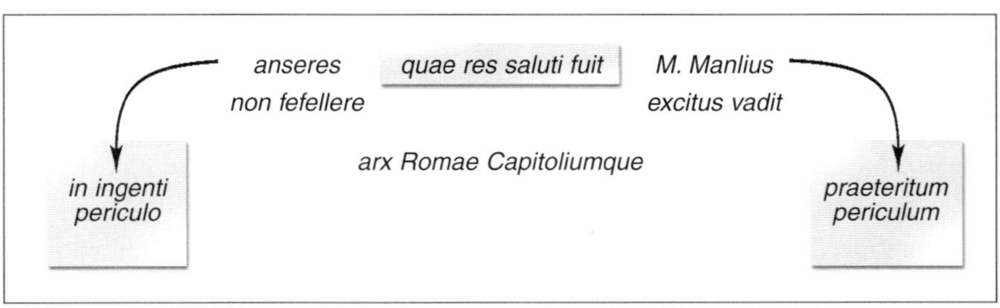


S. 39

1. Der kurze Satz, der aus der Perspektive des Erzählers Livius geschrieben ist, ist die nüchterne Feststellung, dass eine Wende anbricht; der Erfolg der andrängenden Gallier wird gestoppt. Aus der Sicht der Römer bedeutet die Leistung der Gänse ihre Rettung. Danach werden als Tempus nur noch historisches Präsens (*vadit*, *deturbat*, *trucidat*) und historischer Infinitiv (*proturbare*, *deferri*) gebraucht. Livius will das Szenario dramatisieren, den Leser auch emotional betei-

ligen, indem er ihn unmittelbar an das Geschehen heranführt, es spielt sich während des Lesens vor seinen Augen ab – mit deutlicher Steigerung in den Formen und Inhalten der Verben. Am Ende steht dann im konstatierenden Perfekt das Ergebnis dieses dramatischen Ereignisses; der Darstellungsschwerpunkt liegt beim Absturz der gallischen Phalanx (dargestellt im historischen Infinitiv).

*proturbare deferri*

*vadit deturbat trucidat*

*quieti datum est*

2. Der ganze Text lässt sich in fünf Abschnitte einteilen (s. dazu Schema unter 2.1, S. 53); die Spannungslinie verläuft von einem Ausgangspunkt zu einem Endpunkt mit dem Höhepunkt der Feststellung, dass das Geschehen auf die Rettung des Kapitols zuläuft (*saluti fuit*: konst. Perfekt) (s. dazu Schema o. S. 55).
3. Die Wende kommt durch das Geschnatter der Gänse zustande. Der innere Beweggrund ist im Verhalten der Burgbewacher zu sehen, die sich trotz Hungersnot nicht an den der Juno heiligen Gänsen vergriffen haben (vgl. *abstinebatur*). Dieses Motiv der Ehrfurcht vor der Gottheit, die *religio*, möchte LIVIUS als eine der Grundlagen altrömischer Tüchtigkeit herausstellen. Auf solche *boni mores*, die in äußerster Not den Römern in früher Zeit geholfen haben, sollte auch Augustus bei seiner Erneuerung des Staates bauen können.
4. Die gültige Erkenntnis, die LIVIUS hier gleichsam als Botschaft mitteilt, besteht darin, dass politisches Handeln und moralische Integrität zusammen den Erfolg, in diesem Fall die Rettung für einen Staat bedeuten. Dies wird durch die Zentralstellung jener Passage betont, in der die Verschonung der heiligen Gänse angesprochen wird. Von da aus ergeben sich mit Notwendigkeit die Fragen über das Verhältnis von Politik und Moral in Geschichte und Gegenwart.

### 2.2 Die Aussageabsicht des Historikers

Der Text hat die Beseitigung einer ungeheueren Gefahr für Roms Burg und für das Kapitol zum Thema; ermöglicht wurde die Rettung allein durch das Geschnatter der Gänse. Die zentrale Feststellung ist: *quae res saluti fuit*. Hier zeichnet der Autor seine Bewertung in den Geschehensbericht ein. Erst durch die Reaktion dieser Tiere ist die Aristie des Kommandanten möglich geworden und also auch die Abwehr des gallischen Angriffs.

Doch LIVIUS will an dem Punkt der römischen Geschichte, wo die Existenz der Stadt und der Herrschaft Roms auf des Messers Schneide stand, die Aufmerksamkeit des Lesers nicht allein auf die beiden „Agenten“ (*anseres – M. Manlius*) lenken; zwischen deren Erwähnung steht, zwar in einen Nebensatz abgedrängt, aber unmittelbar in dem *quae res* des Kernsatzes als Grund für die Rettung mitaufgenommen, die wohl wichtigste Mitteilung dieses Textes, fast genau in der Mitte der gesamten Partie: *anseres, quibus sacris Iunonis in summa inopia cibi tamen abstinebatur*. Man hatte die Gänse trotz Hungersnot nicht geschlachtet, weil sie der Juno, einer der Burggottheiten, heilig waren; man hatte sich also von religiösem Frevel freigehalten. Diese Gesinnung, der Respekt und die Ehrfurcht vor der Göttin, also die Achtung der *religio*, war der eigentliche und tiefere Grund für Roms Rettung; es spielte nicht der Zufall mit, sondern göttliches Wirken. Nur in einem solchen Rahmen konnten sich die „Leistungen“ der Gänse und des Manlius aktualisieren. Dies war LIVIUS’ Botschaft an die Leser seiner Zeit, die dabei war – nach dem Willen des Princeps –, sich von der Vergangenheit her zu erneuern. Die Kapitolinischen Gänse waren eines der *exempla pietatis*, die der Historiker an den Vorfahren aufzeigte. LIVIUS auch hier im Dienste der Augusteischen Renaissance!

Tafelbild:

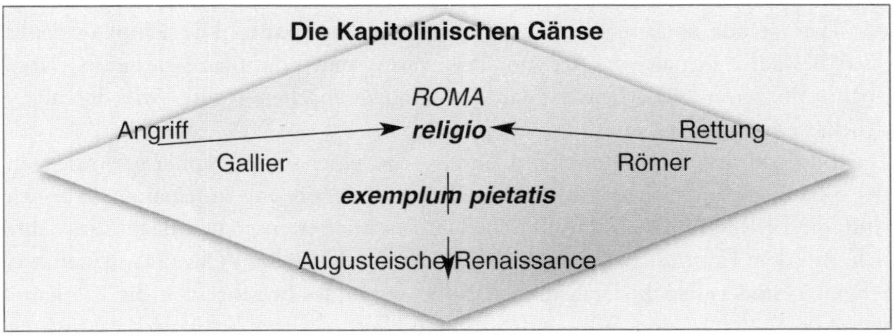


**Der Vergleich mit dem Vergil-Text:**
Eine solche Funktion des sprachlichen Bildes bestätigt auch VERGIL; auch bei ihm bezeichnet es das nationale Ereignis einer Krisenbewältigung mit Folgen für die Zukunft Roms. In der *Aeneis* sind auf dem Schild des Helden (VIII 626-731) die großen Gefährdungen des Imperiums bis zur Schlacht bei Actium beschrieben. Der Wende von 387 wird ein breiter Raum gewidmet: Die Erinnerung an Romulus verstärkt hier den Eindruck der Existenzbedrohung; die Rettung kommt nahezu einer zweiten Gründung der Stadt gleich. Die warnenden Gänse auf dem Kapitol wirken – hier nur in zeichenhafter Andeutung genannt: „aus Silber die Gans“ – im Schicksalsplan des Reiches, das auf Augustus zuläuft. Die Gänse schnatterten gewissermaßen zum Wohle des Imperium Romanum.

a

S. 40

1. VERGIL schätzt diese Krisensituation als sehr gefährlich für die Entwicklung des römischen Imperiums ein. Er erwähnt Romulus wohl deshalb, um die Leser durch diesen Namen an die Erstgründung Roms zu erinnern, so dass sich assoziativ damit die Vorstellung verbindet: Die Gänse haben Rom vom religiösen Zentrum der Stadt aus ein zweites Mal gegründet. Vor diesem Hintergrund soll auch die Leistung des Augustus, der die lange Reihe der Krisen durch die Schlacht bei Aktium beendet, bei den Lesern eine neue Qualität bekommen.

Den Schülern sollte freilich die Situation Roms in der Frühgeschichte nach der Rettung des Kapitols nicht verborgen bleiben. Die schnelle Reaktion der Gänse bedeutete gewiss die Rettung. Die *pietas* der römischen Vorfahren hatte sich bewährt. Die

Gallier beendeten die siebenmonatige Belagerung der Stadt durch einen gütlichen Vertrag. Die Römer wurden wieder frei, nicht ohne eine weitere Demütigung zu erfahren. Die Sieger ließen sich den Abzug mit Gold bezahlen. Als die Gallier beim Abwiegen falsche Gewichte benutzten und sich die Römer darüber beschwerten, soll Brennus, der Gallierführer, sein Schwert in die Waagschale geworfen haben, laut rufend: *„Vae victis!“* – ein Ausruf, der in der Geschichte des Krieges einen nie endenden Nachhall haben sollte.

Bedrohung verbindet sich also von Anfang an mit dem Bild der Kapitolinischen Gänse, die Vorstellung von einer gefährlichen Situation, die durch das Geschnatter der Tiere gerade noch rechtzeitig entschärft werden konnte. Die Tätigkeit dieser Tiere bewährte sich als eine Art von „Frühwarnsystem“, das man sich heute – trotz hochtechnisierter Sicherheitsstandards – zunutze machen wollte, wie der abgedruckte Zeitungsbeleg zeigt.

Das Bild von den Kapitolinischen Gänsen ist zu einer Art Metapher geworden, in der eine Bedrohungssituation und die Rettung daraus eng aufeinander bezogen sind; die Zeitungsnotiz „Kapitolinische Gänse schnatterten nicht“ macht dies deutlich. Aus dem Kontrast zwischen der bei Livius (wie auch bei Vergil) ausgestalteten religiösen und geschichtsfatalistischen Rolle des Bildes bezieht auch die Karikatur von Barbara Henniger Witz und Wirkung. Hier sollte den Schülern die Deutung der Karikatur im Hinblick auf das römische Original zur Aufgabe gestellt werden.

a

S. 40

2. Die Karikaturistin der ehemaligen DDR Barbara Henniger bringt zum Ausdruck, wie es Warnern im sozialistischen Regime erging; die Gänse galten nicht als heilig, sondern mussten mundtot gemacht, d.h. geschlachtet werden. Sie wurden als Bedrohung gesehen – und nicht die Brandstifter des Kapitol, das längst in Flammen aufgegangen ist. Das Regime ist am Ende, aber mit seinen Kritikern, den „Krakeelern“ wird noch schnell „kurzer Prozess gemacht“.

Im Sinne einer **kreativen Leistung** könnte man am Ende den Schülern u.a. auch die Aufgabe stellen, sie sollten die multiple-choice-Fassung einer Quizfrage zum Stichwort „Kapitolinische Gänse“ erarbeiten. Sie könnte etwa so aussehen:

Was ist eine Kapitolinische Gans?
1. ein leckerer nach italienischem Rezept zubereiteter Gänsebraten
2. ein durch Größe und Gewicht sich auszeichnendes Prachtexemplar von Gans
3. Mitglied einer das römische Kapitol rettenden Gänseherde
4. Spitzname der im Kapitol von Washington wohnenden First Lady der USA

Zweifellos ließe sich auch mit dieser oder einer ähnlichen Quizfrage in das Projekt einsteigen.

4

# Asiens Widerstand gegen Rom (SALLUST)

## Oder: Womit man Hass und Aggression gegen die Mächtigen begründet

Das Projekt lässt sich bei L1 in der 10./11. Jgst., bei L2 in der 11. Jgst. und bei L3 in der Oberstufe bearbeiten. Es sollte im Leistungs- oder Grundkurs der Oberstufe einen festen Platz bekommen. Innerhalb des Lektüreprojekts repräsentiert es den Autor SALLUST.
Hauptmethoden: Statarische Lektüre des verkürzten Mithridates-Briefes
Übersetzungslektüre der Adherbalrede – Vergleich der beiden SALLUST-Texte
Bearbeitung von Rezeptionsdokumenten aus der Musik
Einsatz eines Schülerhörspiels
Fächerübergreifende Zusammenarbeit mit: Geschichte, Politischer Bildung, Musik

### 1. Didaktische Einordnung

Zweihundert Jahre etwa benötigte die römische *res publica*, um sich aus der vernichtenden Niederlage durch die Gallier im Jahre 387 v. Chr. zur Herrscherin über Italien und den gesamten Mittelmeerraum aufzuschwingen (im Westen durch den Sieg über Karthago in der Schlacht bei Zama im Jahre 202 v. Chr.; im Osten durch den Frieden von Apamea mit Antiochus III., 188 v. Chr.). Die erstaunliche Effektivität von Roms Expansionspolitik beruhte zum einen auf der Verfassung der führenden Klasse, deren miteinander in Konkurrenzkampf stehende Angehörige in erfolgreichen Eroberungskriegen die Möglichkeit zur Vergrößerung ihres persönlichen Machtbereichs fanden. Zum anderen waren die Bündnisse, deren Nutzen für Roms Partner in Schutz und Beteiligung an den Kriegsgewinnen, für Rom aber in Truppenaushebungen bestand, Grundlage für immer weitere Eroberungszüge und immer größere Kriegsbeute.
Zweifellos brachte die römische Machtpolitik den Verbündeten Vorteile, so wie sie andererseits den Widerstand derjenigen, die mit Rom rivalisierende Ambitionen zeigten, unnachgiebig zu brechen suchte.
Die Janusköpfigkeit der römischen Außenpolitik wird in der antiken lateinischen Literatur von CICERO und CAESAR über VERGIL und TACITUS bis AUGUSTINUS mehrfach thematisiert. Dort begonnene Argumentationsstränge durchziehen das mittel- und neulateinische Schrifttum, wann immer es um Fragen des *bellum iustum* und die Behandlung feindlicher Völker geht.
Das Römische Reich, „die erste Weltmacht auf europäischem Boden", findet als Modell Eingang in die Diskussion über den neuzeitlichen Imperialismus. Im Lateinunterricht der Schule können anhand der Auseinandersetzung mit der römischen Expansionspolitik exemplarisch die Mechanismen und Auswirkungen imperialer Machtentfaltung studiert und thematische Verbindungen zu den Fächern Geschichte und Politik hergestellt werden.
Zur Darstellung der Ambiguität der römischen Expansion ist die Kontrastierung von Pro- und Contra-Stimmen methodisch besonders hilfreich. In dieser Materialsammlung soll sie in der Bearbeitung zweier Texte von SALLUST geleistet werden.

Der Mithridates-Brief aus den *Historiae* und die Adherbal-Rede aus dem *Bellum Iugurthinum* fingieren beide die Perspektive von – aus heutiger Sicht – außereuropäischen Monarchen und vermitteln zwei diametral entgegengesetzte Haltungen. Die Zentralbegriffe des antiken Imperialismus-Diskurses: *amicitia, libertas* und *iustitia* werden völlig unterschiedlich gewichtet und konstituieren zwei verschiedene Modelle von Herrschaft.
Die zugrunde liegende Fragestellung der gesamten Unterrichtssequenz lautet: Womit werden der Hass und die Aggression gegen die Mächtigen begründet? Mit der Fokussierung der emotionalen Seite wird man zum einen den Texten SALLUSTS gerecht, sind es doch beschwörende Appelle in höchster Notlage. Zum anderen kann durch eine solche Vergegenwärtigung konkreter Schicksale das abstrakte Thema dem Verständnishorizont der Schüler näher gebracht werden.

## 2. Interpretationslinien

### 2.1 Kerngedanken des Anfangs- und Mittelteiles des Briefes

Der Übersetzungstext erfasst nur den Schlussteil des Briefes. Zu seinem Verständnis ist allerdings die Tendenz des gesamten Briefes zur Kenntnis zu geben. Diese stellt sich folgendermaßen dar (sie wird dann in einem anschaulich zusammenfassenden Tafelbild wiedergegeben, s. S. 61):
Der Brief lässt von Anfang an (§ 1-16: der Schlussteil beginnt mit § 17ff.) die Intention seines fiktiven Schreibers erkennen: Der Partherkönig soll zu einem Kriegsbündnis (*societas belli*) gegen Rom gewonnen werden; er ist ja der nahezu einzige König des Ostens, der noch von Rom unabhängig ist und von dem sich Mithridates deshalb Unterstützung erwarten kann. Seine Absicht muss deshalb sein, die Römer zu disqualifizieren und sich selbst in der Funktion als Widerpart der Römer ins rechte Licht zu stellen. Die von den Römern angebotene *amicitia* ist demnach nicht das, was sie zu sein vorgibt; die Könige, die sich bereits in die Abhängigkeit zu Rom begeben haben, verspürten dies am eigenen Leib. In einer etwas langatmigen Aufzählung werden die „Leistungen" der Römer diesen willfährigen *reges Asiae* gegenüber bloßgestellt, mit eindeutigen Formulierungen: *per dolum avortere – spoliare – insomniis occidere – prodere – miserrimum servorum efficere – hostium more per triumphum ducere – diripere.* Gemeinsam ist allen diesen Vorgehensweisen das Gewaltsame in Verbindung mit List. Dieses aggressiv schädigende Vorgehen stehe nach Mithridates im Widerspruch zu dem, was man von römischer *amicitia* erwarten sollte. Sie erweise sich als vorgeschützte Formel für eine kompromisslose Expansionspolitik. Das *simulare,* das Täuschen und die Heuchelei, bestimme letztlich alles Vorgehen der Römer. Mithridates entlarvt die römische Vertragsdoktrin.
Diesen weltbeherrschenden Römern setzt Mithridates sein *ego* entgegen; seine Möglichkeit des Widerstandes, die sich ja bereits geschichtlich manifestierte in dem, was er bisher gegen Rom erreicht hatte: *ultus iniurias – Asiam recepi – Graeciae dempsi servitium – rursus bellum coepi – M. Cottam fudi, exui classe.* Die 1. Person des konstatierenden oder auch effektiven Perfekts deutet an, dass er als selbstbewusster Machtträger sich in der Rolle eines ebenbürtigen Gegners der Römer sieht, die er sich als plurales Gegenüber vorstellt.

Im Schema lässt sich diese Konstellation so verdeutlichen:

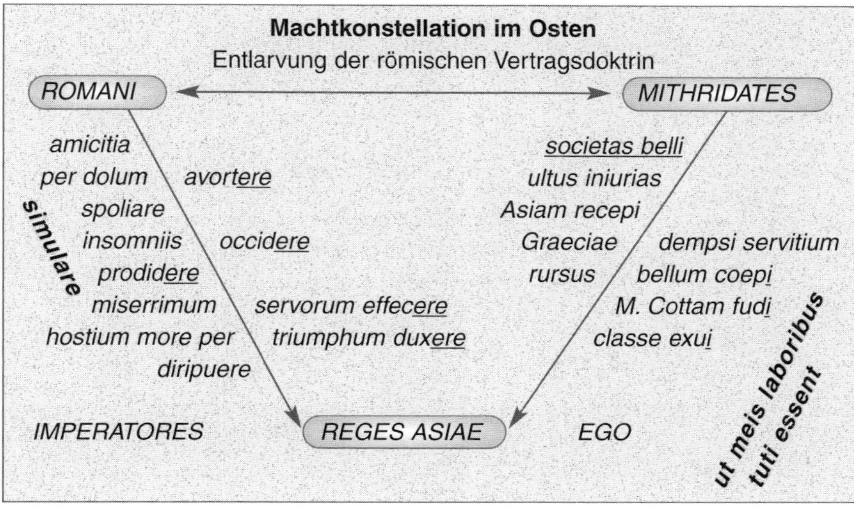


## 2.2 Die Aussage des Schlussteiles

### Teil 1: Die machthungrigen Römer (4.1)

Mithridates nimmt seinem Verhalten zu den Römern zugleich die Anrüchigkeit egozentrischen Machterwerbs dadurch, dass er sein Vorgehen als Schutzleistung für alle Könige des Ostens hinstellt (*ut meis laboribus tuti essent*). Dieser Einsatz gegen Rom, so argumentiert Mithridates weiter, sei umso nötiger, als die römische Expansionspolitik nun fast ausschließlich gegen den Osten gerichtet sei. Im Westen habe den Römern der Ozean die natürliche Grenze gesetzt; der ihnen eigene Aggressionstrieb werde sich nun hier, bei den Königen Kleinasiens, austoben. Die Notwendigkeit des Widerstands gegen Rom wird begründet. Die Römer würden ja alles, was nicht unterworfen, was ihnen nicht dienstbar (*serva*) ist, besonders die Königreiche, bekämpfen, ausplündern und vernichten, ungeachtet, ob diese Bundesgenossen, Freunde, nah oder fern Wohnende, Mächtige oder Schwache seien. Sie sähen alles als feindlich an; ihrem Vorgehen stehe weder göttliches noch menschliches Recht im Wege (*non humana ulla neque divina obstant*). Was sie besäßen, sei ihnen nur durch räuberisches Tun zugefallen: Haus, Frauen, Gebiet, Herrschaft. Diese Räuber seien zum Verderben der Welt geboren. Roms Ordnungs- und Heilsfunktion wird nicht nur geleugnet, sie wird in ihr Gegenteil verkehrt. Dass es die Römer gibt, bedeutet Unheil für die ganze Welt. Rom wird auch alle höhere Legitimation, etwa dass seine Herrschaft von Göttern gewollt und geheiligt sei, abgesprochen.
In einer Strukturskizze lässt sich der bisherige Gedankengang folgendermaßen festhalten:

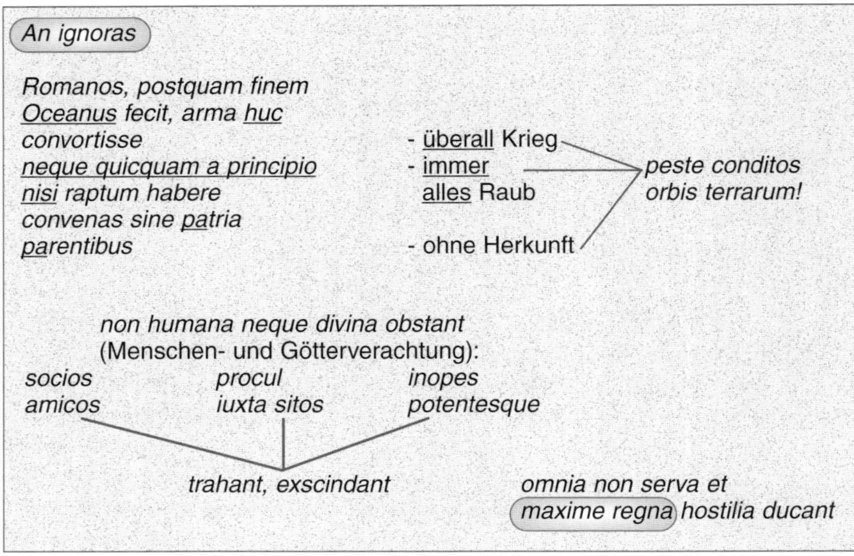


Anschließend macht Mithridates eine entscheidende Aussage:

*„Denn nur wenige Menschen wollen die Freiheit, ein großer Teil aber gerechte Herren. Wir sind ihnen verdächtig als Rivalen und – zu gegebener Zeit – als künftige Rächer.“*

Die Deutung dieser Stelle ist nicht ohne Schwierigkeit. Es ergeben sich verschiedene Fragen: Wer bringt die Freiheit? Wer ist im Besitz von gerechter Herrschaft? Wem ist also die *libertas* zuzuordnen, den Römern oder den Ostreichen (vor der Unterwerfung unter Rom)?

Die erste Vermutung ist doch wohl: Rom nimmt den von ihm Angegriffenen die Freiheit. Vom Anfang des Textes an gerät man unter diesen Eindruck: Tigranes sei abhängig (*obnoxius*), also nicht Herr seiner Entscheidung; den Eumenes hätten sie zum elendesten ihrer Untertanen gemacht (*miserrimum servorum effecere*); Mithridates selbst sei, wie man von ihm redete, nicht bereit gewesen, sich in die Abhängigkeit von Rom zu begeben (*neque serviturum esse*); er habe die spätere Entwicklung den Kretern, die zu diesem Zeitpunkt noch frei waren, vorausgesagt (*liberos ea tempestate*); er habe Griechenland das *grave servitium* genommen. Mithridates habe, als alle schon romabhängig waren (*omnibus aliis obnoxiis*), nochmals den Krieg begonnen; die Römer würden eben alles, was ihnen nicht dienstbar sei, für feindlich halten (*omnia non serva ... hostilia ducant*). Die inhaltliche Opposition tritt deutlich zutage: *liberi* (*libertas*) – *servi* (*servitium*); die Römer nehmen den Besiegten/Unterworfenen die Unabhängigkeit, sie bringen ihnen dafür die Abhängigkeit. Wer sind dann die *pauci*? Wenige aus dem Osten, die die von Rom bedrohte Unabhängigkeit gar nicht wollen? Wer ist die *pars magna*, die die gerechten Herren will: die Ostvölker, die in den Römern gerechte Herren sehen und sie als ihre Beherrscher wollen?

Damit wäre die innere Dialektik des Textes auf den Kopf gestellt: Alles zeigt die Römer als die ‚Versklaver', die Unterdrücker der Freiheit, denen man Einhalt gebieten muss. In der Kette dieser Argumentation dem Arsaces gegenüber, den Mithridates zur *societas* gegen Rom gewinnen will, kann das nur heißen, dass er mit dem Motiv, die Unabhängigkeit zu erhalten, gewonnen werden soll, wofür sich Mithridates im Namen aller einsetzen will. „Du kannst durch mich so unabhängig bleiben, wie du es jetzt noch bist!" Wer sind also die wenigen, die die Freiheit wollen? Und was ist hier mit *libertas* gemeint? Die *pauci* sind ganz sicher die Ostkönige (besser: ihre Reichsangehörigen). *Libertas* hat hier offensichtlich eine andere Funktion und Bedeutung. Es bedeutet Freiheit von monarchischen Regenten; das Wort kennzeichnet einen eher juristischen Status: Die Römer als die Träger eines Freiheitsstaates (der *res publica libera*) können mit anderen Völkern nur dann Verträge abschließen, wenn diese ebenfalls frei sind, *civitates liberae* sind (d.h. hier: wenn sie frei von Königen sind, z.B. bringen sie den Griechen die Freiheit, auch den Griechen in Kleinasien usw.). Rom ist, so betrachtet, „Schutzmacht der Freiheit"; als solche ist es eine stets drohende Gefahr für jedes Königreich des Ostens (Ähnliches liest man bei LIVIUS, POLYBIOS). Deshalb werden die Römer als die gemeinsamen Feinde aller Könige betrachtet. Die Römer wollen alle, gerade auch die Könige, als Untertanen haben. HANS VOLKMANN sagt dazu: „Wenn sie dabei besonders auf die Königreiche als Feinde stoßen, so kommt deren Widerstand, wie Mithridates mit boshafter Ironie bemerkt, daher, dass eben nur wenige die von den Römern angebotene Freiheit wollen, ein großer Teil dagegen gerechte Herrscher wünscht. Diese sind nach der hellenistischen Terminologie die idealen Gebieter".[1]
Die Deutung von KARL BÜCHNER zur Stelle scheint deshalb nicht zutreffend: „Möglich ist der römische Erfolg nur, weil die wenigsten Selbstständigkeit, die meisten gerechte Herren haben wollen. In diesem Satz wird eine Rechtfertigung der römischen Herrschaft gegeben, sofern sie gerecht ist." Die Asiaten sollten demnach die eigene Selbstständigkeit nicht wollen, aber die Römer als die gerechten Herren akzeptieren? Ein solches Urteil kann nicht aus dem Munde des Mithridates kommen. Die Stelle ist also nur so zu verstehen, dass wenige der Menschen im Osten die von den Römern angebotene Freiheit haben wollen; der größere Teil von ihnen will die gerechten Könige, die sie bisher hatten und für deren Wiedereinsetzung sich Mithridates stark machen will.[2] Diese Könige des Ostens gelten als die Rivalen der Römer, und zu gegebener Zeit würden sie als Rächer von deren Ungerechtigkeit auftreten. Mithridates' Engagement gilt demnach der Gerechtigkeit, also einer ‚frommen' Sache. Dieses Argument soll Arsaces überzeugen.

---

1) VOLKMANN, HANS: Antike Romkritik, Topik und historische Wirklichkeit. In: Gymn. 4 (1964), 9-20, hier 16.

2) Vielleicht ist im Hintergrund dieser Aussage an die Ereignisse der Jahre 95/94 v. Chr. zu denken: Da hatte der römische Senat Kappadokien und Paphlagonien für frei erklärt, doch die Kappadokier erwiderten, sie könnten ohne König nicht leben, und erhielten schließlich auch einen neuen Herrscher.

**Teil 2: Kampf dem Räubervolk! (4.2)**

Mithridates treibt einen Keil zwischen Rom und die Parther; die gute Sache, wie ihm Schlussabschnitt verdeutlicht wird, vertritt der Partherkönig. Von den Römern sei nichts außer List und Krieg zu erwarten; sie seien überhaupt nur durch Wagemut, Täuschung und ununterbrochene Kriegsführung (*audendo et fallendo et bella ex bellis serundo*, § 20) groß geworden. Das sei der Grundzug ihres Wesens, der sie alles auslöschen und vernichten lässt. Diesen Räubern des Erdkreises (*latrones gentium*) nun Einhalt geboten zu haben sei eine Tat, die dem Adressaten des Briefes bei allen Königen des Ostens Ruhm verschaffen werde. Die *adhortatio* am Ende des Briefes bringt die Merkmale, mit denen die Römer geradezu stigmatisiert werden, nochmal in einem Schlussakkord zur Geltung; die Unterstützung durch Arsaces erscheint deshalb dringend geboten, ein Bündnis gegen die gefährliche Expansionsmacht der Römer erweist sich als existenznotwendig.

Die Gedankenabfolge des gesamten Schlussteiles des Briefes lässt sich folgendermaßen in einem Schema zusammenfassen:

Tafelskizze:

| | **Römer** | **Könige** |
|---|---|---|
| Leitlinien des Handelns | *cupido profunda imperii et divitiarum* | *pium, tutum, gloriosum* |
| Mittel | *non humana ulla neque divina obstant*<br>– List (*amicitiam simulare, repertores perfidiae*)<br>– Krieg (*bella ex bellis serere*)<br>– Raub (*neque quicquam nisi raptum habere*) | *ulcisci iniurias*<br>Solidarität (*societas*)<br>Widerstand (*resistere*) |
| Wesen | *latrones gentium* | *magni reges* |
| Ziel | *libertas* bringen<br>*omnia exstinguere*<br>*omnia regna subvortere* | als *iusti domini* herrschen<br>*latrones gentium opprimere* |

a

S. 47

1. Mithridates versucht den Partherkönig zu einem Kriegsbündnis gegen Rom zu gewinnen (*societas*); indem er den Einsatz auf Seiten des Arsaces als minimal (*parvo labore*) bezeichnet, will er ihm die Allianz schmackhaft machen. Da der Kriegsschauplatz weit weg vom Partherreich liege, sei das Risiko für den Angeschriebenen gering. Die Vernichtung der Römer sei zudem bei dem entwickelten Kriegsplan leicht, da sie umzingelt und von den Versorgungs- und Nachschubwegen abgeschnitten werden sollten.

2. Mithridates warnt vor der Alternative der Neutralität; wenn er, Mithridates, vernichtet werde, so bedeute das nicht, dass das Partherreich verschont bliebe und der Krieg dann beendigt sei. Eine abwartende Haltung könne den Untergang der Parther nicht aufhalten, da sich die Aggression der Römer gegen alle Könige des Ostens richte.
3. Die Römer besäßen alles durch Raub, achteten weder göttliches noch menschliches Recht, seien hergelaufenes Gesindel, ein Fluch für die Menschheit, ehrlose Gewalttäter von maßloser und wahlloser Aggression, sie seien Räuber der Völker. Sie seien kühne, betrügerische, kriegshungrige Menschen, voller Neid auf alle Mächtigen und Reichen und darauf aus, alle sie Überragenden zu unterwerfen oder auszulöschen.
4. *Libertas* kann hier nur die von den Römern gebrachte Freiheit, d.h. die Teilhabe an der von ihnen geführten Republik (*res publica libera*) gemeint sein; Mithridates wertet dies ab. Dagegen stellt er die Gerechtigkeit der Ostkönige, die die Menschen des Ostens bevorzugen. VOLKMANNS Deutung, wonach die Ostvölker „die von den Römern angebotene Freiheit" nicht wollten, scheint zutreffend. BÖMER deutet *libertas* als „Freiheit, Unabhängigkeit" von Rom, die die Menschen im Osten nicht wollten. Die Schüler sollten vor dem Hintergrund der Interpretation zu einem eigenen Urteil in der Deutung und Bewertung dieses Begriffes kommen.
5. Mithridates überzieht seine Kritik an den Römern absichtlich; sie soll propagandistische Wirkung haben, Antipathien gegen Rom wecken und Hass und Aggression gegen die Westmacht erzeugen. Grund dafür ist seine eigene Machtsucht, seine Rivalität mit den Römern, denen er als ebenso starker Mann des Ostens gegenübertreten will. Auch er ist ein Imperialist. SALLUST will mit dieser Kritik seinen Lesern einen Spiegel vor Augen halten, in dem sie sich in ihrer dekadenten Erscheinungsform als Herrscher erkennen sollen. Der Brief enthält eine moralische Tendenz.

## 3. Vergleichstext

### 3.1 Das Gegenbild der Adherbalrede

In der Adherbalrede tritt dem Leser eindeutig eine prorömische Argumentation entgegen. Das Imperium Romanum stellt einen Freundschaftspakt dar, in dem die Römer mit den Bundesgenossen in einem rechtlich festgelegten Verhältnis zueinander stehen. Die Römer üben die Oberherrschaft (*ius et imperium*) aus, den Bundesgenossen steht die Selbstverwaltung (*procuratio*) in ihrem engeren politischen Umkreis zu. Dieses Verhältnis ist gewissermaßen von Natur gegeben und durch göttlichen Willen legitimiert. Das Abhängigkeitsverhältnis zwischen Herren und Untergebenen bedeutet für beide Verpflichtung, für die einen die Ordnung aufrechtzuerhalten, für die anderen, ihre Dienste zum Nutzen des Reiches anzubieten.
Die wechselseitigen Leistungen (*beneficia*) garantieren einerseits Schutz und Frieden, andererseits tatkräftige Unterstützung bei der Verteidigung gegen *hostes*. So

stellt sich das Imperium Romanum letztlich als eine Schicksalsgemeinschaft dar, in der die Herrscher und Beherrschten auf Gedeih und Verderb miteinander verbunden sind.

Im Schema lässt sich dies folgendermaßen darstellen:

**Grundgedanken der „Adherbalrede“**

**Das *amicitia*-Verhältnis im Imperium Romanum**

**Römer** ——→ *a m i c i t i a* ←—— **Bundesgenossen**

*Herrschaftslage*: Oberherrschaft — „kommunale Selbstverwaltung“

bedingt durch natürliche Leistungsfähigkeit (*virtus*)
und göttlichen Willen (*dis volentibus*)

**Abhängigkeitsverhältnis**

*Folgerung*: Aus Größe und Ansehen des Imperium Romanum kommt Verpflichtung (*fides*). — Aus der Anerkennung der römischen Herrschaft kommt Verpflichtung (*fides*).

Erwartete wechselseitige Leistungen: ←—— *b e n e f i c i a* ——→

Schutz/Frieden — Redlichkeit/Unterstützung

verbunden miteinander auf Gedeih und Verderb

**Schicksalsgemeinschaft**

a

S. 50

1. Freundschaft/*amicitia*
2. Leistungen Adherbals an Rom:
   - Übertragung von Hoheitsrecht (*ius*) und Regierungsgewalt (*imperium*)
   - Hilfeleistungen im Frieden (durch Steuern) und im Krieg (durch Stellung von Truppen)
   - Bündnistreue (*fides*)

   Leistungen Roms an Adherbal:
   - Heer, Reichtum, gefestigte Herrschaft; Wohltaten (*beneficia*)
   - Vertragstreue (*fides*)
   - Rechtssicherheit (*prohibere iniuriam; sociorum iniurias curare*)
   - militärischer Schutz
3. Roms Herrschaft beruht auf ihrer Erhabenheit (*maiestas*), auf ihrer Tüchtigkeit und auf dem Götterwillen (*virtute ac dis volentibus*).

## 3.2 Der Vergleich des Mithridates-Briefes mit der Adherbalrede

Mithridates setzt dem römischen Konzept, das er negativ darstellt, ein eigenes Programm entgegen; er hat eine positiv gerichtete Zielsetzung für seine militärischen Maßnahmen. Der Ostherrscher will ein Kriegsbündnis gegen Rom, letztlich mit dem Ziel, den Frieden (*pax*) zu sichern. Dieser sollte zustande kommen, indem die bisherigen Königreiche in ihrer Unabhängigkeit erhalten werden oder ihnen diese wieder zurückgegeben wird (Ende des Zustandes der *obnoxii/servi*).

D.h.: Ein eigenständiges politisches Ordnungssystem (*pax* als „gefügte Ordnung") wird von Mithridates vertreten, er macht sich zu dessen Sprecher, Vertreter und Verteidiger. Er gibt sich als der Repräsentant der *regna* des Ostens, für deren Sicherheit er durch seinen Einsatz sorgen will (vgl. *per nostra corpora – meis laboribus tuti*). Mithridates erscheint als Garant für Sicherheit und geordnete Existenz. Das hat zur Folge, dass er die konkurrierende Ordnungsmacht Rom bloßstellen muss. Und das tut er in aller Schärfe.

Durch den Kontrast mit der Adherbalrede wird das noch einsichtiger: Alle Punkte, durch die sich Rom dort als Ordnungsmacht im Mittelmeer nach Wegfall der Karthager legitimiert, werden von Mithridates entkräftet: Ein *amicitia*-Verhältnis kann nicht bestehen, ihm lägen List, Betrug und Heuchelei zugrunde, auch Verrat. Die das Freundschaftsverhältnis tragende *fides* sei *perfidia* (vgl. *repertores perfidiae*), so dass keine positiven Leistungen (*beneficia*) gegenüber den *socii* zustande kämen: Seine *beneficia* seien *maleficia*: *spoliare*, *occidere*, *diripere*, *trahere*, *exstinguere*, *subvortere*, *opprimere*. So sei Roms Herrschaft nicht gottgewollt, da es weder auf menschliches noch göttliches Recht Rücksicht nehme. Seine Herrschaft ist – so der Eindruck, der erweckt werden soll – ungerecht, es ist die Herrschaft eines von maßlosen Trieben geleiteten Räubervolks (*latrones gentium/scelestissimi*). In demselben Maße, wie hier die Herrschaftsideologie Roms entlarvt wird, maßt sich Mithridates direkt oder indirekt die Wertkategorien einer positiv zu deutenden Herrschaft an: Er ist es, der ein Sicherheitsbündnis garantiert, mit dem Ziel der Aufrechterhaltung der Unabhängigkeit oder ihrer Wiedergewinnung. Alle seine Maßnahmen gegen Rom erscheinen sozusagen altruistisch orientiert (vgl. *ultus iniurias*, *Asiam recepi*, *Graeciae dempsi servitium*). Vielleicht soll man sogar den Eindruck bekommen, dass er, im Gegensatz zu den Römern, göttliches und menschliches Recht achtet, also von daher seine Legitimation bezieht, sein Krieg demnach *pium* (vgl. § 1) fromm, gottgewollt, eine Art „Heiliger Krieg" sei.

Eine solche Zielsetzung von Hass und Aggression gegen die Römer muss wohl mit der besonderen Konstellation der Verhältnisse im Osten des Imperium Romanum zusammenhängen; dort gibt/gab es funktionierende Ordnungssysteme (hellenistische Monarchien), die nicht in gegenseitigen Vernichtungskriegen lagen. Rom bringt dorthin nicht Ordnung, sondern stört und zerstört sie. Indem es *libertas* bringt, d.h. die Unabhängigkeit von den Königen, die es beseitigt oder zu Vasallen Roms macht, bringt es zugleich die Abhängigkeit von Rom (*servitium*): fast eine Paradoxie! Nur aus dieser besonderen Situation wird verständlich, warum der *libertas*-Begriff in zweierlei Funktion in diesem Anti-Romtext verwendet wird; es überlagern sich gewissermaßen die Vorstellungen von zwei politischen Systemen, unter denen *libertas* jeweils anderes meint. Die Freiheitsidee als politisches Instrument wird den erobernden Römern zugedacht und als unerwünscht erklärt bei denen, die den gerecht herrschenden Königen den Vorzug geben, also von Rom deshalb unabhängig, auch frei (*liber*) sein wollen. Anders gewendet: Rom bringt *libertas* und nimmt zugleich *libertas*. Rom stiftet Frieden und Ordnung (durch Entzug der Freiheit wie im Norden), Rom zerstört Sicherheit und Ordnung durch Bringen der Freiheit. Insofern sieht Mithridates letztlich den Krieg zur Wiederherstellung oder Erhaltung der ursprünglich festgelegten Ordnung (*pax*) unter dem Vorzeichen von Frömmigkeit, Sicherheit und Ruhm. Unter diesem Vorzeichen plädiert er für eine Bundesgenossenschaft, an deren Spitze er sich stellt oder deren Initiative er übernimmt. Offensichtlich sind alle positiven Elemente der römischen Bündnispolitik (Friedens-, Sicherheits-, Ordnungsgarantie, Gerechtigkeit, Rechtsanspruch, göttliche Legitimation) auf dieses angestrebte asiatische Bündnis Asiens/im asiatischen Raum übertragen. Es ist zu erkennen: Dem Machtsystem Rom tritt ein Machtsystem Asien mit einer eigenen Ideologie gegenüber, die aber letztlich die römische ist. Insofern ist dieser Ostkonflikt für Rom nach der Zerstörung Karthagos eine existenzbedrohende Gefährdung, ein geschichtsmächtiges Ereignis, wie es später so nicht mehr auftrat (bis zum Einbruch der Germanen/Goten usw.). Vielleicht kann man noch einen Schritt weitergehen: Mithridates hat in seinem politischen Konzept die Einheit der kleinasiatischen Könige unter seiner Führung geplant. Er hatte das Bestreben, seine Macht über das Pontische Reich auszudehnen, über Kleinasien; seine Einflussnahme geht bis Griechenland, Kreta, wie wir wissen: bis Spanien, wo er den Marius-Anhänger Sertorius zu einer Zangenbewegung gegen Rom gewinnen wollte (vgl. Ciceros Rede *De imperio Cn. Pompei*). Zwar sind im Text die Handlungsweisen so gekennzeichnet, dass man sie als Reaktionen zur Verteidigung ansehen kann: *ulcisci, expellere, demere, recipere, fundere, exuere*, aber die ihnen zugrunde liegende Triebkraft ist auf Expansion seiner persönlichen Macht und seines Herrschaftsraumes aus. Nach der Definition der Imperialismus als einer Ideologie, die auf eine gewaltsame Ausweitung des Herrschaftsraums ohne angebbare Grenzen zielt, ist demnach nicht nur das römische Vorgehen imperialistisch, sondern auch das des Mithridates: Imperialismus contra Imperialismus. So gesehen bringt der Mithridates-Brief ganz andere Perspektiven in die antike Romkritik. Er ist nicht nur eine Bestätigung bereits bekannter Aussageelemente; er liefert ergänzende, den Erfahrungsraum weitende Aspekte. Die Kritik aus dem Osten ist sui generis – weshalb man auf den Mithridates-Brief bei einem Imperialismus-Projekt im Unterricht nicht verzichten sollte.

a

S. 50

4. Mithridates konstruiert einen unüberbrückbaren Gegensatz zwischen der rechtmäßigen Herrschaft der Könige (*iusti domini*) und dem unrechtmäßig zur Macht gelangten römischen Staat (*libertas*). Zwischen Rom und ihm sei daher prinzipiell kein Bündnis möglich.
   Im Gegensatz dazu geht Adherbal von der Identität seiner eigenen Interessen und der Interessen Roms aus. Ihr Freundschaftsbündnis, das durch die Übertragung der Souveränitätsrechte (*ius et imperium*) an den römischen Senat zum Zwecke der Rechtssicherheit und Schutzgarantie bestimmt sei, habe sogar bei einem gemeinsamen Untergang Bestand.
   Gemeinsam ist beiden Texten die Ableitung politischer Herrschaft von den Göttern. Mithridates sieht sich selbst als göttlich legitimierten Herrscher, der dem

frevlerischen Treiben der Römer, dem Menschheitsfluch (*pestis conditos orbis terrarum*), als *vindex* ein Ende setzen muss. Adherbal interpretiert seinerseits die römische Herrschaft als gottgewollt und damit seine Unterordnung unter Rom als fromme Handlung („alles gehorcht euch").

5. Adherbal begnügt sich mit der Herrschaft über sein relativ kleines Königreich Numidien: Um diese Herrschaft gegen Usurpatoren zu sichern, ist er an einem starken Bündnispartner interessiert. Die stärkste Macht des Mittelmeerraums war die Römische Republik. Da es Adherbal auf eine uneingeschränkte Ausübung seiner Herrschaft nicht anzukommen scheint, nimmt er bereitwillig Roms Konditionen an; er akzeptiert Rom als Ordnungsmacht. Mithridates dagegen glaubt sich stark genug, um als Roms Rivale (*aemulus*) aufzutreten. Seine Stilisierung zum neuen Alexander verrät maßlose Machtambitionen eines einzelnen Potentaten, der nicht zu Kompromissen, die seine Macht einschränken könnten, bereit ist. Seine ganz auf die eigene Person zugeschnittene expansive Politik etabliert einen gegen Rom gerichteten Imperialismus. Es stehen sich damit zwei imperialistische Herrschaftsmodelle gegenüber.

### 3.3 Folgerungen für Sallusts historisches Denken

. 51

1. Sallusts historisches Denkmodell ist von der Vorstellung des Verfalls der römischen Gesellschaft und der sie tragenden Werte bestimmt. Die Politik seiner Zeit sieht er nicht in der Lage, diesem Prozess Einhalt zu gebieten. Die untergehende Republik zieht auch den Begriff der *libertas* mit in den Abgrund. Das Wort beginnt zu schillern, es hat längst seinen begeisternden Glanz verloren, ist zum politischen Schlagwort verzerrt. Der Begriff wird als *licentia* und *libido* missverstanden: als „Willkür", „haltlose Ausgelassenheit". Wenn „wenige eine solche Freiheit wollen", so will das Sallust ganz sicher auch auf die innenpolitischen Verhältnisse Roms hin gesprochen wissen. Die „gerechten Herren", die bevorzugt werden, haben auch eine innenpolitische Konnotation: Die verantwortlichen Politiker Roms hätten zuallererst, soll Roms republikanische Staatsform erhalten bleiben, die *iustitia* als leitendes Prinzip der Politik zu restaurieren. „Freiheit" sollte in der „Gerechtigkeit" seine Begrenzung und Orientierung haben.
2. Die Adherbalrede appelliert an Roms Aufgabe als Ordnungsmacht im Mittelmeerraum; die Freunde (*amici*) des römischen Volkes sollten sich unter dessen Schutz sicher fühlen können. Das bedingt, dass in Rom selbst geordnete Verhältnisse bestehen, also die Prinzipien, die sie nach außen hin verkünden, auch im Inneren Gültigkeit haben: Gerechtigkeit, Unbestechlichkeit, Glaubwürdigkeit. Sallust appelliert indirekt an die moralische Integrität der staatstragenden Schicht in Rom.
3. Sallust hält im Mithridates-Konzept den Römern den Spiegel vor, in dem sie sich als Träger einer imperialen Macht sehen sollten. Nicht als „Räuber des Erdkreises", sondern eben als „gerechte Herren". Die Adherbalrede liefert dieses Bild direkt; es zeigt in Form eines Appells, was man als *amicus* von den Römern erwarten darf.

Im Ganzen ist zu erkennen: Für Sallust ist Politik aufs Engste mit Moral verbunden. Diese Verbindung stellt in seinem Denken eine existenzielle Notwendigkeit für einen funktionierenden Staat im Inneren und nach außen hin dar. Die hohle Phraseologie der ideologisierten Begriffe lehnt der Historiker entschieden ab. Insofern ist sein historisches Anliegen durchaus ernst zu nehmen; Sallust will gewissermaßen eine erzieherische Wirkung auf die Leser mit seinen Schriften ausüben. Sein Werk ist ein Beleg für die so genannte „moralische Geschichtsschreibung". Im Mithridates-Brief kommt diese Tendenz auf eine höchst kunstvolle Weise indirekt zur Geltung.
Heute stellt man sich freilich die Frage, ob eine solche Aufgabe der Geschichtsschreibung noch zukommen kann und darf. Es wird nicht mehr ihre Hauptfunktion sein. Doch als Sachwalter der historischen Erfahrungen kann und muss sie an den politischen Entwürfen der Zukunft mitbeteiligt werden. Nirgends gilt der Satz mehr als im Raum des Politischen: Zukunft braucht Herkunft. Der Historiker Eric Hobsbawm hat das Problem unter der Frage: „Wie viel Geschichte braucht die Zukunft?" (München/Wien 1998) umfassend abgehandelt. Seine Grundthese lautet: „Die Gussform der Vergangenheit formt nach wie vor die Gegenwart, zumindest in der allgemeinen Vorstellung." Und insofern bereitet sie Zukunft mit vor.

## 4. Rezeptionsdokumente

S. 52

a) Racine: „Mithridate"

1. Die Römer würden nun die Waffen nach Osten gerichtet haben (*huc convertisse*); die Ostvölker würden wegen ihres Reichtums auch an „Gold" (*aurum*) zur Beute der Römer gemacht: die Römer seien „Räuber der Völker" (*latrones gentium*); er, Mithridates, werde unter Einsatz seines und seiner Soldaten Leben allein gegen die Römer kämpfen und sie zugunsten aller asiatischen Könige besiegen.
2. Die gleiche Tendenz in beiden Texten ist in der Absicht des Mithridates zu erkennen, sich in einem letzten (Verzweiflungs-)Kampf gegen das auch den Osten erobernde Rom zu stellen und so als Verteidiger der Ostvölker aufzutreten; das Recht wird auf der Seite der Verteidiger und nicht auf der der „Räuber der Völker", des „Raubvolkes" der Römer gesehen.

b) Cigna-Santi

Farnace hat die Freiheit und die Waffen von Rom erhalten, d.h. die Teilhabe am politischen System der *res publica libera* und die militärische Gewalt und Befähigung; beides hat er nun gegen Rom selbst eingesetzt, als er die Schiffe der Römer in Brand setzte.

c) Mozart: „Mithridate – Re di Ponto"

Hier wird Freiheit als Besitz der Ostvölker gesehen, der diesen durch Rom genommen wird. Diese Freiheit im Sinne der Unabhängigkeit von Rom soll verteidigt werden.

## 5. Kreative Auseinandersetzung: Hörspiel

Didaktischer Hintergrund: Schüler einer 11. Klasse hatten den Mithridates-Brief gelesen; der Anstoß, daraus eine moderne Rundfunksendung zu machen, wurde begeistert aufgegriffen. Man überlegte, wie man das Textstück am effektivsten in ein Hördokument umsetzen konnte. Es stellte sich bald die Idee ein, eine Feindsendermeldung aus dem Untergrund gegen die römischen Besatzungsmacht zu gestalten. Eine Rede Ciceros in der Kurie in Rom, die von der Hauptstadt aus in die Provinzen übertragen wurde, sollte durch einen Störsender immer unterbrochen werden. Die Rede Ciceros *De imperio Cn. Pompei*, die im Jahr zuvor gelesen worden war, lieferte die Kernsätze für Ciceros Rede, in der er heftigst gegen den aufsässigen Mithridates im Osten wettert.

Nach Ankündigung der Rede im Regionalsender der Provincia Asia und der Umschaltung nach Rom beginnt die triumphgewohnte Berichterstattung aus Rom passend mit Verdis „Triumphmarsch“. Ciceros Rede hat kaum begonnen, als der Störsender mit dem Untergrunderkennungston „dadada daaaa dadada daaaa“ (der Originalton der BBC bei Störsendungen während des zweiten Weltkrieges von London aus; aus dem Archiv für Zeitgeschichte in Frankfurt beschafft) sich plötzlich – nach Störgeräuschen – zu Wort meldet. Ein in gebrochenem Deutsch redender Ausländer greift die römische Eroberungspolitik an, dazwischen kommen immer wieder Fetzen aus Ciceros Rede zu Gehör. Am Anfang ist die Attacke des Störsenders etwas langatmig, gegen Ende steigert sich aber der Wechsel zwischen Cicero und dem Romfeind zu einem dramatischen Höhepunkt auf. Mit einer Entschuldigung des Hauptstadtsenders und der Ankündigung einer Strafaktion gegen die Störenfriede durch die Provinzbehörden endet das Hörspiel, wobei asiatische Musik gewissermaßen den Abspann der Sendung bildet.[3]

### Hörspieltext: „In Romanos“

*(Musik orientalischer Herkunft)*

• *Sprecherin aus dem Studio in der Provinz Asia:*
Ave Armenia! Radio numquam moriturorum te salutat. Hier ist wieder Gallia Nicola vom Sender Provincia Asia. Ich grüße alle, besonders die tapferen Jungs an der Front, und wünsche viel Spaß bei unserer so beliebten Sendung ROMA CAPUT ORBIS TERRARUM. Heute mit einem live-Beitrag aus der aktuellen Senatssitzung zur Rede des großartigen... aber davon später, vos amici populi Romani. Jetzt erst mal Musik.
*(Musik setzt sich fort)*
Na, wisst Ihr's schon? Natürlich des glorreichen Cicero. Wir schalten jetzt sofort zu AUDIO ROMAE VOCEM nach Rom. Bis später, Jungs!
(*Umschaltgeräusche aus dem Äther – Musik: der Anfang von Verdis „Triumphmarsch“*)

3) Die Tonkassette dieses Hörspiels kann vom Verfasser zum Selbstkostenpreis erworben werden (Prof. Dr. Friedrich Maier, Mitterlängstraße 13, 82178 Puchheim-Ort).

⁕ *Reporter aus dem Rundfunkstudio der Kurie in Rom:*

Hier Radio AUDIO ROMAE VOCEM direkt aus dem Senat bei der Rede des M. Tullius Cicero, die in wenigen Augenblicken beginnt und die wir schon alle gespannt erwarten.
*(Man hört Schritte eines Mannes, der langsam zur Rednerbühne schreitet. Beifall rauscht auf.)*
Deferte, patres conscripti, hoc bellum Cn. Pompeio, viro maxime egregio inter omnes imperatores Romanos!
Quod bellum ingentissimum nobis omni ratione conficiendum est victoria …
*(Störgeräusche, dann dumpfer Signalton eines Feindsenders: „Dadada daaaa! Dadada daaaa!")*

⁕ *Eine Frauenstimme:*
Hier spricht der Nachtsender Unabhängiges Armenia. Wir senden fortlaufend von 2.00 Uhr nachts bis 6.30 Uhr morgens. Radio Unabhängiges Amenia wendet sich heute an das Königreich der Parther:

*Eine männliche Stimme mit fremdländischem Akzent:*
„Welch göttlichste Fügung uns in den außerordentlichen Genuss der ach so glorreichen römischen Herrschaft gebracht hat, wird, was euch wünschenswert erscheinen sollte, o Parther, sich hoffentlich auch bald eurer reichen, aber doch armseligen Lebensweise erbarmen und euch im Erleben der römischen *amicitia* auf das Äußerste die Vorzüge, die König Philipp noch heute – Juppiter nahm in zu sich – zu rühmen wüsste, bewusst machen! Was, außer Sorge um Euer und unser leibliches Wohlergehen, hätte die Römer doch wohl veranlassen können, die Strapazen einer langen und gefährlichen Reise, die Unannehmlichkeiten mit den widrigen klimatischen Verhältnissen und die Umstellung auf hiesige Essensgebräuche auf sich zu nehmen? Des Weiteren war ihnen die Überredung einiger unbesonnener Herrscher auferlegt, die in ihrer Verblendung und in ihrem Wahn, sie seien gerechte Herrscher, nicht die außerordentlichen Vorteile und phänomenalen Vergünstigungen erkannten, die eine römische Herrschaft zu leisten im Stande wäre. Zu diesen zählte wohl Antiochus von Syrien, der aus seinem Gebiet diesseits des Tauros zum Wohl des Volkes, wie soll ich sagen, hinausgegangen wurde, und auch Tigranes, der aber inzwischen mit Inbrunst an der römischen Herrschaft hängt. Doch die meisten Könige waren sofort bereit, den Römern mit Rat und Tat beiseite zu stehen und durften so sogar teilweise ihre Posten behalten. Dem Eumenes wurde die außergewöhnliche Ehre zuteil, Hirte der ihnen sich an die Brust werfenden Völker und ihrer Gebiete zu werden. Ebenso wird ihre grenzenlose Sorge deutlichst herausgestrichen durch die Art, wie sie sich nach dessen Tod um das Reich des Nikomedes kümmerten, indem sie seinen unfähigen – unfähig sich den Römern zu widersetzen – Sohn in Obhut nahmen, um natürlich in dessen Sinne das Reich zu verwalten. Die ...
*(Störgeräusche – Cicero wieder in seiner Rede vernehmbar)*
Agitur enim in eo bello populi Romani gloria, agitur salus sociorum atque amicorum, aguntur certissima populi Romani vectigalia, aguntur bona multorum civium …
*(Störgeräusche, wieder die Stimme aus dem Hintergrund)*

Nun sollte auch dem Mithridates die Ehre widerfahren, aufgenommen zu werden in die Runde der von ihnen Unterjochten und Abhängigen – (mit lauter, sich fast überschlagender Stimme) ja unterjocht!, und das ist die einzige Wahrheit. Diese Römer wollten auch Pontus in ihren Machtbereich bekommen, wozu sie zuerst natürlich einmal diesen König, den Mithridates, aus dem Weg räumen mussten. Doch dieser war erfahren und hatte der Römer wahres Gesicht, wie ihr wohl hören konntet, hinter der Maske von Heuchelei erkannt. Er wandte sich als Erster an seine Schicksalsgenossen und warnte diese eindringlich. Doch als diese leichtfertig zögerten, ergriff er allein die Initiative und ... *(Störgeräusche)* ... von der erdrückenden Knechtschaft. Dabei ...
*(Störgeräusche)*
Mithridates ille crudelissimus rex Asiae summo supplicio puniendus est, quod tota Asia tot in civitatibus tot cives Romanos necandos trucidandosque curavit ...
*(Störgeräusche)*
Deshalb Tod dem Römerpack! Hinaus mit diesen Blutegeln aus unserem Gebiet. Lasst uns gemeinsam das niedere Getier im Staub zertreten, um unsere Freiheit wieder zu erlangen und euch eure nicht verlieren zu lassen; denn, o Parther, Asia Asianis! Unter Mithridates als Führer!
*(Störgeräusche – Cicero wieder vernehmbar)*
Ille rex se non in Ponti neque Cappadociae latebris occultare vult. Immo emergere ex patrio regno ei in animo est. Illa pestis Asiae ab stirpe nobis delenda est. Pompeius noster maxime idoneus est, qui huic bello praesit.
In eo enim in sunt quattuor res, quas in summo imperatore inesse oportet: scientia militaris, virtus, auctoritas, felicitas.
*(Beifall )*

• *Männliche Stimme aus dem Studio in Rom:*
Wie wir eben erfahren haben, wurde unsere Sendung im Bereich Asien von einem unbekannten Störsender fortwährend unterbrochen.
*(Störgeräusche, dann Musik)*

• *Sprecherin aus dem Studio in der Provinz Asia:*
Was mein Kollege in Rom gerade andeutete, entspricht durchaus den Tatsachen. Diese Barbaren besaßen tatsächlich die unerhörte Frechheit, die Rede Ciceros zu stören. Aufgrund eines Hinweises aus dem Volk konnte der Standort des Barbarensenders inzwischen ausfindig gemacht werden. Offiziere der RSS sind im Moment dabei, die Frevler dingfest zu machen, die dann ihre außergewöhnliche Kühnheit wohl im Circus Maximus unter Beweis stellen dürfen, wenn sie nicht sofort gevierteilt werden. Mit genauen Berichten vom Tatort des Geschehens in Kürze bei AKTUELL AM BALL mit meinem Kollegen Flitsus Flincus.

*(Asiatische Musik)*

# 5 Das Attentat auf Caesar (SUETON)

## Oder: Wie der größte Römer dem Tyrannenmord zum Opfer fiel[1]

Das Projekt lässt sich bei L1 und L2 in der 11. Jgst. behandeln, als Zwischen- oder Schlusslektüre. In der Oberstufe sollte es einen festen Platz beanspruchen dürfen. Innerhalb der Lesebuch-Sequenz repräsentiert es den Autor SUETON.
Hauptmethoden: Statarische Lektüre
 Vergleich mit einem modernen Text, der einen ähnlichen Fall bringt
 Kreative Anstöße: Zeitungsmeldung über das Attentat (in Text und Bild)
 Fachübergreifende Zusammenarbeit mit: Geschichte, Politischer Bildung, Ethik

### 1. Didaktische Einordnung des Textes

Die Frage, ob man einen Tyrannen beseitigen darf, ist ebenso aktuell wie alt. Sie wurde in der Antike von dem Moment an gestellt, als Menschen darangingen, den Staat nicht mehr als göttlich-natürliche Fügung, sondern als begründbare Rechtsordnung zu definieren, die zwar auch das allgemeine Wohl zum Ziel hatte, deren Funktionieren aber wesentlich von der rationalen Zustimmung und Mitwirkung der Bürger abhing. Jede Staatsform musste sich folglich an einem gedachten Ideal messen lassen; jeder Herrscher geriet in Gefahr, wenn er Gewalt vor Recht setzte – auch und gerade dann, wenn er versuchte, sich und seine Herrschaft göttlich zu legitimieren und dadurch der Kritik des denkenden Bürgers wieder zu entziehen. Aus Athen und anderen griechischen Stadtstaaten sind prominente Fälle gerechtfertigten Tyrannenmordes überliefert, und auch heute würde es den meisten Menschen wohl nicht schwer fallen, einen oder mehrere besonders brutale Diktatoren, lebende oder tote, zu nennen, die man gerne irgendwie los wäre oder hätte loswerden sollen. Das Recht zum Widerstand gegen eine Gewaltherrschaft ist geradezu ein elementares Bürgerrecht abendländischer Rechtsordnungen – einschließlich des Grundgesetzes, das dieses Recht in Artikel 20 ausdrücklich garantiert.

Dennoch ist die Frage, ob man einen Tyrannen mit Recht beseitigen darf, alles andere als einfach. So einfach es scheinen mag, auf einige konkrete Einzelfälle eine Antwort zu geben, so schwierig ist es, daraus eine allgemein anwendbare Regel zu machen; denn Gewaltherrscher haben es fast immer verstanden, ihre Gewalttaten mit dem Schein des Rechts zu umgeben. Freiheitskämpfer rebellieren gegen diese Ordnung mit dem Ziel, sie durch eine bessere, gerechtere zu ersetzen. Dabei nehmen sie in Kauf, eine Phase der Unordnung herbeizuführen, in der es zu den schlimmsten Rechtsverletzungen kommen kann. Sie verursachen also eine Zeitlang etwas, was sie gerade beseitigen wollen: Unrecht. Nur dadurch, dass sie sich auf die Grundlagen einer gerechten Verfassung berufen, und nur durch ihr Gewissen können sie sich rechtfertigen; sie können keine prinzipiellen Gesetzes- und Ordnungsgegner sein, weil selbst die freieste Gemeinschaft ohne Gesetze nicht dauerhaft

1) Die Ausarbeitung dieses Projekt-Kommentars ist großenteils von CHRISTIAN JESSEN-KLINGENBERG geschaffen worden.

funktionieren kann. Dieser Konflikt zwischen Gesetz und Recht aber hat seit der Antike schwer auf den Gewissen der Freiheitskämpfer gelastet, und auch das Grundgesetz tut sich schwer mit dem Widerstandsrecht, denn es erlaubt Widerstand nur dann, „wenn andere Abhilfe nicht möglich ist."

Das bekannteste Beispiel eines Tyrannenmordes ist die Ermordung Caesars. Die Ereignisse im März 44 v. Chr. haben seit mehr als zweitausend Jahren nicht nur Historiker und Staatsrechtler fasziniert; die beteiligten Personen und ihr Vorgehen sind geradezu sprichwörtlich geworden. Bis heute sind sie Bestandteil politischer und historischer Metaphern, wenn etwa scharfsinnige Analysten sich fragen, ob man im Reiche des Saddam Hussein nicht einen einzigen „Brutus" finden könne, oder wenn gegen einen erfolglosen Parteivorsitzenden „die Dolche schon gewetzt" werden – und dem dann, wenn er entdecken muss, dass selbst engste Mitarbeiter sich von ihm abwenden, nur noch der Ausruf bleibt: „Auch Du, mein Sohn?"

Metaphern, Mythenbildung und „Verstichwortung" historischen Geschehens sind jedoch der historischen Erkenntnis nur begrenzt förderlich, ja sie sind vollends fragwürdig, wenn sie nur noch als glitzerndes Bildungslametta über dem kahlen und toten Baum der Erkenntnis hängen und nach Belieben verwendet werden, wenn sie keine Assoziationen mehr wecken, wenn sie also wirklich tot sind. Dies wäre doppelt bedauerlich angesichts der Bedeutung dieses vielleicht größten römischen Staatsmanns und des Themas, das, wie gezeigt, bis heute aktuell ist.

Grund genug also, dem Geschehen des Frühjahrs 44 v. Chr. anhand eines lateinischen Berichts nachzugehen und das Ende des allmächtigen Diktators Caesar und dessen Konsequenzen zu verfolgen. Im Folgenden wird ein Unterrichtsprojekt vorgeschlagen, das zunächst die Vorgeschichte, die Durchführung und die Folgen des Caesarmordes am Text des Historikers GAIUS SUETONIUS TRANQUILLUS erarbeitet. Der Bericht SUETONS ist, so unglaublich es zunächst klingt, die einzige detaillierte Schilderung des Mordes an Caesar, die wir auf Latein besitzen. Der Text selbst ist somit schon eine lateinische Kostbarkeit, der förmlich dazu einlädt, anhand zusätzlicher Materialien die Zusammenhänge rund um das Ereignis zu vertiefen und die Problematik des Tyrannenmordes an einem weiteren historischen Beispiel vorzustellen. Aus einem zunächst nüchtern anmutenden Tatsachenbericht werden so Fragen und Perspektiven entwickelt, die die Türen zu weitergehender Arbeit weit öffnen und die Lektüre somit wirklich zu einem *animi irritamentum* machen können.

## 2. Die Interpretation des Textes

### 2.1 Einstieg

Der Einstieg in das Projekt lässt sich über den abgedruckten Comicausschnitt (aus: GOSCINNY/UDERZO: Asterix Bd. XIX: Der Seher), der einigen Schülern vertraut sein dürfte, leicht durchführen. Der Witz liegt hier in der doppelten Verdrehung der Wirklichkeit, denn die Prophezeiung des Auguren entspricht nicht den späteren Ereignissen, und sie entspricht erst recht nicht dem Bild, das er und Caesar (und der Leser) mit eigenen Augen sehen: Brutus, der mit seinen Fingern prüfend über seinen Dolch fährt und, hinterhältig lächelnd, Caesar gleichsam schon ins Visier nimmt. Man erfährt somit nicht nur, dass Caesar ermordet wurde – diese Tatsache dürfte den meisten Schülern bekannt sein –, sondern erkennt schon das Mordwerkzeug und ahnt, dass Caesar offensichtlich eine besonders enge Beziehung zu Brutus hatte, auf den er mit Wohlwollen herabblickt. Damit ist der Weg zum Text geebnet. Alternativ oder als Ergänzung kann man die Verse übersetzen, die laut SUETON eines Tages auf Caesars Statue gekritzelt worden waren – Spottverse, die unter Anspielung auf Roms republikanischen Gründungsmythos patriotische Römer zum Handeln aufforderten und auch den heutigen Leser mitten ins Geschehen versetzen.

## 2.2 Textaufbau

Der vorliegende Text ist sprachlich sehr dicht und auch noch für Lateinschüler der Oberstufe relativ schwierig. SUETON war ein Autor, der besonderen Wert darauf legte, mit möglichst wenig Worten möglichst viel Information zu bieten; sein Stil ist der eines gebildeten Fachschriftstellers. Das erklärt sein umfangreiches Vokabular – er hat keine Scheu vor Fachausdrücken und Fremdwörtern –, und es erklärt seine Vorliebe für Partizipialkonstruktionen, die es ermöglichen, mehrere Verbalhandlungen gleichwertig in einen Satz zu stellen. Partizipien haben aber außerdem den Vorzug der semantischen Offenheit: Erst aus dem Kontext und damit durch Nachdenken und Abwägen erschließt sich der semantische und logische Zusammenhang des Textes – SUETON zwingt dadurch seine Leser geradezu zur Aufmerksamkeit und zum Mitdenken. Erleichtert wird die Lektüre andererseits dadurch, dass SUETON zu Beginn eines jeden Sinnabschnitts (Kapitel, Paragraph, Periode) das Stichwort nennt, unter welchem seine folgenden Ausführungen zu fassen sind; dieses oft als „Zettelkastenprinzip“ kritisierte Verfahren ist eine wertvolle Orientierungshilfe in einem Text, der auch an den antiken Leser einige Anforderungen stellte.
Der Text lässt sich in drei Abschnitte gliedern; der erste und der letzte Abschnitt lassen sich ihrerseits wieder in je drei Unterabschnitte aufteilen:

| | | | |
|---|---|---|---|
| **I.** | **Z.** | **1 - 21** | **Vorgeschichte des Mordes** |
| 1. | Z. | 1 - 5 | Caesar erhält drohende Vorzeichen, das Datum der Gefahr wird angedeutet. |
| 2. | Z. | 5 - 15 | Er zögert lange, geht aber auf Drängen eines Verschwörers zur Senatssitzung. |
| 3. | Z. | 16 - 21 | Bewusst missachtet er jetzt die ungünstigen Vorzeichen und lässt sich sogar zur Verspottung des Wahrsagers hinreißen. |
| **II.** | **Z.** | **22 - 36** | **Durchführung des Mordes** |
| **III.** | **Z.** | **37 - 61** | **Folgen des Mordes** |
| 1. | Z. | 37 - 43 | Unmittelbare Folgen: Allgemeine Panik, Sklaven bringen den Leichnam Caesars schließlich nach Hause, wo er obduziert wird.. |
| 2. | Z. | 44 - 55 | Weitere Folgen: Die Verschwörer können die Macht in Rom nicht erringen; die Stimmung schlägt um, der Tag der Ermordung wird zum Trauertag erklärt. |
| 3. | Z. | 56 - 61 | Folgen für die Verschwörer: Keiner überlebt sein Opfer lange, alle kommen gewaltsam um. |

Die Gliederung macht den Verlauf der Spannung deutlich, die im ersten Abschnitt Zug um Zug aufs Äußerste gesteigert wird, bevor sie sich im zweiten in einer nüchtern gestalteten, dennoch hochdramatischen Erzählung der Mordtat auflöst. Darauf folgt eine bilanzierende Schilderung der Konsequenzen im dritten Abschnitt, in der der Blick geweitet und die Perspektive geöffnet wird.

### 2.3 Interpretationslinien

**Teil 1: Missachten aller Warnungen (4.1)**
Gleich zu Beginn nennt SUETON das Thema, das im Folgenden erzählt und diskutiert werden soll: Caesars *futura caedes* (Z. 1). Das drohende Ereignis wird durch deutliche Vorzeichen angekündigt, die Caesar für eine Weile zögern lassen. Der lange und komplexe Satz in Z. 5-15 zeichnet seine Unentschlossenheit syntaktisch nach; der Leser wird vom indirekten Fragesatz (Z. 6) und verneinten Finalsatz (Z. 10) buchstäblich hin- und hergezogen. Fast scheint es auch, als ließe sich das Schicksal aufhalten, denn bis zum Ende des ersten Teils hat Caesar drei Gelegenheiten, das bevorstehende Unheil doch noch abzuwenden. Er lässt sie jedoch, in negativer Steigerung, alle verstreichen: Zunächst geht er aus Gefälligkeit (Z. 10 *ne .... destitueret*) doch noch zur Senatssitzung, sodann steckt er eine warnende Nachricht aus Gleichgültigkeit oder Geschäftigkeit (Z. 15 *quasi mox lecturus*) zu seinen übrigen Geschäftspapieren, und schließlich wischt er die Fülle ungünstiger Vorzeichen (Z. 16 *pluribus hostiis caesis*), die schon an Gewissheit grenzen, aus Verachtung religiöser Bedenken (Z. 16 *spreta religione*) und Hochmut (Z. 17 *irridens ... falsum arguens*) vom Tisch. Sein Verhalten ist also das Gegenteil dessen, was die Comiczeichnung unterstellt: statt sich durch einen falschen Seherspruch in Sicherheit zu wähnen, versucht er, sein Geschick durch gesteigerte Aktivität in die Richtung zu zwingen, die er vorgibt – obwohl er in aller Deutlichkeit gewarnt wird. Für den römischen Leser kann es jetzt kaum noch einen Zweifel geben: Diese Verhöhnung der *religio*, die bewusste Missachtung himmlischer Zeichen und der sich daraus ergebenden irdischen Verpflichtungen besiegelt Caesars Schicksal. Die schlagfertige Antwort des Zeichendeuters leitet über zum zweiten Abschnitt.

a

S. 58

1. Zuerst erfolgt durch Spurinna ein allgemeiner Hinweis auf die Gefahr bis zu den „Iden des März". Caesar zögert zunächst aus gesundheitlichen Gründen, lässt sich aber dann durch Decimus Brutus dazu veranlassen, aus dem Haus zu gehen, um den zahlreich versammelten Senat nicht warten zu lassen, er steckt auf dem Wege dahin einen ihm das Attentat anzeigenden Zettel achtlos beiseite, missachtet weitere religiöse Vorzeichen, wobei er geradezu den Priester verhöhnt.
   Die lange Periode erfasst den komplexen Vorgang von Zögern, Weggehen und Eintreffen in Verbindung mit einer sich steigernden Missachtung aller Vorzeichen. In ihm ist ein hektisches, dramatisches Verhalten des „Helden" abgebildet. Der Leser erfährt den Einstieg in das Attentatsereignis gleichsam in einem Zug.
2. Die deutlichen Vorzeichen auf den kommenden Mord sowie der Hinweis auf die Gefahr, vor der er sich zu hüten habe, lassen erahnen, was folgt. Das Unheil wird unausweichlich, weil sich Caesar trotz Unwohlseins zum Gang in den Se-

nat gewinnen lässt und er daraufhin alle Zeichen in sturer Zielstrebigkeit missachtet. Er verachtet die Aussagen des Eingeweideschauers und auch den Zettel des „Verräters“ des Attentats. Als schlimmster Fehler wird ihm wohl die Verachtung der religiösen Bedenken (*spreta religione*) und die Verhöhnung des Priesters (*irridens ut falsum*) angelastet worden sein.

3. An der Karikatur stimmt die Aussage nicht, dass, solange Brutus bei ihm sei, er nichts zu befürchten habe; ebenso dass Brutus vor Caesar die Schärfe seines Dolches prüft. Ironisch beleuchtet die Karikatur die Wahrheit von hinten.

**Teil 2: Das Attentat (4.2)**

Am Beginn des zweiten Abschnittes wird bereits syntaktisch deutlich gemacht, dass Caesar die Ereignisse aus der Hand geglitten sind: das erste Wort – *assidentem* – präsentiert ihn als sitzendes Objekt; Subjekt der Zeilen 20-24 ist nicht mehr der Alleinherrscher, sondern die ihn umringenden Verschwörer, die sich nun an ihr Werk machen. Auf ihre erste körperliche Attacke reagiert Caesar überrascht und empört, sein Aufschrei wird sogar in direkter Rede wiedergegeben. SUETON lässt seine Helden nur in besonders schicksalhaften und dramatischen Momenten ihres Lebens, wie etwa bei der Überschreitung des Rubikon, direkt zu Wort kommen – hier zeigt sowohl die Tatsache der direkten Rede als auch die Wortwahl selbst die Gewalt des Augenblicks: Caesar protestiert geschockt gegen die rohe und rechtlose Gewalttat – *vis* –, er prangert sie an mit dem Demonstrativum *ista*, das noch durch *quidem* verstärkt wird – da trifft ihn auch schon der erste Hieb der Attentäter. Noch einmal versucht er, sich zu wehren (erneuter Subjektswechsel!), benutzt sogar seinen Griffel als Waffe, doch ein zweiter Hieb streckt ihn nieder. Weitere Gegenwehr ist zwecklos: Caesar, der in allen kritischen Situationen seines Lebens immer den Überblick bewahrt hat, erkennt die Aussichtslosigkeit seiner Situation und verhüllt seinen Körper mit der Toga. Es ist das Einzige, was er noch tun kann, um seine Würde zu wahren. Niemand soll ihn in seinem Blut sehen.

Selbst in der nüchternen Erzählung SUETONS wird vorstellbar, wie ungeheuer diese Tat war, und wie sehr sie die Augenzeugen überwältigt haben musste. Es muss sehr schnell gegangen sein, so dass die meisten Senatoren wohl erst begriffen, was geschah, als alles vorbei war – und selbst dann blieb es kaum fassbar. Wie hatte es passieren können, dass das Leben des allmächtigen Caesar vor aller Augen so schnell und hilflos endete? Hatte er wirklich nicht bemerkt, dass sich Leute gegen ihn verschworen hatten, die er noch vor kurzem zu seinen engsten Anhängern gezählt hatte? Und als er es dann – zu spät – bemerkte: Konnte er es wirklich ohne Kommentar hinnehmen? Dass bedeutende Personen plötzlich und ohne ein einziges Wort abtreten, war der Nachwelt damals so schwer erträglich wie heute. Mit Marcus Iunius Brutus' Mutter hatte Caesar eine stadtbekannte, besonders leidenschaftliche Romanze gehabt; es gab sogar Gerüchte, er sei Brutus' Vater, weil er ihn mehrfach ohne ersichtlichen Anlass protegiert hatte. Mochten diese Gerüchte auch noch so unwahrscheinlich sein – Caesar war immerhin nur 15 Jahre älter als Brutus –, so gaben sie doch einen halbwegs plausiblen Hintergrund dessen ab, was nach Meinung einiger Leute Caesars berühmte letzte Worte an „sein Kind“ gewesen sein sollten. Überraschung und Schmerz spiegeln sich in ihnen wider; die Verwendung des Griechischen verstärkt den Eindruck eines besonders innigen Verhältnisses: Griechisch war zu Caesars Zeit die Bildungssprache der höheren Schichten Roms, derer man sich im öffentlichen Leben zwar tunlichst zu enthalten hatte, die man unter guten Freunden im geistvollen Gespräch dafür um so häufiger benutzte. SUETON berichtet diese letzten Worte zwar mit einiger Skepsis, da er sie (Z. 30) in einem angehängten Konzessivsatz gleichsam nachliefert und auch die Quelle – *quidam* – als unsicher darstellt. Dennoch findet er den Ausspruch illustrativ genug, um ihn in seinen Text aufzunehmen; das endgültige Urteil wird freilich dem Leser überlassen.

a . 60

1. Die Verschwörer umstellten Caesar (*circumsteterunt*).
   Cimber Tillius, der führende Kopf trat näher hinzu, als wolle er einen Antrag stellen (*propius accessit*). – Als Caesar ihn zurückwies, packte er ihn an der Toga an beiden Schultern (*<Caesari> renuenti ab utroque umero togam apprehendit*). – Caesar springt auf und schreit, Casca stößt ihm den Dolch in den Hals (... *clamantem ... alter e Casca vulnerat infra iugulum*). – Caesar durchstach den Arm des Casca mit dem Schreibgriffel, wollte aufspringen, wurde aber durch einen weiteren Stich wieder zurückgeworfen (*Caesar Cascae bracchium graphio traiecit, prosilire conatus alio vulnero tardatus est*). – Caesar merkte, dass er von allen Seiten von Dolchen bedroht werde, bedeckte sein Haupt und starb von 23 Stichen durchbohrt röchelnd oder ein letztes Wort hauchend (... *animadvertit undique se pugionibus peti, caput obvolvit ... tribus et viginti plagis confossus est*).
2. Caesar ruft: *Ista quidem vis est!* Das abwertende Wort *ista* und das Substantiv *vis* zeigen, wie er die Situation einschätzt; er erkennt die Gefahr; das Schreien und Aufspringen zeigen seine Empörung.
3. Es scheint kaum plausibel, dass Caesar tatsächlich im letzten Atemzug sich des Griechischen bedient hat, wenn er überhaupt etwas vernehmen ließ; wahrscheinlich hat SUETON, um Caesar einen effektvollen Abgang von der Bühne der Welt zu verschaffen, dieses Wort – manche haben es ja überliefert – in das dramatische Szenario eingefügt.

**Teil 3: Reaktionen auf den Mord**

Das Attentat löst unter den Anwesenden eine allgemeine Panik (Z. 31 *diffugientibus cunctis*) aus, mit deren Beschreibung der dritte Abschnitt beginnt. Caesar ist tot; gleich das erste Wort (Z. 31 *exanimis*) lässt daran keinen Zweifel mehr. Mit wenigen Worten skizziert SUETON das jämmerliche Ende des Mannes, der wenige Augenblicke zuvor noch die Welt beherrscht hat. Einsam liegt der Leichnam eine Zeitlang in der leeren Halle, bis ihn lediglich drei Personen, noch dazu junge „Sklävlein“ (Z. 32 *tres servoli*), nach Hause tragen. Vielleicht ist ihnen die Arbeit zu schwer, vielleicht bedeutet ihnen Caesars Tod nichts: jedenfalls geben sie ein erbärmliches Bild ab, wie sie den toten Diktator auf eine Trage legen und wegschaffen, wobei sein Arm herabhängt. Caesars Körper wird fast wie ein Stück Vieh beseitigt. Und noch einmal wird deutlich, wie ungünstig das Schicksal ihm an dem Tag gewesen ist, denn unter den vielen Verletzungen, die er erlitten hat, ist nur eine einzige tödlich gewesen. Um ein Haar also wäre das Attentat doch noch gescheitert – weil den Tätern

das Ungeheure ihres Unternehmens bewusst war? Weil sie zu aufgeregt waren? Oder vielleicht, weil keiner der Verschwörer voll hinter seiner Tat stand, deswegen nicht richtig zustach und sich so für den Notfall eine Ausrede bereit halten wollte?
Hat sich bei der Obduktion schon die merkwürdige Schwäche der Verschwörer angedeutet, so wird sie im nächsten Satz. (Z. 34-36) offenbar. Sie bemächtigen sich weder des Körpers, um ihn in den Tiber zu werfen (um die Strafe für Vaterlandsverräter zu vollstrecken) noch seines Vermögens, noch werden seine Gesetze für ungültig erklärt. Auch die caesartreuen Regierungsmitglieder, allen voran Marcus Antonius und Lepidus, werden in ihren Ämtern belassen, obwohl sie ihre Positionen einzig und allein Caesar verdanken und nicht etwa freien Wahlen. Gründe genug hätte es also gegeben, sie sofort abzusetzen, doch aus Furcht oder Ehrfurcht (Z. 35 *metu*) vor den Institutionen unternehmen die Verschwörer nichts. Sie vertrauen darauf, dass der republikanische Idealzustand sich von selbst wieder einstellt – doch Caesars Leichnam liegt nach wie vor in der Stadt und kann somit für ein propagandistisches Leichenspektakel verwendet werden. Caesars riesiges Vermögen steht seiner Familie und seinen Freunden zur Verfügung, und seine Gesetze sind alle noch in Kraft. Es ist fast, als sei Caesar noch da.
Durch die Untätigkeit der Verschwörer wird die Initiative den Amtsträgern überlassen. Ganz falsch sind die Erwartungen der Attentäter somit nicht: Die Spitzen der Republik, der Konsul und der Reiteroberst, werden tätig – nur: Sie werden in Caesars Sinne tätig. Dass sich eigennützige Machtpolitik in republikanischen Formen abspielt, erscheint den Freiheitskämpfern so sehr als caesarische oder pompejanische Ausnahme, so undenkbar, dass sie nach Caesars Tod nicht mehr damit rechnen. Doch schon bei der Leichenfeier kommt es auf die Rede des Antonius hin zu tumultartigen Szenen, es herrscht Staatstrauer. Viele römische Bürger beschleicht außerdem eine düstere Vorahnung, dass der gerade erst mühsam beendete Bürgerkrieg nun bald wieder aufflammt, – ganz wie Caesar vorausgesagt hatte. Vor allem Ausländer, speziell Juden, scheinen die drohende Gewalt zu ahnen, zu deren Opfer sie als rechtlich schlechter Gestellte sicher gehören werden; in Massen (Z. 37 *multitudo*) trauern sie um Caesar und um den Frieden. In Caesar betrauern die Juden auch den Mann, der die Tempelschändung des Pompeius (63 v. Chr.) gerächt hat.
Der Text klingt aus, indem SUETON die weiteren Folgen des Attentats erörtet und dem Leser schließlich eine Moral der Geschichte nahe legt. Caesar kommt zu weiteren posthumen Ehren; der Mordtag wird zu einem Unglückstag erklärt, an dem die Senatstätigkeit fortan ruhen soll. Wer weiß, welch große symbolische und politische Bedeutung schwarze Tage – *dies atri* – in Rom hatten, kann ermessen, wie bedeutsam dieser Senatsbeschluss ist. Der Tag des Mordes an Caesar soll für ewige Zeiten, wie der Tag der Niederlage gegen die Gallier an der Allia, als nationaler Unglückstag verewigt werden. Die Verschwörer haben mithin das genaue Gegenteil dessen erreicht, was sie beabsichtigten: Ihre Tat wird kein symbolträchtiger Gründungsakt einer erneuerten freien Republik, wie es die Tat des legendären Lucius Iunius Brutus war, sondern sie werden auf eine Stufe mit denjenigen gestellt, die Rom den dunkelsten Tag seiner Geschichte bereitet haben.
Die Sache der Verschwörer ist verloren, und auch sie selbst werden den entfesselten Bürgerkrieg nicht überleben. Die Gewalt, die die Caesarmörder heraufbeschworen haben, trifft sie schließlich am eigenen Leib: kein Attentäter überlebt sein Opfer

lange, alle sterben eines gewaltsamen Todes, dessen Ursachen SUETON in einer dreistufigen Steigerung – Unglück (Z. 42 *naufragio*), Schlachtentod (Z. 42 *proelio*), Selbstmord (Z. 43 *se ... interemerunt*) – aufzählt. Man mag daraus, wie SUETON-Leser durch fast zweitausend Jahre, die allgemein gültige Lehre ziehen, dass diejenigen, die zur Waffe greifen, auch durch die Waffe umkommen, doch kann man es auch noch schärfer fassen: Die Dolche haben nicht nur Caesar ermordet. Der Mord an ihm war der Selbstmord der Republik.
SUETONS Darstellung des Attentats zeigt einen kunstvoll geplanten Aufbau; dieser lässt geradezu die Strukturelemente einer Tragödie erkennen:

| **Exposition** | **Erregendes Moment** | **Entwicklung des Konflikts** | **Peripetie bei Fehlverhalten des Menschen** | **Katastrophe** | **Epilog** |
|---|---|---|---|---|---|
| Bevorstehende Senatssitzung in der Kurie | Anzeichen für bevorstehenden Mord | Entscheidung zwischen persönlichem Wohl (*salus*) und politischer Verpflichtung (*officium*) | Missachtung von religiösen Bedenken (*religio*) | Tötung des Tyrannen durch | Wortloses Heimtragen des Leichnams |
| kurz vor Feldzug gegen die Parther | Warnung vor den „Iden des März“ | | Verhöhnung des Priesters | 23 Dolchstiche | mit herabhängendem Arm auf einer Bahre |

Diese Dramaturgie SUETONS kann dann auch noch effektvoll mit der noch dramatischeren Darstellung des Mordaktes bei PLUTARCH (Caesar, 66 f.) verglichen werden. Es genügt vielleicht schon, den Text durch lautes Vorlesen zur Kenntnis zu bringen:

„Als Caesar den Senat betrat, erhoben sich die Senatoren ehrerbietig von ihren Sitzen. Einige von Brutus' Freunden stellten sich hinter Caesars Stuhl, die anderen gingen ihm entgegen, als wollten sie das Gesuch des Tillius Cimber unterstützen, welcher für seinen verbannten Bruder um Gnade bat, und immerfort mit Bitten ihn bestürmend folgten sie ihm bis zu seinem Sessel. Caesar nahm Platz, dann schlug er das Gesuch rundweg ab, und als sie heftiger in ihn drangen, wies er jeden, der das Wort an ihn richtete, barsch zurück. Da fasste Tillius mit beiden Händen seine Toga und riss sie ihm vom Hals herunter. Dies war das verabredete Zeichen zum Angriff. Zuerst traf ihn Casca mit dem Dolch in den Nacken, doch ging der Stich nicht tief und war nicht tödlich, da Casca – man begreift es wohl – im ersten Augenblick der kühnen Tat vor Aufregung zitterte. Caesar vermochte sich umzudrehen, den Dolch zu packen und festzuhalten. Und miteinander riefen beide, der Verwundete auf lateinisch: „Verdammter Casca, was tust du!“, Casca auf Griechisch, zu seinem Bruder gewendet: „Bruder, hilf!“ Schauderndes Entsetzen fasste die Nichteingeweihten nach diesem ersten Stoß, sie wagten nicht zu fliehen, noch Caesar beizuspringen, kein Laut kam über ihre Lippen. Die Verschworenen aber entblößten alle ihre Schwerter und umringten den Überfallenen. Wohin sich Caesar wandte, überall zuckten Hiebe, fuhren ihm Klingen vor Gesicht und Augen hin und her, er wurde durchbohrt wie ein wildes Tier, sich windend unter den Händen seiner Mörder.

Denn es war ausgemacht, dass jeder das Opfer treffen und von seinem Blut kosten müsse. So führte auch Brutus einen Streich und verwundete ihn am Unterleib. Einige Berichte fügen bei, Caesar habe sich schreiend hin und her geworfen, um den Stößen zu entgehen. Aber als er Brutus mit gezogenem Schwert unter den Gegnern erblickte, zog er die Toga übers Haupt und leistete keinen Widerstand mehr. Er brach am Sockel, auf welchem die Pompeiusstatue stand, zusammen – aus Zufall oder weil die Mörder ihn dorthin gedrängt hatten. Sein Blut spritzte über das Standbild, es sah aus, als leite Pompeius selber die Rache an seinem Feinde, welcher zu seinen Füßen hingesunken, aus vielen Wunden blutend, mit dem Tode rang. Dreiundzwanzigmal soll er getroffen worden sein. Auch die Mörder hatten sich gegenseitig verwundet, da so viele Schwerter nach dem einen Körper zielten.
Als Caesar tot war, trat Brutus vor die Senatoren, um über die Tat zu sprechen. Aber keiner war imstande, ihn anzuhören, alle stürzten hinaus ins Freie."

a

S. 60

1. Eine Senatssitzung steht bevor; Caesar wird gewarnt, in diese zu gehen. Nach anfänglichem Zögern lässt er sich doch dazu veranlassen, die Senatoren nicht hinzuhalten. Auf dem Weg in den Senat lässt er weitere Zeichen unbeachtet, begeht sogar einen religiösen Frevel. Als er Platz genommen hat, dringen die Verschwörer auf ihn ein; nach geringer Gegenwehr wird er durch 23 Dolchstiche niedergemacht; er liegt entseelt am Boden, der Leichnam wird von Sklaven nach Hause gebracht. Alles flieht auseinander; es herrscht Aufregung und Trauer. Der Todestag wird zu einem Unglückstag für Rom erklärt. Die Verschwörer sind in der Folgezeit alle umgekommen. In der ganzen Geschichte lässt sich ein dramatischer Spannungsbogen von einem Ausgangspunkt zu einem Höhepunkt erkennen: der Aufbau einer Tragödie (s. S. 81).
2. Caesars Ende wirkt auf die unmittelbaren Beobachter schockierend; das Attentat hat eine Panik zur Folge; der mächtigste Mann der Welt ist wie ein Stück Vieh abgeschlachtet worden; würdelos wird er von Sklaven nach Hause geschleppt. Der Leser, der Caesars unbedingten, skrupellosen Willen zur Macht kannte, wird trotzdem die Höhe dieses Falles mit Grauen zur Kenntnis genommen haben – zumal die Reaktionen das Werk der Attentäter nicht fortsetzten, sondern vielmehr Caesars Ziele von seinen Anhängern weiterverfolgt wurden.
3. Die Stimmung nach dem Mord schlägt wohl deshalb so schnell um, weil die Attentäter unfähig waren, die Organisation des Staates in die Hand zu nehmen. Die Initiative bleibt bei den leitenden Amtsträgern. Zudem war das Volk, für dessen Rechte sich Caesar immer eingesetzt hatte, nicht auf der Seite der Caesarmörder. Da Caesar sich auch der Ausländer in Rom angenommen hat – er hat z.B. die Schändung des jüdischen Tempels durch Pompeius gerächt –, war die Stimmung der Fremden aus Angst vor drohender Gewalt auf Seiten der Anhänger Caesars; deshalb trauerten auch die Juden Nacht für Nacht an seinem Grab.
4. SUETON stellt das Ende der Caesarmörder drastisch dar: Alle sind sie kurz nach dem Mord selbst umgekommen, gewaltsam, z.T. auch durch Selbstmord. Die Bedenklichkeit des Tyrannenmordes wird spürbar. SALLUST wollte nicht nur Caesars Ende als tragisch hinstellen; auch das Ende der Republik erscheint als Akt mit tragischen Zügen.

## 3. Ergänzende Texte

### 3.1 Caesars Herrschaft im Urteil der Zeitgenossen

Alle erhaltenen Berichte über Caesars Ermordung sind mehr als hundert Jahre nach dem Ereignis geschrieben worden; wir haben keinen einzigen Augenzeugenbericht, anhand dessen wir die Berichte der kaiserzeitlichen Historiker des 1. und 2. Jahrhunderts überprüfen könnten. Mag man auch einen besseren Überblick haben, je größer der zeitliche Abstand zu den beschriebenen Geschehnissen ist, so ist andererseits jeder Historiker in Gefahr, nur die Entwicklungen zu würdigen, die sich durchgesetzt haben. Sieger rechtfertigt man leichter als Verlierer – und sei es nur deswegen, weil man selbst ein Teil der Welt ist, die als Sieger der Geschichte übriggeblieben ist.
Bei einer Tat, die derart kontrovers war, dass sie einen mehr als zehnjährigen Bürgerkrieg auslöste, ist es deshalb ratsam, unmittelbare Quellen heranzuziehen, wenn man der Frage nachzugehen sucht, warum Caesar ermordet wurde, und wenn man ein Urteil wagen will, ob das Attentat ein gemeiner Mord oder ein Akt politischer Notwendigkeit war. Wir haben diese Quellen reichlich in der Form von Münzen, die wegen ihrer Anschaulichkeit zur Behandlung im Unterricht geradezu einladen – und übrigens auch schon von antiken Historikern als Quelle benutzt wurden.
Die beiden abgebildeten Münzen eignen sich wegen ihrer besonders deutlichen, auch Laien verständlichen Symbolsprache dazu, die gegensätzlichen Standpunkte der Parteien zur Zeit der Ermordung Caesars nachzuzeichnen und zu diskutieren. Bei behutsamer Führung des Lehrers entwickeln sich so Möglichkeiten des entdeckenden Lernens und der kreativen Reflexion des vorher gelesenen Textes.
Es empfiehlt sich, die Münzen zur leichteren Entzifferung mittels Overheadfolie auf eine Tafel zu projizieren und die Münzsymbole von einem oder mehreren Schülern nachzeichnen zu lassen. Die abgebildeten Gegenstände selbst werden wohl ohne größere Schwierigkeiten von den Schülern erkannt werden; dem Lehrer bleibt die Aufgabe, die Bedeutung der Symbole im Unterrichtsgespräch zu klären.

a
. 61

1. Die Entzifferung der Münze des Lucius Aemilius Buca ergibt folgendes Resultat:

| | Symbol | Bedeutung |
|---|---|---|
| **Vorderseite** | Kopf Caesars geschmückt mit goldenem Lorbeerkranz | Caesar als Triumphator |
| | Umschrift: CAESAR – DIC[tator] PERPETUO | Lebenslängliche Diktatur |
| **Rückseite** | Geflügelter Merkurstab (*caduceus*), gekreuzt | Frieden und Wohlstand |
| | mit einem Rutenbündel (*fascis*) | Amtsgewalt |
| | Opferbeil/Diktatorbeil | Religiosität/Diktaturgewalt |
| | Zwei verschlungene Hände | Eintracht und Vertrauen |
| | Weltkugel | Weltherrschaft |
| | Schrift: L. BUCA | Name des Münzmeisters |

Die Münze des Lucius Plaetorius Cestius dagegen enthält folgende Bilder:

| | Symbol | Bedeutung |
|---|---|---|
| **Vorderseite** | Kopf des Brutus | Brutus als Führer der republikanischen Opposition |
| | Schrift links: L.PLAETCEST | Name des Münzmeisters |
| | Schrift rechts: BRUT[us] IMP[erator] | Imperatorentitel für Brutus |
| **Rückseite** | Runde Filzkappe (*pileus*) | Freiheit |
| | Zwei Dolche | Tyrannenmord |
| | Schrift: EID[us] MAR[tiae] | Datum des Tyrannenmordes |

Um die Bedeutungen der jeweiligen Münzsymbole sodann festzuhalten und gegenüberzustellen, bietet sich ein Tafelbild an:

| Caesar | Brutus |
|---|---|
| Caesar als Triumphator | Brutus als Führer der |
| Lebenslängliche Diktatur | republikanischen Opposition |
| Frieden und Wohlstand | Imperatorentitel für Brutus |
| Amtsgewalt | Freiheit |
| Religiosität/Diktaturgewalt | Tyrannenmord |
| Eintracht und Vertrauen | Datum des Tyrannenmordes an Caesar |
| Weltherrschaft | |

2. Caesar war der erste Römer, der sich schon zu Lebzeiten auf Münzen darstellen ließ. Zwar war es in der Republik seit dem 2. Jahrhundert v. Chr. nicht unüblich, bedeutende Männer der Vergangenheit auf Geldstücken darzustellen. Viele Münzmeister wollten durch die Darstellung berühmter Vorfahren den Rang und die Würde ihrer Familie hervorheben. Bis zum Ausbruch des Bürgerkrieges zwischen Caesar und Pompeius war es jedoch verpönt, lebende Männer durch bildliche Massenverbreitung auf offiziellen Zahlungsmitteln so zu erheben, wie es sonst nur Könige und Tyrannen im Osten taten; selbst Sulla hatte das während seiner Diktatur nicht gewagt. Die abgebildete Münze mit dem Porträt Caesars zeigt nun, wie sich der Alleinherrscher dem römischen Volk präsentieren wollte. Sie ist übrigens nur eine aus einer ganzen Flut von Münzneuprägungen: Caesar vertraute auf die Macht der Bilder und setzte alles daran, seine Stellung durch Massenkommunikation zu untermauern. Die Vorderseite zeigt ihn als Diktator auf Lebenszeit, geschmückt mit dem Lorbeerkranz. Die lebenslängliche Diktatur hatte er nur wenige Wochen vor seiner Ermordung angetreten; es war in allem außer dem Namen eine Königsherrschaft. Das Recht, ständig einen Lorbeerkranz zu tragen, hatten Senat und Volk ihm nach der Schlacht bei Mun-

da (45 v. Chr.) verliehen. SUETON berichtet an anderer Stelle (*Divus Iulius* 45,2), dass ihm dieses Vorrecht deswegen besonders lieb gewesen sei, weil es ihm gestattete, seine größer gewordene Glatze zu verdecken. Dass weniger gebildete Betrachter, vor allem solche in den Provinzen, den Lorbeerkranz auf der Münze für ein Königsdiadem halten konnten, war offensichtlich durchaus beabsichtigt. Caesars Porträt ist das eines unumschränkten Herrschers.

Die Bildzeichen auf der Rückseite erläutern Caesars Regierungsprogramm: Seine Herrschaft ist rechtmäßig und im Einklang mit sittlicher und religiöser Tradition. Sie versöhnt, sichert Frieden und Wohlstand im Innern und gewährleistet die weltbeherrschende Stellung des Römischen Reiches. Es ist eine ehrgeizige, doch höchst eingängige Komposition, die all das zum Inhalt hat, was in römischer Vorstellung seit Jahrhunderten eine gute und gerechte Herrschaft ausmacht; in seiner Einfachheit und durch sein gewaltiges Ausdrucksvermögen erinnert das Motiv „an die besten Leistungen der modernen Plakatkunst" (ANDREAS ALFÖLDI).

Die Münze mit dem Bildnis des Brutus setzt der Caesarmünze eine nicht minder deutliche, jedoch völlig verschiedene Aussage entgegen. Auf der Rückseite wird allein die republikanische Freiheit beschworen – zunächst ganz allgemein mit der Darstellung des *pileus*, eines alten Freiheitssymbols. Die Dolche stehen für den Tyrannenmord und erinnern daran, dass in Rom seit Gründung der Republik jeder den schimpflichen Tod verdient, der nach der Königswürde greift. Und schließlich wird ganz konkret ausgesprochen, dass genau das, die verdiente Strafe, an den Iden des März im Namen der Republik, im Namen der Freiheit vollstreckt worden ist. Auch dies ist eine machtvolle Aussage, doch beschränkt sie sich auf eine formale und abstrakte Sache und bleibt deshalb gegenüber dem Füllhorn der caesarischen Gaben merkwürdig eindimensional. Einmal abgesehen davon, dass es generell schwierig ist, die Freiheit konkret darzustellen, so bleibt das Motiv ein Appell an Formen und Traditionen, die angesichts von Krieg, Gewalt und Maßlosigkeit für viele Römer ihren Wert, ihre Umsetzung in alltägliche positive Lebenserfahrung, verloren haben.

Welche Münze aussagekräftiger und überzeugender wirkt, wird davon abhängen, welchen Begriff die Schüler als Grundbedingung einer lebenswerten menschlichen Ordnung ansehen.

### 3.2 Die Ermordung Abraham Lincolns

Die Ermordung des römischen Diktators Iulius Caesar mit der des amerikanischen Präsidenten Abraham Lincoln zu vergleichen, scheint auf den ersten Blick ungewöhnlich, ihre Gleichsetzung absurd: zu groß erscheinen die Unterschiede zwischen einem Alleinherrscher, der sich an die Macht geputscht hat, und einem Staatsoberhaupt, das seine Position freien Wahlen verdankt.

Dennoch wird die Lektüre des Textes einige erstaunliche Parallelen zwischen beiden Fällen zutage bringen. Caesar und Lincoln standen jeweils einem Land vor, das seinen bis dahin größten Bürgerkrieg durchzustehen hatte. Beide wurden von Männern ermordet, in denen der Brutusgedanke stark war – im Caesarmörder durch seinen sagenumwobenen Vorfahren, auf den er selbst sich oft berief und an den ihn auch seine Umwelt in den Wochen vor der Tat wieder und wieder erinnerte (obwohl schon in der Antike durchaus umstritten war, ob er überhaupt von ihm abstammte); und im Lincolnmörder durch seine Familie und seine Laufbahn, die ihn dazu brachte, sich mit dem Brutusproblem persönlich und beruflich auseinander zu setzen. Sowohl Caesar als auch Lincoln hatten vor ihrer Ermordung unheilvolle Zeichen (im Falle Lincolns durch den Privatsekretär John Hay bezeugt[2]). Allen Attentätern gelang zunächst die Flucht, doch starben sie nicht lange nach ihrem Opfer eines gewaltsamen Todes. Schließlich scheiterten beide Attentate, weil sie die beabsichtigte politische Wirkung nicht erzielten; sie mobilisierten nicht diejenigen, denen sie als politisches Signal dienen sollten. Weder erstand die römische Republik neu, noch erlangten die amerikanischen Südstaaten ihre Unabhängigkeit.

Weitere Parallelen ließen sich hinzufügen, die im Text nicht erwähnt werden: Caesar und Lincoln wurden beide im 56. Lebensjahr getötet. Weite Kreise sahen die Attentate nicht nur nicht als gerechtfertigten Tyrannenmord, auch nicht als Mord, sondern als besonders schimpflichen Vatermord (*parricidium/parricide*) am „Vater des Vaterlandes“ oder „Vater der Nation“. Und schließlich ist noch eine historiographische Parallele aufschlussreich: trotz – oder wegen? – des gewaltigen Schocks, den die Attentate auslösten, haben sich sehr wenige Historiker mit der Geschichte der Morde wissenschaftlich befasst. Über beide Attentate waren und sind wesentlich mehr Legenden und schlecht recherchierte Sensationsgeschichten im Umlauf als solide gearbeitete historische Werke. Anders ausgedrückt: die Nachfrage des Publikums nach Erklärungen der schockierenden Ereignisse war immer größer als die Bereitschaft der Wissenschaftler, sich um die Erforschung und Erklärung ebendieser Ereignisse in verständlicher Form zu bemühen. SUETONS Werk steht in der überlieferten lateinischen Literatur allein da, und auch bei Abraham Lincoln dauerte es mehr als ein Jahrhundert, bevor ein gut gearbeitetes und detailliertes Buch über seine Ermordung vielen Spekulationen den Boden entzog.[3]

Bei all diesen Parallelen darf man jedoch nicht übersehen, wie verschieden die Fälle bleiben. Während Caesar an die Macht gekommen war, indem er einen Bürgerkrieg gegen die verfassungsmäßige Staatsgewalt ausgelöst und gewonnen hatte, verdankte Lincoln seine Position einer verfassungsmäßigen demokratischen Wahl, die von der unterlegenen Partei zum Anlass genommen wurde, die Verfassung durch Sezession zu sprengen. Caesar kämpfte gegen die Republik, Lincoln für sie.

Die Mörder Iulius Caesars waren viele hohe Politiker von vornehmer Herkunft, die gemeinsam ihre Tat ausführten in der Überzeugung, dadurch die Freiheit der republikanischen Ordnung wiederherzustellen. Lincoln dagegen wurde von einem Mann ermordet, der die entscheidende und treibende Kraft hinter seiner Verschwörung war. Er kam aus keiner hochstehenden Familie und handelte mindestens ebenso sehr aus romantischem Impuls wie aus rationaler Abwägung der politischen Notwendigkeiten. Caesars Ermordung war also trotz Brutus' Prominenz eine Ge-

2) LLOYD LEWIS: Myths after Lincoln, New York 1929, 111.

3) Vgl. WILLIAM HANCHETT: The Lincoln Murder Conspiracies, Urbana and Chicago 1983.

meinschaftstat eines großen Teils der republikanischen Elite. Das Attentat auf Lincoln war trotz der Existenz einer Verschwörung die Tat eines impulsiven Sonderlings. Daraus folgt ein weiterer und sehr wichtiger Unterschied: Der Mord an Caesar brachte die Wiederaufnahme des Bürgerkriegs – eines Kriegs, der viel grausamer und blutiger werden sollte als alle vorangegangenen Kriege. Zwischen 44 und 31 v. Chr. kamen weitaus mehr Menschen ums Leben als in dem Bürgerkrieg, den Caesar geführt und gewonnen hatte. Die Tat der Caesarmörder spaltete die todwunde Republik so sehr und setzte so viel zerstörerischen Hass frei, dass sie nun endgültig in den Abgrund stürzte und fast die gesamte republikanische Elite mit sich riss. Der Mord an Lincoln dagegen bewirkte Abscheu vor der politischen Gewalt; er diskreditierte von Anfang an die Sache, die der Attentäter verfocht. Dadurch trug auch das Attentat zum Ende des Bürgerkriegs bei, es vereinte die Amerikaner in Trauer um ihren Präsidenten und um ihr geschundenes Land, und es bestärkte sie in dem Willen, die Republik im Geiste der Verfassung wiederaufzubauen.

Nun reichen diese Unterschiede allerdings nicht aus, wenn man zu einem gesicherten Urteil darüber kommen will, wie die Attentate auf Iulius Caesar und Abraham Lincoln zu bewerten sind. Man darf politische Aktionen nicht allein nach der Herkunft derjenigen beurteilen, die sie ausführen, und erst recht nicht allein nach ihrem Erfolg. Entscheidende Kriterien sind die subjektiven Beweggründe, der Akteure und die objektive Situation, in der sie handelten. Eine Analyse dieser Kriterien führt allmählich über den Rahmen der gegebenen Texte hinaus; das Unterrichtsprojekt bewegt sich nun von der Frage, was 44 v. Chr. und 1865 n. Chr. passiert ist, zur Frage, warum es passiert ist und wie es heute zu verstehen ist – Tyrannenmord oder Meuchelmord, Kampf für oder Anschlag auf Recht und Freiheit?

Die Motive der Caesarmörder sind im Texteinstieg kurz erwähnt worden, ihre Situation wird im Text selbst, vor allem in den Geschehnissen nach Caesars Tod, angedeutet. Sie fanden sich zusammen, weil sie fürchteten, dass Caesar seine starke Stellung im Staate endgültig in eine reguläre Monarchie umwandeln würde, und sie schritten zur Tat, als Caesar den ihrer Meinung nach entscheidenden Schritt in diese Richtung, die Übernahme der lebenslänglichen Diktatur, getan hatte. Ihr Ziel war die Wiederherstellung der alten römischen Adelsrepublik und die Ahndung der Rechtsbrüche, die Caesar im Kampf gegen seine Gegner begangen hatte. Die tiefe Zerrüttung der Republik blieb ihnen jedoch verborgen – die Verschwörer verstanden nicht, welche Last von Problemen sie beschwert hatte, die die staatstragende Schicht nicht mehr frei und einvernehmlich lösen konnte oder wollte. Sie kämpften dort für Freiheit, wo es keine unabhängige gerechte Ordnung mehr gab; Caesar war weit mehr zum Garanten der öffentlichen Ordnung und allgemeinen Wohlfahrt geworden, als sie es wahrhaben wollten. Ihrer Tat hätte also ein Aufbau, eine Restitution folgen müssen. Dazu waren sie jedoch nicht in der Lage.

Auch die Motive und die Situation von John Wilkes Booth, dem Mörder Lincolns, sind im Text kurz beschrieben. Er war auf der Seite der Südstaaten, weil Freiheit für ihn in erster Linie Unabhängigkeit bedeutete. Schon vor dem Krieg hatte er mit Abscheu die Politik der Abolitionisten verfolgt, die vor allem im Norden starken Rückhalt hatten. Sämtliche Kriegsmaßnahmen der Unionsregierung unter Lincoln sah er deshalb als Handlungen eines tyrannischen Regiments, das dem Süden im Namen einer Ideologie alle Rechte nahm, die ihm nach der Verfassung zustünden – wie dem

Recht, seine Wirtschafts- und Lebensform frei zu wählen, und dem Recht, aus der Union auszutreten, wenn diese Freiheit bedroht würde. Unmittelbarer Anlass zur Tat war für Booth die militärische Niederlage der Konföderierten, deren Folgen er durch seinen Anschlag abzuwenden hoffte. Booth hatte jedoch, ähnlich wie die Caesarmörder, einen sehr engen Freiheitsbegriff, der die Freiheit der Sklaven nicht mit einschloss: das universale Freiheitsversprechen der amerikanischen Unabhängigkeitserklärung von 1776 galt seiner Meinung nach nicht für schwarze Sklaven. Dass dieses universale Bekenntnis zu gleichen Menschenrechten Bestandteil der amerikanischen Freiheit war, übersah er.

Deswegen verstand er auch nicht, dass die US-Regierung Abraham Lincolns für den Erhalt des Bundesstaats vor allem deswegen kämpfte, weil die Ideale der Unabhängigkeitserklärung nur dann in der politischen Wirklichkeit bewahrt werden konnten, wenn die Union, die durch die Erklärung gegründet worden war, erhalten blieb. Der Sezessionskrieg war also auch ein Kampf um die Auslegung der US-Verfassung. Sieger wurde die Seite, die universale Freiheit und universales Recht über einzelstaatliche Souveränität stellte. Die Republik der USA wurde durch diesen Sieg auf eine erneuerte Grundlage gestellt, sie ging gestärkt aus dem Kampf hervor. Umgekehrt bedeutete die Niederlage des Südens nicht dessen totale Unterwerfung, denn natürlich galten die universalen Menschenrechte der Unabhängigkeitserklärung weiterhin auch für die Menschen in den Südstaaten – für alle Menschen in den Südstaaten. Das aber sah Booth nicht ein; er verstand nicht, was die Union so stark und stabil gemacht hatte, dass sie nicht einmal durch den Tod ihres Präsidenten ernsthaft beschädigt werden konnte.

Das Caesarattentat wurde also von Männern ausgeführt, deren subjektiver Freiheitswille unbestreitbar war und deren Freiheitsbegriff durchaus den allgemeinen, wenn auch engen Vorstellungen der Zeit entsprach. Sie erfassten allerdings ihre objektive Lage und den Zustand der Republik nicht in aller Tiefenschärfe und verspielten deshalb die Freiheit, die sie zu erkämpfen gesucht hatten; CICERO beschrieb ihre Tat scharfsinnig als „ausgeführt mit männlichem Herzen und kindlichem Verstand“ (*acta enim illa res est animo virili, consilio puerili,* Cic. *Att.* 14,21,3). Schärfer hingegen muss das Urteil über den Lincolnmörder ausfallen. Selbst wenn er den Willen hatte, für die Freiheit zu kämpfen, so hätte ihn doch schon die Lektüre der amerikanischen Unabhängigkeitserklärung darüber aufklären müssen, auf welch schwachem Fundament seine Vorstellung stand. Wegen dieses selbst verschuldeten Irrtums verstand er seine Lage nicht und begriff nicht, dass er in Wahrheit derjenige war, der für Sonderinteressen zum Verbrecher an der freien Republik wurde.

a S. 64

Um diesen komplexen Gedankengang mit Schülern gehen zu können, empfiehlt es sich, in zwei Tafelbildern zunächst die Parallelen und Unterschiede der beiden Fälle in Stichworten festzuhalten, um daran anknüpfend die Kriterien herauszuarbeiten, die zur Bewertung führen:

**1. Äußere Umstände der Ermordung Julius Caesars und Abraham Lincolns**

| CAESAR | | LINCOLN |
|---|---|---|
| | **Parallelen** | |
| | Bürgerkriegssituation | |
| | Brutusgedanke | |
| | Unheilvolle Zeichen/Alter der Opfer | |
| | Attentate scheitern, Attentäter sterben gewaltsam | |
| | Attentate als „Vatermord" | |
| | Viele Legenden, wenige zuverlässige Analysen | |
| | **Unterschiede** | |
| Tat einer Gruppe | (Art des Attentats/Herkunft der Täter) | Tat eines Einzeltäters |
| Bürgerkrieg beginnt neu | (Folgen der Tat) | Bürgerkrieg bleibt beendet |

**2. Warum wurden Caesar und Lincoln ermordet?**

| | | |
|---|---|---|
| | **Subjektive Beweggründe** | |
| Wiederherstellung der Republik | | Unabhängigkeit des Südens, Zerstörung der Republik |
| | **Objektive Lage** | |
| Tiefe Zerrüttung der Republik | | Gefestigte und erneuerte freie Republik |
| | **Bewertung** | |
| *animo virili, consilio puerili* | | *animo audaci, consilio scelerato* |

Die lateinische Bewertung der beiden Fälle kann, ja sollte sogar gegenüber den eigenen Worten der Schüler zunächst zurücktreten. In jedem Fall dient die Wertung als Einstieg in die weiterführende Diskussion, ob es überhaupt Beispiele eines gerechtfertigten Tyrannenmords gegeben hat oder hätte geben können. Wenn die Schüler anhand der erarbeiteten Bewertungsstruktur in die Lage gekommen sind, zu begründeten Urteilen zu kommen, hat das Projekt sein Ziel mehr als erreicht.

**3. z.B. Mord an Erzherzog Franz Ferdinand 1914, Attentat auf Hitler 1944**

### 3.3 Nachwort

Das Nachwort zitiert eine der berühmtesten Passagen aus dem „Iulius Caesar" WILLIAM SHAKESPEARES im Wortlaut und in der klassischen Übersetzung von SCHLEGEL/TIECK. Caesars Abneigung gegen dünne ernste Denkertypen ist von PLUTARCH überliefert; die Erwähnung am Abschluss des Projekts mag zur Frage anregen, ob Caesar recht hat: Werden Revolutionen wirklich in erster Linie von Fanatikern und Querulanten angeführt? Kann man ein Volk durch Wohlstand und Vergnügungen mit einer Diktatur versöhnen? Sind „Brot und Spiele" wichtiger als ein selbstbestimmtes Leben in Würde und Freiheit?

# 6 Die Lykischen Bauern (Ovid)

## Oder: Wie hart sich die antiken Götter rächen

Das Projekt lässt sich bei L1/L2 als Ergänzung zu anderen Episoden aus Ovids Metamorphosen (etwa in der Ausgabe: Europa, Ikarus, Orpheus. Abendländische Symbolfiguren) bearbeiten. Es kann auch innerhalb einer Lektüresequenz „Römische Dichtung" den Autor Ovid vertreten. In allen Kurzformen des Lateinunterrichts macht das Projekt innerhalb des Lesebuches ein schon in der Antike gegebenes existenzielles Problem in dichterischer Gestaltung zum Lektüregegenstand.
Zeit: 6 Std. (L1/L2/L3)
Hauptmethode: Mikroskopisches Lesen und Interpretation des Textes unter Einbeziehung von Rezeptionsdokumenten aus Malerei, Architektur und Graphik kreative Anstöße zu Schülerzeichnung, szenischer Aufführung und vergleichender schriftlicher Stellungnahme
Fächerübergreifende Zusammenarbeit mit: Kunstgeschichte und Religion.

### 1. Didaktische Einordnung

Die antike Götterwelt stellt sich als die Projektion menschlicher Freuden und Leiden, Ängste und Hoffnungen, Verhaltensformen und Denknormen in die Sphäre des olympischen Himmels dar. Am Anfang waren die Mythen darüber noch Glaubensinhalte, religiöse Wahrheiten. Die Menschen lebten mit ihnen und durch sie. Später, besonders in der römischen Zeit, sah man darin eher Spiegelungen menschlicher Eigenheiten, Möglichkeiten, das private und öffentliche Dasein phantasievoll zu überhöhen, darüber Freude und Lust zu empfinden, aber auch davor zu erschaudern, Abscheu zu haben. An solche Götter selbst glaubte man kaum noch.
Der Dichter Ovid geht zu ihnen auf ironische Distanz. Er erzählt ihre Geschichten als mythische Ereignisse, die interessant zu hören oder zu lesen sind, er unterschiebt ihnen in kunstvoller Form eine Deutung, die nicht selten eine tiefe existenzielle Dimension gewinnt. Die Beschäftigung damit erhält in solchen Fällen eine nachhaltige pädagogische Wirkung.
Die Geschichte der Lykischen Bauern zeigt die strafende Göttin Latona, die sich an barbarisch agierenden Menschen rächt. In ihr begegnet uns das Bild einer unbarmherzigen Gottheit, von dem sich durch Kontrastierung das christliche Gottesbild markant abheben lässt. Eine Diskussion über die gegensätzlichen Gottesvorstellungen ergibt sich, wie die Erfahrung zeigt, hierbei ungezwungen. Unterhalb dieser religiösen Ebene tritt das existenzielle Problem der Gemeinnützigkeit und des Gemeinbesitzes von Naturgütern (hier des Wassers) in das Blickfeld des Betrachters. Schon daran kann und soll sich das rege Gespräch der Schülerinnen und Schüler bei diesem Lektüreprojekt entzünden.

## 2. Die Interpretation des Textes

### 2.1 Der Einstieg in den Text

Die Einstiegsfrage: Was hat es mit Latona und den Lykischen Bauern auf sich? Zu dieser Frage kann die Abbildung des Latona-Brunnens in Versailles oder in Herrenchiemsee stimulieren.[1] Dieses Rezeptionsdokument bringt die Motivation für die Lektüre der Geschichte, deren Aussagekern zunächst am Text erarbeitet werden soll.

### 2.2 Interpretationslinien

#### Teil 1: Die Notlage der Latona (4.1)

Latona mit ihren Kindern, Brunnenskulptur, 19. Jh., Herrenchiemsee

Die Lektüre sollte – nach Klärung der Erzählsituation – dort einsetzen, wo wir unmittelbar auf die dramatische Szene stoßen: „*Iamque Chimaeriferae, cum sol gravis ureret arva* ...“ Latona mit den beiden kurz zuvor geborenen Kindern in den Armen ist, von Juno verbannt, nach Lykien gekommen: drückende Hitze, Erschöpfung wegen des langen Marsches, großer Durst ob des glühend heißen Gestirns, die Brüste leergesogen von den Mäulern der gierigen Kinder. Da trifft die Notleidende zufällig auf einen in einer Senke liegenden See mit wenig Wasser, aber doch Zeichen von lebendiger, lebensspendender Natur: eine Oase in der Wüste.[2] Der Gegensatz dieser Erlebnisbereiche ist im Wortschatz fassbar. Dem Sachfeld von Hitze, Erschöpfung, Durst (*sol gravis, urere arva* v. 1, *sidero ab aestu* v. 3, *longo labore fessa* v. 1, *siccata* v. 3, *sitim conlegit* v. 2, *ubera ebiberant ... lactantia* v. 4) steht das Sachfeld von Wasser, grünender Natur gegenüber (*lacus mediocris aquae* v. 5, *paludes* v. 7, *fruticosa vimina, iuncae, ulva* v. 6ff.). Alle Vorstellungsmomente werden im Wortschatz genützt, um einen „Stimmungsraum“ aufzubauen. Der beabsichtigte Eindruck wird auch durch die Stilmittel unterstützt: Hyperbata, Alliteration und Enjambements intensivieren das Stimmungsbild, das den Kontrast von „Leiden in der Wüste, Durst“ und „Naturidylle, Oase“ wiedergibt:

1) Es kann darauf hingewiesen werden, dass König Ludwig II. von Bayern (1864-1886) den Latona-Brunnen vor Schloss Herrenchiemsee dem Latona-Brunnen von Versailles nachgebaut hat, der von König Ludwig XIV. von Frankreich (1665-1715) errichtet worden ist.

2) RÖMISCH: Metamorphosen Ovids im Unterricht, Heidelberg 1976, 12f., beschreibt zwar schön die bukolische Idylle, die sich hier auftut und in der Vergangenheit und Gegenwart ineinander übergleiten, aber auf die Kontrastierung der beiden Erlebnisbereiche kommt er allenfalls in Andeutung zu sprechen. Und doch wird die nachfolgende Konfrontation mit den Bauern nur vor diesem Hintergrund voll verständlich.

Leiden in der Wüste, Durst:
*... longo dea fessa labore sidereo siccata sitim collegit ab aestu* (2f.)

Naturidylle, Oase :
*forte lacum mediocris aquae prospexit in imis vallibus; agrestes illic fruticosa legebant vimina cum iuncis gratamque paludibus ulvam* (5ff.)

Um dieses Kontrastbild, das OVID hier zu zeichnen versucht, in seiner vollen Intensität in sich aufzunehmen, müsste man wohl selbst in der „sengenden Sonne des Südens" (um OVID *sidereo siccata sitim* lautmalerisch nachzuahmen) ein ähnliches Erlebnis haben. Erst so verstünde man ganz die Not der Leidenden.

a

S. 69

1. Der Dichter beschreibt mit sehr plastischen Wörtern (so *gravis, longa fessa labore, siccata* u.Ä.), er verwendet dabei, um den Eindruck zu steigern in dichter Folge Stilmittel wie Alliteration (*sidereo siccata sitim*), Hyperbaton (*longo fessa labore*). Der vor Latona liegende Teich ist in ähnlicher Weise bildhaft verdeutlicht: 2x Enjambement (*in imis – vallibus; fruticosa – vimina*), Hyperbaton (*gratam paludibus ulvam*). Dabei stehen die hellen *i*-Laute in Kontrast zu den *o-/u*-Lauten. Sie verschärfen sinnenhaft den Kontrast von sengender Hitze und wohltuender Kühle, den der Dichter hier aufbaut.
2. Die Frauen erkennen in Latona nur eine Frau mit ihren zwei Kindern, sie ist mit diesen in der glühenden Hitze aus Durst in einer lebensbedrohlichen Lage, sie kniet sich nieder, um kühles Wasser zu schlürfen. Dass sie bei der Frau mit einer Göttin zu tun haben, bleibt ihnen (noch) verborgen.

**Teil 2: Die Bittrede der Göttin (4.2)**

Diese Not wäre an der Oase für die Göttin und ihre Kinder zu Ende, wenn es da nicht Menschen gäbe, *agrestes* (Bauern), die nicht zulassen, was das Naturrecht gebietet, nämlich Verdurstende trinken zu lassen. Die Bauern erteilen der auf die Knie gesunkenen Frau ein Verbot (sie wissen nicht, dass sie eine Göttin vor sich haben). *Rustica turba vetant.* Mit drei Wörtern ist die Verbotsgebärde der Bauern schneidend scharf gekennzeichnet, wobei die dunklen Vokale *u, a* mit dem harten Verschlusslaut *t* in ihrer staccatohaften Folge einen unheilschwangeren Klang haben, ja Drohendes andeuten: *Rustica turba vetant.* Die Bedrohte bittet, gewissermaßen auf den Knien verharrend – mit dem *posito genu* (346) korrespondiert das *supplex peto* (352). Das Sich-Hinknien mit erhobenen Händen hat man als eine Urgeste des Menschen bezeichnet, der sich vorbehaltlos dem Wohlwollen des anderen überlässt. Die Bitte der Frau ist in die Form einer suasorischen Argumentation gefasst. Wasser sei der gemeinsame Besitz aller Menschen wie Sonne und Luft (351: *ad publica munera veni* „Ich bin zu einer Gabe gekommen, die der Allgemeinheit zusteht"). Niemand könne einem deshalb diese Gabe verweigern. Trotzdem bittet sie flehentlich darum, da sie ja nur ihre Lebensnot beseitigen wolle. *Vitam dederitis in unda* (357). „Mit dem Wasser werdet ihr mir das Leben gegeben haben!" Sie verweist auf ihre kleinen Kin-

der, die Rührung erzeugen sollen (*hi vos moveant*, 358) und die zufällig gerade die Arme ausstrecken. Die Situation entbehrt nicht einer gewissen Komik: Aus dem Mund einer verdurstenden Frau ein fast juristisches Plädoyer, das durch die spontanen Gesten von zwei Säuglingen unterstützt wird.
Argumentation und Rührungsabsicht verfehlen jedoch die Wirkung. Die Bauern verharren auf ihrem Verbot und fügen Drohungen, falls sie nicht verschwinde, und Schimpfworte hinzu: *minasque, ni procul abscedat, conviciaque insuper addunt.* Auf die Rede folgen keine begründende Gegenrede, sondern nur Droh- und Schreiakte. Die *minae* und *convicia* sind gleichsam der Refrain auf die Äußerungen der Notleidenden, wie an gleicher Weise auf die stumme Gebärde anfangs das *rustica turba vetant*. Was könnten die Bauern der dem Wasser nahenden Frau zugerufen haben? *Non licet. Abi! Procul abscede!* Diese *agrestes*, die nur als Haufen, als Masse, nicht als Einzelindividuen, schreiend reagieren (man beachte: Singular des Subjekts, Plural des Prädikats: *constructio ad sensum*), sind nicht fähig zum Gespräch, dazu, sich dem anderen mitzuteilen.

Tafelbild:

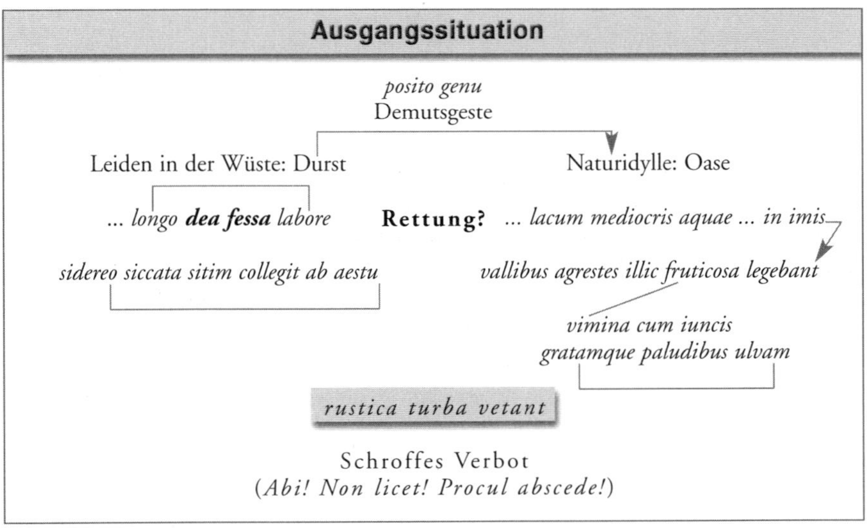


S. 70

1. Latonas persuasive Rede (Argumentation):
   Das Wasser sei zur Nutznießung aller gegeben (*usus communis aquarum*); Sonne, Luft und Wasser habe die Natur allen geschenkt, sie seien deshalb Gemeinschaftsgaben (*publica munera*). Ihr Verlangen sei ja nicht, sich die ermüdeten Glieder zu erfrischen, sondern nur durch einen Schluck Wasser (*haustus aquae*) ihr Leben (und das ihrer Kinder) zu retten. Die Verdeutlichung ihrer bedrohlichen Lage sollte die Bauern von ihrem Verbot abbringen.
2. Der erste Teil der Rede ist rational-argumentativ angelegt, der zweite Teil spricht eher die Emotionen an, da er an das Mitlied appelliert; er zielt auf Rührung.

**Teil 3: Die Verfluchung (4.3)**

Diese Unfähigkeit zur Kommunikation ist das hervorstechende Symptom ihres Wesens;[3] das – so viel ist hier schon zu merken – von Mitleidlosigkeit, Mangel an Einfühlungsgabe geprägt ist, so dass ihr anschließendes Tun nur die letzte Konsequenz der Manifestation ihres Charakters ist. Sie sind gefühllose Tölpel. Roh, brutal, unmenschlich wühlen sie vom untersten Grund den Schlamm auf, machen das Wasser ungenießbar, geben so die Verdürstenden unausweichlich dem Tod preis.

*nec satis est, ipsos etiam pedibusque manuque*
*turbavere lacus imoque e gurgite mollem*
*huc illum limum saltu movere maligno* (365 ff.).

Sie verschmutzen das Wasser mit böswilligem Hin- und Herspringen. *Malignitas*: „Knausrigkeit", „Bösartigkeit", „Böswilligkeit" ist der innerste Kern ihres Wesens. Auf diese nicht mehr zu steigernde Äußerung ihrer Wesensart folgt abrupt die Epiphanie der Göttin:[4] Kein weiteres Flehen mit Worten, die unter der Würde einer Göttin lägen, sondern bei erhobenen Händen die Verfluchungsformel, welche die Metamorphose einleitet: *aeternum stagno ... vivatis in isto!* (369).

S. 71

1. Wörter und Wortgruppen, die das Verhalten der Bauern charakterisieren: *perstant prohibere, minasque conviciaque addunt, pedibus manuque turbavere lacus, limum movere saltu maligno.*
   Stilistische Mittel: Alliteration (*perstat prohibere ... procul*), Hyperbaton: *saltu movere maligno*, Enallage (*saltu – maligno*; *malignus*: knausrig, bösartig bezieht sich eigentlich auf die Personen der Bauern)
2. Die mitleidlose Grausamkeit der Bauern bewirkt die Epiphanie der Göttin; der Schüsselbegriff ist *malignus*, der den Hauptwesenszug der Bauern neben ihrer Unfähigkeit zur Kommunikation anzeigt. Weiteres Reden (Betteln) ist einer Göttin unwürdig. Die Umschreibung der Latona mit *filia Coei* weist auf die hohe Abkunft der Frau vom Titanengeschlecht hin, sie signalisiert gleichsam ihre überirdische Macht.

---

3) Würde RÖMISCH (a.O. 12) seine Feststellung „Mit dem Erscheinen der Gegenspieler beginnt der Dialog" unmodifiziert stehen lassen, würde er die Aussageabsicht des Autors völlig verkennen und der Interpretation eine falsche Voraussetzung geben. Denn diese Gegenspieler, die Bauern, sind eben, diesen Eindruck will Ovid geben, nicht fähig zum Dialog. Was sie sagen oder besser: brüllen, ist ein scharfes Verbot. Sie können nur als Masse in einem abwehrenden Geschrei reagieren. In dieser Unfähigkeit zum Gespräch äußert sich der auffallendste Wesenszug der *agrestes*, der dann in der Verwandlung sein genau zutreffendes Pendant erhält. Deshalb setzt RÖMISCH mit Recht hinzu: „Aber die Gegenrede der anderen bleibt aus. Es ist kein wirklicher Dialog ... Der *rustica turba* fehlt die Fähigkeit des Sichunterredens als wesentlicher Bestandteil des menschlichen Verkehrs." V. ALBRECHT: Interpretationen und Unterrichtsvorschläge zu Ovids „Metamorphosen", CONSILIA, Lehrerkommentar, Göttingen 1984, 66 f., geht auf dieses Kernmerkmal der Bauern überhaupt nicht ein, mit entsprechenden Konsequenzen in der Deutung der Episode.

4) Vgl. dazu auch RÖMISCH, a.O. 13 f. und V. ALBRECHT, a.O. 66.

**Teil 4: Die Verwandlung (4.4)**
Die im Teich herumtrampelnden Bauern bekommen Lust an ihrer Sprungaktion; sie setzen ihr begonnenes Tun unaufhörlich fort. Sie behalten auch jetzt das hervorstechende Symptom ihres Wesens, ihre Schimpf- und Schmähsucht bei:[5]

> *... nunc quoque turpes*
> *litibus exercent linguas pulsoque pudore,*
> *quamvis sint sub aqua, sub aqua maledicere temptant* (374 ff.).

> Auch jetzt üben sie ihre Zungen in schändlichem Gezänk,
> und nachdem sie den letzten Rest an *pudor* aufgegeben haben,
> versuchen sie, wiewohl unter Wasser, unter Wasser unaufhörlich zu schmähen.

Da fassen wir einen weiteren Aspekt ihres Wesenskernes: Mangel an *pudor* (unübersetzbar mit einem deutschen Begriff): an Schamgefühl, Zurückhaltung, Achtung, Ehrfurcht dem anderen gegenüber (der Grieche würde sagen: Mangel an αἰδώς), ein gleichfalls unübersetzbarer Begriff). Dieses Defizit an *pudor* ist offensichtlich das Korrelat der bereits erkannten *malignitas*; aus diesen Fehlern resultiert die extreme Sprachlosigkeit, die sich in brutalem, unmenschlichen Aktivismus umsetzt. „Die Entsprachlichung des Menschen ist die Entmenschung des Menschen.“ So hat in unserer Zeit ein scharfsinniger Denker allgemein festgestellt.[6]
Solche „Entmenschung“ vollzieht sich hier in der mythischen Metapher der Gestaltveränderung in Tiere. Die sprachlosen Tölpel gehören in den sumpfigen Tümpel. Die Metamorphose hat bislang die *agrestes* nur in den Zügen des Schreiens und Hüpfens erfasst, auf die ihr Dasein reduziert erscheint; nun erfasst sie diese auch körperlich. Die körperliche Umwandlung geschieht in Richtung auf bestimmte Tiere, denen sie in Artikulation und Aktion ähneln. An welcher Stelle des Körpers setzt sie ein? Dort, wo von Anfang an sich ihr Wesenskern in der Unfähigkeit zur Kommunikation äußerlich zu erkennen gibt, am Stimmorgan: *vox quoque iam rauca est* (377). Die Stimme ist schon rau, der Hals bläht sich auf und schwillt an und eben ihre Schmähungen reißen das Maul weit auseinander: *ipsaque dilatant patulos convicia rictus* (378).
Nicht grundlos ist hier wieder (wie in v. 362) das Wort *convicia* verwendet, das leitmotivisch wiederkehrt und in *maledicere* (376) sein verbales Pendant erhält. Dem Leser muss sich so die Erkenntnis aufdrängen, dass das von Anfang an (*rustica turba vetant*) hervortretende Symptom ihres Wesens, die Sprachlosigkeit, das Movens der Metamorphose ist, die sich vom Maul aus fortsetzt über den ganzen Kopf zum Rücken, der sich ohne Übergang, weil der Hals verschwindet, anschließt und grün wird, und die dann den weiß werdenden Bauch erfasst, schließlich den Körper total vertiert, so dass die umgestalteten Wesen am Ende im Wasser springen als Frösche: *limosoque novae saliunt in gurgite ranae* (381).

---

5) Zutreffend v. ALBRECHT, a.O. 66: „Das Motorische wird durch das Akustische ergänzt.“
6) So LIEBRUCKS, B.: Wissenschaftlicher Weltumgang und Entsprachlichung. In: Was wird aus dem Menschen (hg. v. SCHATZ, O.), Graz/Wien/Köln 1974, 207.

Was man am Anfang der Metamorphose ahnen soll und durch die schrittweise Verwandlung immer stärkere bildhafte Prägnanz gewinnt (man kann es ja in den Rezeptionsdokumenten gut erkennen), wird mit dem letzten Wort auf den Begriff gebracht. Das bis zum Schluss zurückgehaltene, geradezu hinausgezögerte, aber dem Leser längst visuell und akustisch vor den Sinnen stehende Wort *ranae* schließt punktartig – eine geniale sprachliche Leistung OVIDS[7] – die Metamorphose als Prozess und Geschichte ab. Als Subjekt am Satz- und Episodenende ist *ranae* kaum mit ähnlicher Pointierung zu übersetzen. „... und neu geschaffen springen sie im schlammigen Wasser als Frösche“. Oder: „... als neue Wesen geschaffen springen im schlammigen Wasser die Frösche“. Hier erst, ganz am Ende der Geschichte, ist die Koinzidenz von Verhalten (*saliunt*) und Erscheinungsform (*ranae*) vollzogen. Dazu folgendes Tafelbild:

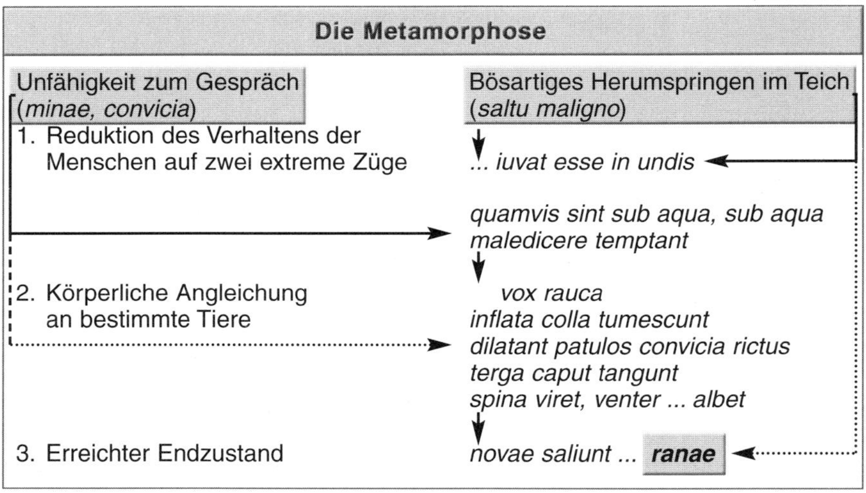


a

S. 70

1. Wörter und Wortgruppen, die das Verhalten der Bauern kennzeichnen:
*esse sub undis, submergere membra, super ripam stagni consistere, in gelidos resilire lacus, litibus exercent linguas, sub aqua maledicere temptant, colla tumescunt, dilatant rictus, terga caput tangunt, spina viret, venter albet, saliunt in gurgite.*
Stilistische Mittel:
Doppeltes Hyperbaton: *tota cava submergere membra palude*

*limoso novae saliunt in gurgite ranae*

7) Auf die sprachliche Kunst, mit der OVID hier auf subtilste Weise die Verwandlung beschreibt, Schritt für Schritt ihr inneres Wesen in äußere Form treibend, sind RÖMISCH, a.O. 13ff., V. ALBRECHT, a.O. 66f., leider nicht eingegangen. Dabei ließe sich gerade hier die Einheit von Form und Inhalt exemplarisch verdeutlichen, so dass die Unersetzbarkeit des Originals einsichtig wird.

Anapher: *saepe ... saepe*; Alliteration: *litibus ... linguas*; *pulsoque pudore*
Asyndeta: *terga caput tangunt, colla intercepta videntur, spina viret ...*
Lautmalerei: *sub aqua, sub aqua*
Diese stilistischen Mittel zielen darauf ab, den Vorgang der Verwandlung sinnlich erfahrbar zu machen, also die Leser den Vorgang bildhaft und akustisch miterleben zu lassen, wobei die Beschleunigung des Vorgangs gegen Ende kunstvoll herausgestellt wird.

2. Die Verwandlung vollzieht sich vom Maul aus, also von jener Stelle aus, wo der Hauptmangel (Unfähigkeit zur Kommunikation) feststellbar ist, über den Kopf, Hals, Rücken, Bauch, bis am Ende der ganze Körper erfasst ist. Die Finesse ist, dass die Struktur des Schluss-Satzes so angelegt ist, dass *ranae* als letztes Wort sozusagen das Ergebnis der Verwandlung signalisiert.
3. Die Verhaltensweisen der Bauern und Frösche sind ähnlich; über diese Analogie vollzieht sich die Verwandlung: Zanken und Herumspringen wird zum Quaken und Hüpfen. Die engste Beziehung besteht zwischen dem Gezänk (*convicia*) der Bauern und dem Gequake (*convicia, maledicere*) der Frösche.
4. Metamorphose ist die körperliche Verwandlung des Menschen in eine andere Gestalt (Tier oder Pflanze) unter Beibehaltung der Wesensart, wobei die äußere Gestalt sich dem inneren Wesen angleicht.
5. Siehe dazu e) Zusammenfassende Deutung

**Zusammenfassende Deutung**

Hat nun diese Geschichte von den Lykischen Bauern einen wahren Kern? Wahr in dem Sinne, dass darin eine auf den Menschen in je und je verschiedener historischer Situation, also auch heute zutreffende Aussage zu vernehmen ist? Man mag sie eine anthropologische Wahrheit nennen oder, wie RAFFAELE PETTAZZONI sagt, eine „absolute Wahrheit, da es eine Wahrheit des Glaubens ist".[8] Die Episode hat das Wirken einer Göttin im Zentrum, so dass sich darin die Dimension antiker Gläubigkeit erschließt. Menschen verhalten sich einer machtvollen Gottheit gegenüber nicht unterwürfig, nicht ehrfurchtsvoll; sie handeln geradezu gegensätzlich zu dem, was geboten wäre. Indem sie der Göttin die gebührende Achtung versagen, überschreiten sie das ihnen gesetzte Maß, nach antikem Glauben zeigen sie ὕβρις, so dass sie Zorn und Strafe der Gottheit herausfordern; auf ewig sind sie – noch lebend – bestraft durch die Verwandlung in Tiere, in Frösche.[9] Zusammenfassend lässt sich deshalb die inhaltliche Substanz der Geschichte so verdeutlichen:

---

8) Die Wahrheit des Mythos. In: Die Eröffnung des Zugangs zum Mythos (hg. von KERENYI, K.), Darmstadt 1982, 261.

9) Vgl. zu dem hier ausgestalteten Hybris-Motiv RÖMISCH, a.O. 14. Nicht einleuchtend ist RÖMISCHS Bemerkung: „Die Verwandlung der lykischen Bauern scheint jedoch kaum mehr Strafe zu sein." Der Kontext, in dem diese Episode steht, lässt keine andere Deutung zu: Hybris als Fehlverhalten von Menschen gegenüber einer Gottheit wird bestraft.

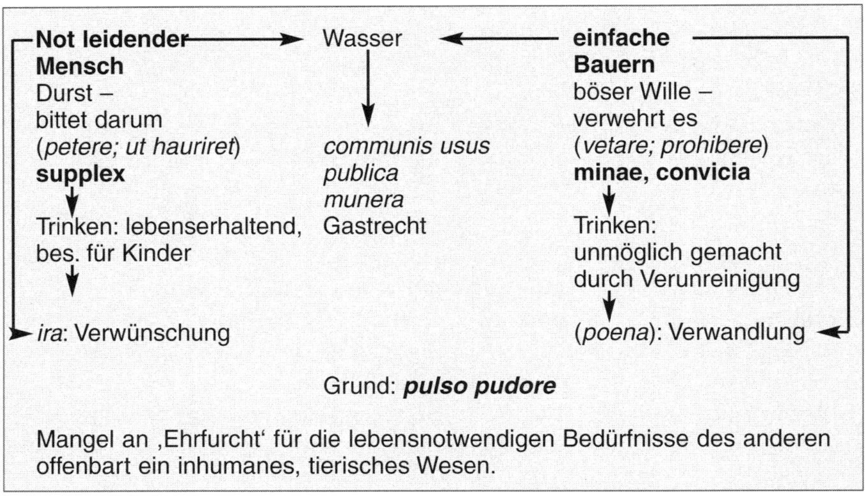


## 3. Der Ovid-Text im Vergleich mit anderen Texten

### 3.1 Vergleich mit Texten von Vitruv und Cicero

Überschreiten der dem Menschen gesetzten Grenze wird hart und unabänderlich bestraft. Das ist zweifellos der Aussagekern dieser ὕβρις-Geschichten OVIDS. Ist solche Einsicht für den heutigen Menschen noch beeindruckend? Wird hier der Text nicht reduziert „auf für Knaben bekömmliche Moralitäten", wie es WALTER F. LUDWIG schon 1968 an der Schullektüre kritisierte.[10] Die kastrierten Metamorphosen werden zur Exempelsammlung für so löbliche Lebensregeln wie „Hochmut kommt vor dem Fall", „Wohltun bringt Segen" u.a.m. Der traditionelle Umgang mit Mythen dieser Art zielt, das zeigt die einschlägige didaktische Literatur, durchaus auf ein derartiges *fabula docet*. Doch fragen wir uns: Appelliert ihr Aussagekern nicht zu einer anderen, tiefer greifenden Interpretation und Wertung? Zunächst lässt sich feststellen (und das merken auch die Schüler): Die Geschichte der Lykischen Bauern kehrt eine existenzielle Problematik heraus. Da sich die Göttin Latona anfangs nicht zu erkennen gibt, geraten – dem äußeren Anschein nach – Menschen zueinander in Konfrontation, und zwar um der Verwirklichung eines elementaren Grundrechts willen: Die Gaben der Natur sind Allgemeingut und dürfen niemandem vorenthalten werden, wie das bekanntlich auch VITRUV und noch mehr CICERO außerhalb der dichterischen Fiktion als quasi von der Natur vorgegebenes Gesetz formulierten; die *societas humana* müsse u.a. durch das Gebot gesichert sein, die Menschen *non prohibere aqua profluente*.[11]

---

10) LUDWIG äußerte diese Kritik an der schulischen Metamorphosen-Lektüre innerhalb seiner Stellungnahme zur gesamten Schullektüre: Die lateinischen Schulautoren. In: MDAV 11 (1968), 1,1 ff.

11) Auf diese existenzielle Dimension der Geschichte verweist auch zutreffend RÖMISCH, a.O. 12. Er zitiert CICERO, De off. I, 52, und stellt sogar eine Verbindung zur Staatsdefinition in De re publica I, 25, im Aspekt der *communio utilitatis* her. Vgl. auch V. ALBRECHT, a.O. 67.

Das Problem erhält hier offensichtlich eine soziale Dimension. Vordergründig sehen wir die Geschichte in einer horizontalen Ausrichtung: ein Geschehen von Mensch zu Mensch. Und es deutet sich zugleich an, dass sie eine allgemein menschliche, auch außerhalb des antik-europäischen Kulturkreises gültige Maxime betrifft.[12]
Die in der Argumentation der bittenden Frau vorgetragene These, Sonne, Luft und Wasser seien ein freies, nicht als Eigentum vereinnahmbares (*proprium*) Gut, wird als ein z.B. auch in dem geographisch und historisch isolierten Lebensraum der Indianer in Amerika gültiger Lebensgrundsatz erkennbar: „Wie kann man den Himmel kaufen und verkaufen oder die Wärme der Erde? Diese Vorstellung ist uns fremd. Wenn wir die Frische der Luft und das Glitzern des Wassers nicht besitzen, wie könnt ihr sie von uns kaufen? Jeder Teil der Erde ist meinem Volke heilig.“ So antwortete der berühmte Indianerhäuptling Seattle 1855 der amerikanischen Regierung, als sie von ihm Land kaufen wollte.[13] Seine Feststellung ist gleichfalls Ausdruck eines existenziellen Empfindens, das religiös verankert ist. Wasser ist Eigentum aller und niemandes. Die Folgerung ist berechtigt: Was OVID im Kern seiner Geschichte aussagt, erweist sich über Zeiten, Rassen und Lebensräume hinweg als wahr.

a 73

1. Latona philosophiert fast – rhetorisch argumentierend – über die Natur als schöpferische Kraft, als Instanz, die ihre Gaben allen Wesen in gleichem Maße zuteilt. Wie Luft und Sonne gehört auch das Wasser allen, keiner darf es für sich allein beanspruchen. Insofern kann sie eben von einem *usus communis aquarum* und von *munera publica* sprechen.
2. OVID bewirkt mit dem Aussprechen der gültigen Normen, dass die Auseinandersetzung zwischen Latona und den Bauern als eine existenziell-menschliche Problematik erfahrbar wird, dass darin eine ethische Wahrheit zur „Sprache“ kommt.
3. Die Diskussion sollte etwas von der Gültigkeit von OVIDS Maxime herausstellen. Wasser gehört zu den Grundbedürfnissen des Menschen, wie es VITRUV ausdrückt. Es niemandem vorzuhalten gilt gewissermaßen als Naturrecht; so lässt es sich aus CICEROS „Rechtsgrundsätzen“ entnehmen. Dieses Recht auf Lebenserhaltung ist heute unter die allgemeinen Menschenrechte subsummiert.

---

12) RÖMISCH, a.O. 17f., erkennt die „Aktualität“ der hier fassbaren „Problematik“, die „eine grundsätzliche ist“, in der Bedeutung der *iustitia*, des rechtmäßigen Verhaltens der Menschen. „Wir werden zum ‚Zeitnahen‘, Gegenwärtigen durch den vorgegebenen Stoff selbst geführt, wenn wir interpretierend in die Tiefe vorstoßen.“ RÖMISCH beschränkt seine Interpretation auf den vorliegenden lateinischen Text; das ist durchaus möglich. Wirkungsvoller, weil für die Schüler herausfordernder, ist jedoch der Versuch, den antiken Text zu transzendieren, indem man ihn durch Vergleich und Kontrast mit anderen Texten in Beziehung setzt. Ein derartiger Versuch sei hier gewagt.

13) Aus DEE BROWN: Begrabt mein Herz an der Biegung des Flusses, Stuttgart 1970.

### 3.2 Vergleich mit einem Text aus dem Neuen Testament

Und doch ist bei OVID die Episode im eigentlichen Belange in die vertikale Richtung Mensch-Gott gebracht. Die Wahrheit wird in ein nur für die Antike zutreffendes religiöses Schema gefasst, dem ein starrer Bestrafungs- und Belohnungsmechanismus zugrunde liegt. Siehe folgendes Schema:

| **Gottheit** | | **Mensch** | |
|---|---|---|---|
| **Latona** | ← Verweigerung des Wassers<br>Mangel an Ehrfurcht<br>→<br>Verwandlung in Frösche | **Lykische Bauern** | Strafe für nicht menschengemäßes Verhalten (Hybris) |
| **Zeus** | ← Gastliche Aufnahme<br>Bezeugen von Ehrfurcht<br>→<br>Einsetzen als Tempeldiener<br>Verwandlung in zwei Bäume | **Philemon und Baucis** | Lohn für menschengemäßes Verhalten |

(Die Geschichte von Philemon und Baucis müsste dazu von einer Schülerin oder einem Schüler kurz referiert werden.)

Die Missachtung eines Grundrechts, die sich zugleich als Verletzung des Gastrechts manifestiert, wird, da einer Göttin gegenüber gezeigt, als ὕβρις aufgedeckt und mit unerbittlicher (im wörtlichen Sinne: nicht zu erbittender, durch Bitten abzuwendender) Strafe gerächt. Es ist nicht schwer zu erkennen, dass die Philemon- und Baucis-Geschichte (*Met.* VIII 626-724) den diametralen Gegensatz zur Episode von den Lykischen Bauern darstellt. Die in der Wahrung der Gastfreundschaft sich äußernde *pietas* und *iustitia* von Philemon und Baucis gegenüber den heimatlosen, zuerst auch nicht als Zeus und Merkur erkannten Männern werden belohnt mit der Erhöhung zum Priesterdienst im Tempel und mit der Verewigung ihrer Liebe in den zusammengewachsenen Baumkronen von Eiche und Linde, in die diese Menschen, uralt geworden, verwandelt werden. Diese beiden alten Leute zeigten der Gottheit gegenüber αἰδώς (nicht ὕβρις) und erhielten den Lohn. Das religiöse Aktion-Reaktionsschema ist evident: Fehlverhalten – Bestrafung; Wohlverhalten – Belohnung. Dieser Mechanismus macht das Handeln der Götter berechenbar, so dass sich jede Geschichte von solcher Art in der Phantasie umkehren ließe.

Ist nun solche Einsicht in sozusagen human-religiöse Vorgänge ein genügendes Interpretationsziel? Die Frage muss noch umfassender gestellt werden: Das Götterbild, wie es uns im antiken Mythos entgegentritt, wie betrifft es, über ein religionshistorisches Interesse hinaus, die jungen Menschen des 20. Jh.s., denen die technologische Entzauberung der Welt scheinbar jedes Tabu vor dem Geheimnisvollen, Irrationalen und Numinosen weggenommen hat? Es mag, so denken wir Erwachsene, allenfalls eine gewisse Empörung aufkommen über die Vorstellung einer Allgewalt dieser Gottheiten:

*... immensa est finemque potentia caeli non habet,*
*et quidquid superi voluere, peractum est* (*Met.* VIII 618f.).

Eine Allgewalt, die OVID in ihrer harten, mitleidlosen Manifestation dem sich falsch verhaltenden Menschen gegenüber demonstriert, im echten Sinne vor Augen führt. WALTER JENS (in seinem Reisetagebuch, 21): „Du zitterst? Wusstest du nicht, wie grausam die Unsterblichen sind?“ Die Konfrontation mit dem Gott des antiken Mythos scheint also pädagogisch kaum oder wenig sinnvoll. Sinnvoll in der Weise, dass sich beim Leser Sinnfindung anbahnt. Findet er in Wesen und Verhalten solcher Götter eine orientierende Hilfe für sein Leben? Eine solche Wirkung kommt der Lektüre vielleicht zu, wenn der Vergleich mit einer anderen Gottesvorstellung gewagt wird, etwa dem Gott der Juden und Christen. Eine vorsichtige Grenzüberschreitung zum Bereich der Theologie sei erlaubt. Auch der alt- und neutestamentarische Gott ist ein hart zugreifender, aber es liegt seinem Verhalten sozusagen ein anderes Aktions- und Reaktionsschema zugrunde. Der Diener Gottes Hiob z.B., von dem „es seinesgleichen keinen gibt: fromm und redlich, gottesfürchtig und dem Bösen fern“ wird in grenzenloses Unglück und Leid gestoßen, bis ihn Jahwe ob seiner ungebrochenen Treue zu ihm am Ende davon erlöst und ihn „glücklich hochbetagt und satt an Lebenstagen“ sterben lässt. Nehmen wir noch das Gleichnis vom verlorenen Sohn hinzu!

Dieses Gleichnis zeigt den wegen seiner Verschwendungssucht bis zum Taglöhner abgesunkenen jungen, sündigen Menschen, der schließlich sein Fehlverhalten einsieht und Reue bekundet: „Vater, ich habe mich gegen den Himmel und gegen dich versündigt; ich bin nicht wert, dein Sohn zu sein.“ Der Vater verzeiht dem Sohn und feiert ein Fest und ruft damit die Empörung und den Zorn des anständigen und ehrfürchtigen Sohnes hervor wegen dieser Ungerechtigkeit: „So viele Jahre“, dies hält er ihm vor, „schon diene ich dir und nie habe ich gegen deinen Willen gehandelt, mir aber hast du nie auch nur einen Ziegenbock geschenkt, damit ich mit meinen Freunden ein Fest feiern konnte.“

Der Unterschied vom Gott des antiken Mythos zum Gott der Juden und Christen ist deutlich: Im Alten Testament stellt Gott am Beispiel des Hiob den Menschen unvorhersehbar und wider sein Erwarten und Verhalten in die Prüfung bis an die äußerste Grenze der Duldungsfähigkeit und holt ihn dann aber wieder zurück in ein neues, glückliches Dasein. Der Gott des Neuen Testaments, wie der Fall des verlorenen Sohnes zeigt, vergibt, verzeiht dem sündigen, aber reumütigen Menschen, so dass dies dem Gerechten geradezu zum Ärgernis wird. Der Gott schon des Alten Testaments und noch mehr des Neuen Testaments ist ein Gott der Barmherzigkeit, was auf Seiten des Menschen die Möglichkeit zur moralischen Umkehr und Reue voraussetzt: Ein Gottesbild, das dem antik-römisch-griechischen gänzlich entgegengesetzt ist. Im Römischen steht auch außerhalb des Mythos die Vorstellung „des verzeihenden Gottes“ „geradezu im Widerspruch zu den Wesenszügen römischer Religion“ (so UDO SCHOLZ, Würzburg, in einem Brief.[14]) In der griechischen Religion scheint bei den Göttern des Epos (wie mir WALTER BURKERT, Zürich, mitteilte[15]) ein Ansatz zur Barmherzigkeit gegeben, aber dieses Erbarmen ist nur gelegentlich und spontan; es ist kein herausragender Zug der griechischen Gottheiten.

---

14) Der Latinist hat als einen Schwerpunkt seiner Forschungsarbeit die römische Religionsgeschichte.

15) Der Gräzist hat als einen Forschungsschwerpunkt die griechische Religionsgeschichte.

### 3.3 Die Provokation der heutigen Schülerinnen und Schüler

Die Gegenüberstellung der beiden Gottesvorstellungen, so unzulänglich sie auch sein mag, erzwingt die Frage, welche denn den heutigen aufgeklärten Menschen mehr herausfordert.[16] Diese Frage trifft Schülerin und Schüler offensichtlich nicht nur im Kopf, sie erfasst sie auch existenziell, weil der Grund, auf den sie ihr junges Leben bauen, doch tiefer liegt, als man gemeinhin annimmt. Provoziert sie mehr der Gott des antiken Mythos, der den Menschen gewissermaßen auf eine moralische Einbahnstraße schickt, die unausweichlich und irreversibel zu einem guten oder zu einem schlechten Ende führt, ein Richter-Gott, der in Lohn und Strafe unerbittlich gerecht ist. Oder letztendlich der christliche Gott, der das starre Schema Fehlverhalten – Bestrafung, Wohlverhalten – Belohnung durchbricht und das Paradoxon der leidvollen Prüfung des Guten und der Erhöhung des reumütigen Bösen schafft, begriffen also als der gütige Gott, der Vater-Gott?

Die Antworten unserer jungen Leute darauf sind – fast wider Erwarten – nicht einhellig und recht differenzierend.[17] Der antike Gott, dessen Reaktion berechenbar ist, weil ihm das merkantile Schema des *do, ut des* zugrunde liegt, wird von den einen als akzeptabler empfunden, „weil er den Gerechten belohnt und den Ungerechten bestraft, so dass man weiß, woran man ist." „Die antiken Götter sind viel menschennäher und entsprechen eher dem Wesen des Menschen, so dass man sich mit ihnen besser anfreunden kann." Anderen dagegen, der großen Mehrheit wohl, ist die Stellung der antiken Götter als hohes Gericht unerträglich, gerade wegen ihrer durch nichts abänderbaren Richterentscheidung; eine solche Vorstellung sei den Menschen wenig hilfreich. Sie fordert zum Widerspruch auf, zumal man im göttlichen Handeln das Recht nicht mehr erkennt. „Wenn Athene, von Rachsucht geplagt, eine Frau, die besser weben kann als sie selbst, in eine Spinne verwandelt, ist das dann noch Gerechtigkeit?" so fragt empört eine Schülerin. Also das Urteil: „Den antiken Gott kann und will ich nicht akzeptieren."

Konsequenterweise ist man auch zur Alternative geteilter Meinung. Der Gott der Juden und Christen wird von einigen als ein bequemer Gott empfunden, weil seine Zuneigung trotz schlimmster Vergehen rasch zurückzugewinnen ist. „In der christlichen Religion", so ein Schüler, „werden die Sünden zu leicht vergeben." Die meisten sehen freilich in der Chance zur Umkehr, die der versöhnliche, barmherzige Gott dem durch die Erbsünde geschwächten Menschen lässt, ein Moment, das ihnen den christlichen Glauben annehmbar macht. Ein etwas älterer Schüler: „Wenn man bedenkt, dass oftmals schlechte Menschen für ihre Schlechtigkeit nichts können, weil sie z.B. in der Gosse als Waisen zwischen Schlägertypen und Rockerban-

---

16) Hier geschieht nach moderner Literaturtheorie so etwas wie „dialogische Rezeption", die den Normenkonflikt sucht. Vgl. dazu VERFASSER: Lateinunterricht, Bd. 2, 259. Allgemein vgl. dazu die Gegenüberstellung der antiken und christlichen Gottesvorstellung durch den Jesuiten AUGUST BRUNNER: Gottesbild und Menschenbild. In: Stimmen der Zeit, H. 6 (1985), 363-373.

17) Nachfolgend sind Äußerungen von Schülern einer 10. Jgst. zitiert, die sie auf eine gestellte Leitfrage hin in ihr Sach-/Interpretationsheft geschrieben haben.

den aufgewachsen sind und eine riesige Kraft dazu gehört, sich dann zum Guten zu verändern, finde ich ‚unseren' Gott besser, da er Nachsicht mit solchen Menschen übt. Dieser Gott ist daher für mich glaubwürdiger."

Glaubwürdiger ja, aber verständlicher, begreifbarer? Ein tiefer sinnendes Mädchen: „Ich nehme ihn an, den Gott der Christen, aber begreifen kann ich ihn nicht oder nur schwer, weil die Vorstellung von ihm gar nicht konform geht mit den üblichen Maßstäben menschlichen Denkens: Dem Guten oft leidvolle Krankheit bis zum Tod, dem Mörder Vergebung seiner Schuld in einem Moment der Reue." Provoziert (in dem Sinne, dass man zu ernsthafter Auseinandersetzung gefordert wird) am Ende ein solcher christlicher Gott den aufgeklärten Menschen mehr als der Gott des antiken Mythos, dessen Entscheidungskonsequenz uns OVID mit dem Mittel der Metamorphose in aller Klarheit bewusst gemacht hat? Für manchen ist es offensichtlich so. Der christliche Gott ist in seinen Entscheidungen weniger durchschaubar, er ist geheimnisvoller, dem rationalen Zugriff stärker entzogen: Deshalb ein *tremendum* und *fascinosum* zugleich. Fürchten muss man ihn, weil er einen unberechenbar in die Prüfung stellt, dem von ihm ausgehenden Zauber kann man erliegen, weil bei aller Zornesfähigkeit, die das Alte Testament und auch das Neue Testament ihm zuschreiben, seine überwältigende Wirkweise doch in der verzeihenden Liebe liegt: jenem Novum des christlichen Glaubens schlechthin,[18] dessen Sprengkraft wohl zuallererst die Götter der Antike auslöschte.

Die altgriechischen Götter sind heute tot, als Glaubensinhalte, als feste Bezugsgrößen, die dem menschlichen Leben Halt geben könnten. Jene Transgression des Christengottes in den griechischen, wonach z.B. NIKOS KAZANTZAKIS verlangt in seinen Überlegungen, die er auf dem Berg Athos anstellt, ist als schöner Wunsch begreifbar: „Die Zeit ist gekommen", schreibt er, „für den lachenden Christus, der nicht weint, der sich nicht mehr peitschen und kreuzigen lässt. Auf dass er die starken, freudigen Götter Griechenlands in sich aufnehme und vereinige. Die Zeit ist gekommen, dass der jüdische Christus Grieche wird."[19] Solcher Wunsch mag in der gebildeten Seele eines Griechen aufkeimen und vielleicht Glaubenskraft entfalten, für den Mittel- und Nordeuropäer bleibt er stumpf, ohne Wirkung. Die antiken Götter sind uns keine elementaren Mächte mehr, wenn ich mich nicht täusche. Man muss ja wissen, dass selbst die Griechen heute, das einfache Volk, nicht einmal mehr die Namen dieser Götter kennen.

Deshalb kann ich persönlich auch WALTER JENS' paradoxe Schlussfolgerung auf seine Feststellung, dass die Götter sterblich seien, nicht mitvollziehen. Er beendet sein Reisetagebuch mit einem Zitat von ERNST BLOCH: „Nur weil die Götter sterblich sind, hat die Zeit keine Macht über sie und das Vergessen rührt sie nicht an. Ihr Tod

18) Diesen erbarmenden Gott, den Gott der Liebe, stellt BRUNNER (a.O. 370) im Unterschied zu den antiken Göttern mit Nachdruck heraus. In dieser Liebe sei der christliche Gott für uns unbegreiflich: „Gottes Liebe ist unbegreiflich, wie die des Vaters, der dem verlorenen und verkommenen Sohn bei seiner Rückkehr keine Vorwürfe macht, sondern ihn liebend und verzeihend in seine Arme schließt."

19) In: Im Zauber der griechischen Landschaft. Heyne ex Libris: München [3]1980, 85.

lässt sie alterslos sein." Mutet einen dies nicht an wie der Versuch des humanistisch Gebildeten, einem elementaren Inhalt seiner Bildung mühevoll die Wahrheit zu bestätigen, eine Wahrheit, die für den Nicht-Eingeweihten schal und unverbindlich bleibt? Auf dem Olymp leben allenfalls noch die Götter der Humanisten.[20] Ein Schlussgedanke sei hinzugefügt, den eigentlich nur wir Erwachsene denken können, der aber den Reflexionshintergrund für unser pädagogisches Bemühen mitprägen sollte. Im 19. Jh. hat sich ein Paradigmenwechsel vollzogen, ein Wandel der leitenden Kategorien unseres menschlichen Lebens. Dieser Paradigmenwechsel erfasste offensichtlich nicht die Bilder und Symbole des Mythos, sofern sie existenzielle Situationen des Menschen beschreiben: bei Orpheus, bei Odysseus, bei Ikarus, bei Ödipus, bei Achill, Herkules. Doch ist das Licht, das auch auf solche Urbilder heute fällt, nicht mehr ungebrochen, nicht mehr von der ursprünglichen Helle; wir schauen sie mit anderen Augen als ihre Schöpfer an (wie übrigens auch schon OVID), bewundernd gewiss, aber unser Denken hat sich in den 2.000 Jahren, die dazwischen liegen, davon ein Stück entfernt.

Kassandra etwa, jene eigenartige, große Gestalt des antiken Mythos, zur festen Wendung geworden durch ihren Ruf, der banges Ahnen um die Zukunft verrät, Kassandra könnte, so hat jemand gemeint, Chiffre sein für den Gefühlszustand unserer jungen Generation, die das Kommende vielfach als bedrohlich sieht und anspricht.[21] In einem großartigen Rezeptionsdokument des antiken Mythos, in dem auch die Götter ihre Rolle spielen, in CHRISTA WOLFS Erzählung „Kassandra",[22] hat die trojanische Königstochter, bereits in die Hände der Griechen gefallen, den Glauben an ihre und ihres Volkes Zukunft verloren, und so auch den Glauben an ihre Götter. Sie spricht da zu sich (S. 112f.): „Seit wann ich mich ungläubig nennen musste, könnte ich nicht sagen. Wär' es ein Schreck gewesen, etwa die Bekehrung, ich könnte mich erinnern. Aber der Glaube wich allmählich von mir, so wie manchmal eine Krankheit weicht, und eines Tages, sagst du dir, du bist gesund. Die Krankheit findet keinen Boden mehr in dir. So auch der Glauben. Welches wäre denn sein Boden noch gewesen? Als erstes fällt mir Hoffnung ein. Als zweites Furcht. Die Hoffnung hatte mich verlassen, Furcht kannt' ich noch." Kassandra in solch seelischer Verfassung Chiffre für das Zeitgefühl unserer Jugend, die in das dritte Jahrtausend eintritt?

---

20) „Die Götter Griechenlands – was bedeuten sie uns heute? Welche Existenzberechtigung haben sie überhaupt noch? Als geglaubte Mächte, als Gegenstand religiöser Verehrung sind sie seit mehr als 1200 Jahren wirkungslos, ja tot, ein Opfer des Monotheismus und der Christianisierung. Wo es um religiöse Substanz der Götter geht, stehen sich Antike und Christentum auch weiterhin als feindliche Brüder gegenüber, wie einst Athen und Jerusalem, Babel und Bibel." So der Religionswissenschaftler ALBERT HENRICHS: Die Götter Griechenlands. Ihr Bild im Wandel der Religionswissenschaft, Bamberg 1987, 3.

21) So etwa in der Süddeutschen Zeitung vom 10.9.1987 zur Lyrikoper von PETER MICHAEL HAMEL: „Kassandra". Kassandra sei „Schlüsselfigur der Mahnung, des Protests, des Widerstandes", „Modell für die aktuelle Warnung vor der Kriegskatastrophe, für das Entsetzen der Gewalt".

22) Kassandra. Erzählung, Darmstadt/Neuwied 2, 1984.

Das trifft doch wohl, wenn überhaupt, nur zur Hälfte zu, möchte man meinen. Denn den jungen Menschen heute gibt ein anderer Gott, ein liebender, die Chance zur Gegenliebe, und also auch zur Hoffnung. Für sie bräuchte daher – womöglich eine Einsicht, die durch eine unaufdringliche Konfrontation mit dem Gott des antiken Mythos geweckt wird – nicht gelten, was Kassandra im Anschluss an die zitierten Worte sagt:

> „Doch Furcht allein hält die Götter nicht,
> sie sind sehr eitel, man soll sie auch lieben;
> der Hoffnungslose liebt sie nicht."

1. Der Vater zeigt sich über die Rückkehr des verlorenen Sohnes hocherfreut, als wäre er ihm wiedergeboren worden; er vergibt dem reumütigen Sohn seine Schuld und nimmt ihn wieder in Ehren auf. Dem gerechten Sohn versucht er sein Verhalten verständlich zu machen, indem er ihm bedeutet, dass auch er seinen Bruder wiedergewonnen habe. Der jüngere Sohn zeigt sich zunächst als böse, liederlich, verschwenderisch, letztlich völlig dem Willen des Vaters entgegengerichtet. Erst seine existenzielle Not bringt ihn zur Umkehr; er bereut sein Verhalten, kehrt heim und bittet den Vater um Verzeihung, die ihm gewährt wird. Der ältere Sohn ist der anständige, mit dem Willen des Vaters konforme; er achtet dessen Regeln, was aber, wie er glaubt, von ihm nicht gebührend respektiert wird; deshalb wird er über das nachsichtige Verhalten des Vaters seinem verkommenen Bruder gegenüber zornig und eifersüchtig, dem Vater selbst gegenüber aggressiv. Er hat für die von Mitleid bestimmte Gerechtigkeit des Vaters kein Verständnis.
2. Jesus will mit diesem Gleichnis vermitteln, dass der christliche Gott dem reumütigen Menschen seine Sünden vergibt und diesen dann mit dem schon immer Gerechten auf eine gleiche Stufe stellt, ja diesem in seiner Freude über seine moralische Umkehr besonders zugetan ist.
3. Der christliche Gott ist eine verzeihende, vom Mitleid geleitete Instanz; er hat Erbarmen mit dem reumütigen Sünder. Der antike Gott (hier Latona bzw. Iupiter) ist eine bestrafende und belohnende Instanz. Lohn und Strafe sind irreversibel, da mit einer reumütigen Wandlung des Menschen nicht gerechnet wird.
4. Rembrandts Bild erfasst die innige Begegnung von Vater und Sohn, die von Barmherzigkeit und Reue geprägt ist; alles andere bleibt ausgeblendet. Chiricos Gemälde hat ebenso die Begegnung der Hauptfiguren im Zentrum; es verweist jedoch in „über-realistischer" Manier auf etwas Allgemeines, etwa auf die Versöhnung von bürgerlicher Tradition und dem Ungestüm des Fortschritts. Die Aussage ist auf den bloßen Gestus reduziert. Rembrandt ist dem Bibeltext sehr viel näher. Chiricos Abstraktion zwingt zur Enträtselung, macht insofern nachdenklicher.

## 4. Kreative Auseinandersetzung: eine Bildgeschichte

Das Dokument kreativer Rezeption, das nachfolgend abgedruckt ist, ist mir vor längerer Zeit von einer Lateinlehrerin zugesandt worden. Es hat eine Schülerin oder ein Schüler nach der Lektüre der Lykischen Bauern angefertigt. Leider ist mir der Namen der Lehrerin und der des Bildkreators nicht mehr bekannt; es sei ihnen aber auf diesem Wege dafür gedankt, dass mir diese sehr bemerkenswerte Visualisierung der OVID-Episode zugänglich geworden ist. Sie mag zu ähnlich schöpferischem Umgang mit dem lateinischen Text anregen.

Schülerzeichnung: Die Lykischen Bauern

# 7 Die Würde einer fremden Kultur (CICERO)

## Oder: Wie man sich in einem anderen Land verhalten soll

> Das Projekt ist für die 10./11. Jgst. geeignet, und zwar bei L1 und L2; es beinhaltet als Originallektüre nur einen Teil eines CICERO-Briefes (*Ad Quin.* fr. I 1 27-30). Innerhalb des Lesebuches vertritt es den Autor CICERO.
> Hauptmethode: Lektüre und Interpretation des Textes unter starker Berücksichtigung seiner wirkungsgeschichtlichen Folgen.
> Kreative Anstöße: Collage zum Thema „Fremde Kulturen heute"
> Fächerübergreifende Zusammenarbeit mit: Geschichte/Ethik/Politische Bildung

### 1. Didaktische Einordnung

Die Griechen nannten Völker, die nicht ihre Sprache sprachen, also wegen der „unverständlichen Sprache" (H. BENGTSON) „Barbaren", was eigentlich nur „fremd", „ausländisch" bedeutete.[1] Aber es assoziierte sich damit von Anfang an die Vorstellung von „Wildheit, Unzivilisiertheit, Mangel an Intelligenz". Auch der Umstand, dass in den griechischen Kolonien, etwa im ionischen Kleinasien, Griechen mit den dortigen Bewohnern sozusagen Tür an Tür lebten, änderte an diesem Urteil nichts. HERODOT, der „Vater der Geschichtsschreibung", war es vor allen, der diesen Unterschied propagierte. Selbst in Ionien geboren und von dort aus seine Kulturreisen in den Osten unternehmend, glaubte er erkennen zu können, dass die griechische Nation (τὸ Ἑλληνικόν) den barbarischen Völkern an Geschicklichkeit und Intelligenz überlegen sei; durch den Sieg der Griechen über die Perser in der Schlacht bei Salamis habe sich diese Überlegenheit manifestiert. Seitdem hat sich griechischer Nationalstolz vom Bewusstsein einer überlegenen Kultur tragen lassen; dabei seien, so HERODOT, unter den Griechen wiederum die Athener „die Ersten an Klugheit und geistiger Reife" (πρῶτοι σοφίην, I 60). Bei den Athenern kristallisierte sich solches Bewusstsein auch zu einem philosophischen Ideengut. In ARISTOTELES hat es seinen Propagator gefunden, insofern er einen naturgegebenen Unterschied von Herren und Sklaven meinte nachweisen zu können. Die Wirkung dieses Satzes traf die Römer, die sich als Herrenvolk politisch und kulturell allen überlegen fühlten; diese Doktrin reichte aber über die Antike hinaus bis in die Neuzeit, wobei die „Herrenmoral" zu einem bezeichnenden Merkmal des europäischen Denkens wurde. Europa sah sich als den höher stehenden Kulturraum an, von dem aus die Welt zu zivilisieren und im Verbund mit dem Christentum zu missionieren sei (Beispiel: Südamerika). Dieser Eurozentrismus, der sich zur Vorstellung von der Überlegenheit „der westlichen Kultur" über den Rest der Welt ausweitete, reichte bis in die Mitte des 20. Jh.s vor; aber die Vorurteile sitzen noch heute tief in den Seelen der

---

1) Vgl. BENGTSON, H.: Griechische Geschichte, München 1950, 90f. JÜTHNER, J.: Hellenen und Barbaren – Aus der Geschichte des griechischen Nationalbewusstseins (Das Erbe der Alten 8), 1923, 118.

Menschen. Fremde Kulturen und deren Vertreter als gleichrangig anzuerkennen fällt dem „Westen“ nach wie vor schwer. Dadurch ist auch Toleranz als gesellschaftliches und individuelles Werteverhalten wenig gesichert. Dass sich aus diesem Befund ein hoher Bildungsauftrag ableitet, steht außer Zweifel. Ein lateinischer Text, der diese Problematik schon in der Antike offen legt, ist CICEROS Brief an seinen Bruder Quintus (I 1); hier stoßen wir auf eine der Wurzeln eines europäischen Phänomens, das heute eine globale Dimension bekommen hat.

## 2. Interpretationslinien

### 2.1 Zum Einstieg

Eine Postkarte mit dem Konterfei des MARCUS TULLIUS CICERO ist im Umlauf; sie enthält ein erstaunlich zentrales Textmotiv, das unter das Schlagwort gestellt ist „Miteinander leben“. Der Text ist aus *De officiis* (III 27-30) zitiert:

„Wer behauptet, man müsse auf die Mitbürger Rücksicht nehmen, nicht aber auf die Ausländer, der reißt die Verbindung des Menschengeschlechts auseinander.“

*Qui autem civium rationem dicunt habendam, externorum negant, ii dirimunt communem humani generis societatem.*

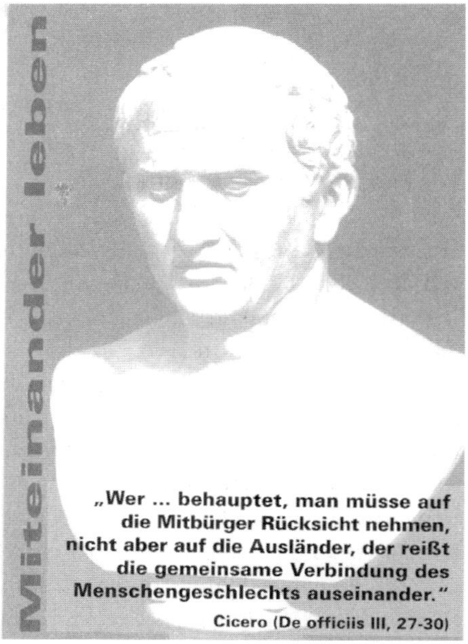


Diese fortschrittliche Maxime lässt CICERO und die Römer, als deren Repräsentant er agiert, als Vertreter oder gar Begründer der Gleichheitsidee aller Menschen erscheinen. CICERO – Propagator eines Menschenrechts? Quasi Vorbild für uns heute, normative Vorgabe einer modernen Welt, in der das Miteinander-Leben von Menschen verschiedener Völker und Kulturen dringender denn je zur Forderung wird?

Dieser Eindruck entsteht; doch er ist trügerisch und verdeckt nahezu alle damit verbundene Problematik der Antike. Man muss die Einstellung der Römer zu den so genannten Fremden, Ausländern kennen, um das Verhältnis zwischen Antike und Gegenwart in diesem Bezug angemessen beurteilen und daraus Folgerungen ziehen zu können.

CICEROS Brief an seinen Bruder Quintus (I 1, 27-30), der den Umgang mit Menschen eines anderen Zivilisationskreises zum zentralen Gegenstand hat, führt unmittelbar in die Antike ein. Allerdings setzt sein Verständnis wiederum die Einordnung der Briefaussage in die größeren und tieferen politischen-sozialen und geistig-kulturellen Zusammenhänge jener Zeit und darüber hinaus voraus.

## 2.2 Die Hintergründe: Rom und die Fremden

Die Begegnung mit „Ausländern", mit Menschen „fremder Kulturen" ist, wie bereits angedeutet, mit dem Thema der Menschenrechte, namentlich dem der Gleichheit der Menschen, originär verbunden. Ihre Entdeckung ist im 19. und 20. Jh. erfolgt, sie sind „ein spezifisches Produkt des westlichen Rechtsdenkens", doch die Spuren, die zu ihrer Entdeckung führten, beginnen weit vor dieser Zeit.[2] In einer neuen Untersuchung ist CICERO gewissermaßen zum Urahnen der Vorkämpfer für die „Würde des Menschen" gemacht; erst bei ihm habe sich das Gespür dafür ausgeprägt, dass Menschenwürde „eine allen von Natur gegebene Ausstattung", sozusagen eine „metaphysische Vorgabe" sei. FRANZ JOSEF WETZ schreibt: „Allerdings war der Allererste, der nachweislich von allgemeiner Menschenwürde sprach, CICERO, dem zufolge Würde bereits unserer Natur innewohnt und folglich mehr ist als eine geistige Grundhaltung, äußere Erscheinungsweise oder öffentliche Stellung und Anerkennung. Unmissverständlich schreibt er in *De officiis*, dass schon in unserer Natur Erhabenheit und Würde liege. (*De off.* 1, 106)"[3] Das bedeutet: Jedem Menschen, gleich welcher Herkunft, Rasse und Religion, komme Würde zu und ebenso der Kultur, in der er lebt. Ist das aber die volle Wahrheit über CICERO in dieser Frage? War das für ihn verbindlich? Gar für die Römer, die er repräsentiert?

Gehen wir vom lateinischen Text des Kartenzitats aus! Hier werden *cives* und *externi* unterschieden, also solche, die in einer *civitas* leben und solche, die außerhalb (*extra – externi*) derselben leben. Dieser Unterschied wird aufgehoben durch die Einbeziehung aller in eine *communis humani generis societas*, in eine „Gemeinschaft des Menschengeschlechtes". Dass dieser Ansatz nicht primär römisch ist, wissen wir, er ist die Grundidee der stoischen Philosophie, also von griechischer Provenienz. Die Mittlere Stoa, deren Hauptvertreter PANAITIOS das philosophische Denken CICEROS stark beeinflusst hat – eine eben gerade im Werk *De officiis* durchschlägt –, sieht im Menschen nicht ein ζῷον πολιτικόν, also einen Angehörigen einer bestimmten Polis, einen πολίτης, sondern ein ζῷον κοινωνικόν, also einen Angehörigen einer Gemeinschaft, die keine Polis- und Volksgrenzen kennt, eben einer Gemeinschaft der Menschheit.[4] Als vernunftbegabte Wesen hätten alle Menschen teil an der Weltvernunft, d.h. an der Gottheit. WETZ spricht von der stoischen Idee der Würde als „menschliche Teilhabe an der göttlichen Vernunft" (S. 21). Das besage letztlich: Die Menschen sind in ihrer Würde alle gleich, weil sie alle Bürger der einen Welt sind. Diese kosmopolitische Denkweise, die CICERO hier auf philosophischer Ebene mit Ernst und Nachdruck vertritt, der er gewissermaßen eine idealtypische Prägung gibt, hatte bei den Römern kein realpolitisches Pendant. Kein Römer war Kosmopolit. Im Gegenteil: Die Praxis römischer Herrschaft war bestimmt von einer bewusst scharfen Trennung zwischen den *cives* und den *externi*, zwischen „Bürgern" und „Ausländern", die, sofern sie innerhalb des Imperium Romanum lebten, als „Untertanen", „Sklaven" galten. Auch CICERO stand hinter dieser Politik, für die das

---

2) Vgl. dazu MAIER, H.: Wie universal sind die Menschenrechte?, Freiburg/Basel/Wien 1997, 8.

3) WETZ, F. J.: Die Würde des Menschen ist antastbar. Eine Provokation, Stuttgart 1998, 20ff.

4) Dazu etwa BENGTSON, H.: Griechische Geschichte, München 1950, 442f.

aristotelische Sozialaxiom galt, das, wie der Althistoriker SIEGFRIED LAUFFER sagt,[5] an einer „berühmten oder berüchtigten Stelle“ der *Politik* (I 1255d2) formuliert ist: „Es gibt Menschen, die von Natur aus Sklaven sind.“
Die Ungleichheit der Menschen ist demnach von Natur gegeben. Für ARISTOTELES war der zivilisatorische Standard die Messlatte, nach der die Menschen in die beiden Kategorien zerfielen: οἱ Ἕλληνες und οἱ βάρβαροι. Die „Barbaren“ als die nicht Griechisch-Sprechenden wurden mit Unzivilisierten, Wilden gleichgesetzt. Diese Naturgegebenheit sollte durch eine gleichsam natürliche Ambition der Höhergestellten aufgehoben werden, solche „Untermenschen“ (wenn nötig, auch gewaltsam) auf eine höhere Kulturstufe zu bringen.[6]
Rom hat diese „Entbarbarisierung“ der Welt zum zentralen Prinzip seiner Politik gemacht, bereits seit Beginn seiner Eroberungen, durch die es sich ein Weltreich schuf. CICERO lieferte dafür – erst spät – die philosophische Begründung, voll an ARISTOTELES ausgerichtet. Im Zentrum seiner Staatsschrift macht er deutlich, dass die Unterwerfung fremder Völker, d.h. ihre Versklavung (*servitus*), für die Betroffenen nützlich sei, nicht nur weil ihnen die Herrschaft der Römer durch ihre Macht und Sicherheitsgarantie (*potestas et fides*) ein geschütztes und geordnetes Leben gewährleistete, sondern auch, weil sie beim Eintritt in das Abhängigkeitsverhältnis zu Rom in einen besseren Zustand als früher (*melius se habebunt*) kommen würden, also auf einer höheren Kulturstufe leben könnten als früher. Römische Herrschaft sei zum Nutzen der Schwachen (*cum summa utilitate infirmorum*), so dass deren Durchsetzung – als Kultur bringende Leistung – gerechtfertigt sei, ein Krieg deshalb als *bellum iustum* gelten dürfe (vgl. *rep.* III 24).[7]
Die praktische Umsetzung dieses Unterwerfungskonzepts tritt uns an den außenpolitischen Leistungen von Caesar und Augustus markant vor Augen. Caesar hat in Gallien die dortigen Stämme durch Unterwerfung in „Gerechten Kriegen“ unter den Schutz (*fides*) des Imperium Romanum genommen und sie in den von *cultus atque humanitas* bestimmten römischen Zivilisationsraum aufgenommen, Augustus hat Ähnliches für die Spanier geleistet wie POMPEJUS TROGUS, Historiker seiner Zeit, schreibt:

> *Nec prius perdomitae provinciae iugum Hispani accipere potuerunt, quam Caesar Augustus perdomito orbe victricia ad eos arma transtulit populumque barbarum ac ferum legibus ad cultiorem vitae usum traductum in formam provinciae redegit.*
> (*Historiae Philippicae*, 44)

Die Spanier seien als *populus barbarus ac ferus* durch Unterwerfung auf eine höhere Kulturstufe geführt worden. Der Krieg, der eine Verwandlung Spaniens in eine Provinz Roms zum Ziel hatte, wurde von den Römern gleichfalls als *bellum iustum* verstanden.

---

5) Die wirtschaftliche und soziale Bedeutung der Sklaverei. In: Lebendige Lektüre. Dialog Schule und Wissenschaft (hg. von NEUKAM, P.) Bd. X, 5-35.

6) Vgl. dazu MÜNKLER, H./GRÜNBERGER, H.: Die alten und die neuen Barbaren. In: humboldt spektrum. 6 Jg. Heft 1/99, 26ff.

7) Ausführlich dazu VERFASSER: Lateinunterricht zwischen Tradition und Fortschritt, Bd. 3, 86ff.

Diese Kerndoktrin des römischen Imperialismus hat über das Ende des Imperium Romanum hinaus ihre Gültigkeit und Wirkung behalten. Dem europäischen Imperialismus der Neuzeit, in dem sich die zivilisierende Absicht der Antike mit dem Ziel der christlichen Missionierung verband, diente sie zur Rechtfertigung.[8] Als nach der Entdeckung Amerikas die Conquistadoren die „Neue Welt" eroberten und christianisierten, was mit brutalen, kulturvernichtenden, bis zum Völkermord reichenden Aktionen durchgesetzt wurde, kam es in Europa auf Anweisung Kaiser Karls V. im spanischen Valladolid 1550 zu einer heftigen Diskussion über die Rechtmäßigkeit solchen Vorgehens. Als Vertreter der Eroberungsdoktrin argumentierte der an der Antike geschulte Theologe JUAN GINÉS DE SEPÚLVEDA folgendermaßen:

> *Optimo iure isti barbari a Christianis in dicionem rediguntur ...*
> *Huius modi autem gentes iure naturae debent humanioribus et praestantioribus parere, ut melioribus moribus et institutis gubernentur. Sed si admoniti imperium recusent, possunt armis cogi, et id bellum erit iustum iure naturae, ut auctor est Aristoteles ...*
>
> (*Apologia pro libro de iustis belli causis*)

Diese Fernwirkung des ARISTOTELES ist erstaunlich, sie hat sich auf dem Wege über die römische Praxis erhalten und im Herrschaftsdenken Europas verfestigt. Hier ist ja haargenau CICEROS Position – in einem Zeitabstand von ca. 1.500 Jahren – als maßgeblich für Europas Eroberungsverhalten formuliert.
Die Fremden, die Indianer, müssten als *isti barbari*, als Wilde, unzivilisierte Menschen, – sie werden von SEPÚLVEDA auch als *homunculi* („Menschlein", „Untermenschen") bezeichnet – gemäß Naturrecht den durch ihre Bildung, Kultur (*humanior/ humanitas*) Herausragenden gehorchen, also untergeben sein, um auf besserer moralischer Grundlage regiert zu werden. Die Anerkennung der Herrschaft (*imperium*) durch sie könne durch Waffen erzwungen werden. Ein solcher Krieg gelte nach alter Tradition (ARISTOTELES!) als „gerecht". Demnach sind für den durch die Antike beeinflussten Christen SEPÚLVEDA die Fremden, Ausländer nicht gleich, die ihnen eigene Kultur ist minderwertig, ohne jene Würde, deren Achtung ihnen das Recht auf ein Leben nach eigener Tradition hätte gewährleisten können.
Offensichtlich hat sich bezüglich des Verhältnisses von Herrenvölkern und Barbaren ein Verhaltens- und Denkmechanismus gebildet, der zum dauerhaften Besitz der Menschheit geworden und auch heute noch nicht völlig ausgeschaltet ist. Wie die Römer sich gegenüber den Menschen in den Provinzen zu verhalten hätten, schien streng geregelt. Wie aber sollte ihr Verhältnis zu den Griechen sein, die gleichfalls in Provinzen lebend, in Achaia und in Asia, doch wohl einen Sonderstatus beanspruchen durften.[9] Sie waren ja nachweislich keine βάρβαροι nach der Definition eines der größten Vertreter ihres Volkes. Realiter standen sie kulturell über den Römern. Hier passte das übliche Schema also nicht. Die Unterworfenen waren

8) Ausführlich dazu VERFASSER: Grundtexte Europas, Lehrerkommentar, Bamberg 1995, 164ff.

9) Vgl. dazu und zum Folgenden CHRISTES, J.: Rom und die Fremden. In: Jugend und Bildung im antiken Rom. Zu den Grundlagen des römischen Lebens. AUXILIA 43, Stuttgart 1997, 97-124.

keine „Wilden". Wie hatte sich also ein römischer Provinzverwalter solchen „versklavten" Kulturmenschen gegenüber zu verhalten? CICERO gibt in dem zur Lektüre vorgeschlagenen Brief seinem Bruder Ratschlägezu diesem Thema.
Der Brief *Ad Quintum fratrem* I 1 war von vornherein zur Veröffentlichung bestimmt, sollte also allein von daher schon auf eine allgemein gültige philosophisch protreptische Ebene gehoben erscheinen, so dass er eher einen idealtypischen Zustand beschrieb als harte Realität. Denn dass hier ein Unterschied zwischen den beiden Ebenen vorliegt, geht aus einem weiteren als Privatbrief an den Bruder gerichteten Schreiben (*Ad Q. fr.* I 2,4) hervor. Warum er mit den Griechen, die sich bei ihm über die Amtsführung des Quintus beschwerten, bisher so freundlich umgegangen sei, beginnt er da folgendermaßen zu begründen:

> *Quae feci omnia, non quo me aut hi homines aut tota natio delectaret; pertaesum est levitatis, assentationis, animorum non officiis, sed temporibus servientium.*
> „Das alles tat ich, nicht weil ich Gefallen an diesen Leuten oder an dieser Nation hatte; ihre Gesinnungslosigkeit, ihr Kriechertum, ihre ganze Haltung, die sich nicht Pflichten, sondern Zeitumständen dienstbar macht, widert mich an." (Übersetzung von JOHANNES CHRISTES)

CICERO ist also hier total auf Distanz zu den Griechen gegangen, näher dem Hass als der Zuneigung zu diesem Volk, ihm gegenüber nicht anders eingestellt als zu anderen fremden Völkern. Er teilt das Vorurteil seiner Landsleute: Die Griechen seien *Graeculi*, „Griechlein", wobei das Deminutivum (wie *homunculi*) die Verachtung signalisierende Form des Normalwortes darstellt. Es ist offenkundig: Auch die Griechen sind in den Sog des negativen Fremdenbildes geraten, das damals in der Weltstadt Rom vorherrschte. Man befürchtete hier, dass durch den ständigen Zuzug von Fremden aus allen Provinzen die Millionen-Metropole überfremdet würde, dass die römische *civitas* ihre Identität verlieren und sich die altehrwürdige Tradition im Schmelztiegel der brodelnden *urbs* verkochen könnte. CICERO war Römer, er hing als *homo novus* noch viel herzhafter an dem, zu dem er sich emporgearbeitet hatte: dem römischen Werteprofil (Stichwörter *mos maiorum*, *virtutes Romanae*). Deshalb war er in seinen Ängsten noch sensibler, er differenzierte nicht im Blick auf solche gefährlichen Fremden, zu denen für ihn eben auch die Griechen gehörten, wiewohl er von deren geistigen Koryphäen der Vorzeit nach eigener Aussage so viel gelernt hat. Dazu JOHANNES CHRISTES (a.O. 110): „So ist also gerade der größte Liebhaber und Propagandist griechischer Bildung im Rom der ausgehenden Republik unser Hauptzeuge auch für das negative Griechenlandbild der Römer."
Vor einem solch weiten Informationshintergrund sollte der offizielle Brief CICEROS an seinen Bruder Quintus gelesen werden. Nur dann mag vielleicht eine angemessene Interpretation gelingen.

## 2.3 Die Interpretation des Briefes[10]

Der vorliegende Briefausschnitt lässt sich in acht Abschnitte gliedern, wozu die Konnektoren griffige Anhaltspunkte geben. Dem literarischen Genus des Briefes entsprechend herrscht die Ich-Du-Relation vor, wobei die Imperativformen oder die einem Imperativ analogen Wendungen die appellative Funktion des Briefes betonen. Auf die Person des Adressaten unmittelbar bezogene Teile rahmen einen mehr allgemein gehaltenen Teil mit der zentralen Aussage ein, so dass man von einer Art zyklischem Aufbau sprechen kann; formal ist dieser an den zwei Imperativen des Textes *incumbe* (Z. 1) und *cura* (Z. 41) abzulesen. Der Brief hat im zweiten Drittel seinen Aussagehöhepunkt, aus dem sich als zwingende Folgerung die Adhortatio an den Adressaten ergibt:

Zur Gliederung und Analyse des Briefes

| Konnektoren | Adressatenbezug<br>Lateinische Form | Aussageintention |
|---|---|---|
| 1. *quapropter* | ***incumbe*** | Aufforderung für die konkrete Situation |
| 2. *quodsi* | *esset humanitatis tuae* | moralischer Appell |
| 3. *cum vero* | *debemus* | generelle Verpflichtung |
| 4. *non enim* | *me pudebit* | begründendes Bekenntnis |
| 5. *quare* | *debere videmur* | generelle Verpflichtung |
| 6. *atque* | PLATO *putavit ... censuit* | Zitat über politischen Idealzustand |
| 7. (*quod*) Asyndeton | *nunc profecto isti provinciae <tuae> contigit* | verstärkter moralischer Appell |
| 8. *quare* | ***cura*** | Aufforderung für die konkrete Situation |

### Teil 1: Ein Römer „Herrscher" über die Griechen (4.1)

Der erste Rat an Quintus ist auf seine konkrete Situation als Provinzstatthalter bezogen, er sollte sich gegenüber seinen Untergebenen, die der römische Staat (Volk und Senat) ihm als Beamten anvertraut haben, so wie bisher verhalten. Im Hendiadyoin *committere* und *credere* drückt sich die Nachhaltigkeit dieses Vertrauensvorschusses aus. *Fides potestasque*, Zentralbegriffe römischer Herrschaftspraxis, erfassen neben der Amtsbefugnis (*potestas*) die in einem Sozietätsvertrag gültige Verpflichtung zu einem zuverlässigen Schutz (*fides*) der Untertanen. Ziel müsse die gebührende Achtung (*diligere*), die Sicherheit (*tueri*) und das möglichst glückliche Wohlergehen (*esse quam beatissimos*) der fremden Menschen sein.

10) Zur Interpretation des Briefes vgl. CHRISTES, a.O. 118f. (hier weitere Literatur). S. dazu auch BENEDICTER: Antike Briefe. Cicero, Seneca, Plinius, Lehrerkommentar, Bamberg 1999, 92f.

**Substanz eines Sozietätsvertrages**

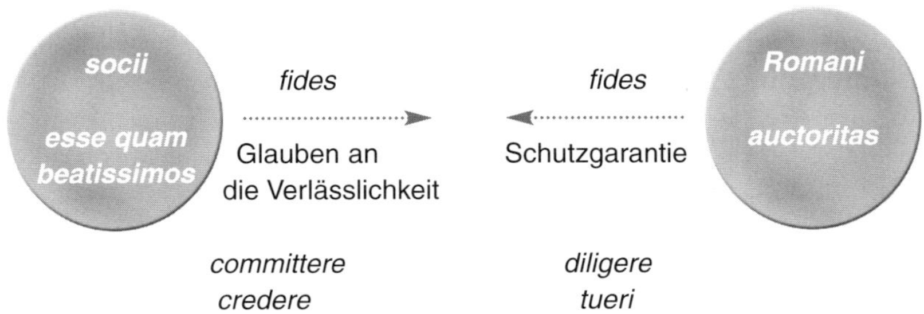


Der anschließende Appell ist noch spezieller ausgerichtet; er baut die Struktur eines vergleichenden Gegensatzes auf. Angenommen Quintus hätte die Verwaltung inne über die Afrer, Spanier oder Gallier, wilde und barbarische Völker, so wäre es doch eine Verpflichtung seiner ihm zugewachsenen Bildung und seiner kulturellen Reife (*humanitas*), für deren Vorteil und Nutzen zu sorgen und ihrem Wohl zu dienen. Damit ist der oben herausgearbeitete Kulturauftrag ausgesprochen, *immanes et barbarae nationes* auf einen höheren Zivilisationsstand zu bringen (man denke an Caesars *cultus atque humanitas* für die Gallier, an Augustus' *cultior vitae usus* für die Spanier). Der Provinzverwalter sollte also dem ihm anvertrauten Volk an der eigenen *humanitas* Anteil geben, es humanisieren oder anders ausgedrückt: „entbarbarisieren". Der politische Appell hat einen merklich moralischen Unterton. Nun hat aber Quintus (Abschnitt 3) die Verwaltung zwar auch über Provinziale, aber nicht über irgendwelche, sondern über solche, bei denen diese *humanitas* als „Bildung", „Kulturkompetenz", „Zivilisationsstandard" zu Hause ist und von denen sie, wie man allgemein annimmt, auf andere übergegangen ist. Das gemeinsame Dritte in diesem Vergleich, der, wie die Reichskarte zeigt, das ganze Imperium Romanum erfasst, ist die Verwaltung von Provinzialen. Im scharfen Gegensatz werden unter diesen von den wilden und barbarischen Afri, Hispani, Galli die Graeci als nicht *immanes ac feri* abgehoben, sie sind vielmehr ein kulturgebendes Volk, woraus sich die moralische Verpflichtung ergibt, gerade diesen gegenüber das entgegen zu bringen, was man von ihnen erhalten hat: *humanitas.*

a

S. 80

1. CICERO verlangt von seinem Bruder Quintus, er solle die ihm anvertrauten Menschen achten und schützen (*diligere/tueri*); dies liegt im Sozietätsvertrag zwischen den Bundesgenossen und Rom begründet. Roms Macht (*auctoritas*) muss das Glück der *socii* (*esse quam beatissimos*) gewährleisten. Der leitende Begriff ist *fides*, der von Seiten Roms die Schutzgarantie, von Seiten der Bundesgenossen das Vertrauen in die Verlässlichkeit der Römer ausdrückt.
2. Die Griechen nahmen insofern eine Sonderstellung ein, als sie kein wildes und barbarisches Volk sind, sondern ein Volk, von dem das ausgegangen ist, was man fremden Völkern gewähren muss: *humanitas*, also Menschlichkeit, kultivierte Lebensform, Respekt gegenüber den Lebensansprüchen anderer.
3. Im Osten (mit seinen Hochkulturen); *a quo ... pervenisse putetur humanitas.*

**Teil 2: Die Griechen – Roms Lehrmeister (4.2)**

Der nächste Abschnitt (4) bringt ein Bekenntnis CICEROS, nämlich dass die Römer – und allen voran er selber (er spricht von *nos*) – in Lebensbereichen und bei Leistungen, die keinen Verdacht auf leichtfertiges und träges Verhalten aufkommen ließen (gemeint sind wohl die philosophisch fundierte Politik und Rhetorik), das, was sie sich da angeeignet hätten, aufgrund der Wissenschaften und Künste besäßen, die ihnen durch Griechen vermittelt worden seien. Rom habe also von Griechenland gelernt, sei von dort her in seiner Kultur gefördert und perfektioniert worden. Man müsse deshalb diesem Menschenschlag, über den sie nun herrschen, diese Leistung gebührend zurückzahlen, und zwar über die allgemein gültige Verpflichtung einer zuverlässigen Schutzgarantie hinaus (*praeter communem fidem*). Zwischen Rom und den Provinzen, wo Griechen lebten, in Achaia und Asia, besteht, was indirekt zu spüren ist, mehr als ein Sozietätsverhältnis. Das zweimalige *debere*, das „eine Forderung für Schuldigkeit und moralische Verpflichtung"[11] ausdrückt, macht bewusst, dass die Römer den Griechen gegenüber sozusagen eine Bringschuld haben. Sie müssten sich dadurch dankbar erweisen, dass sie gerade deren Gemeinwesen in einen Zustand des Glücks brächten. CICERO hat damit den Sonderstatus der griechischen Untertanen (das Wort *servi* ist wohlweislich nicht verwendet) betont.

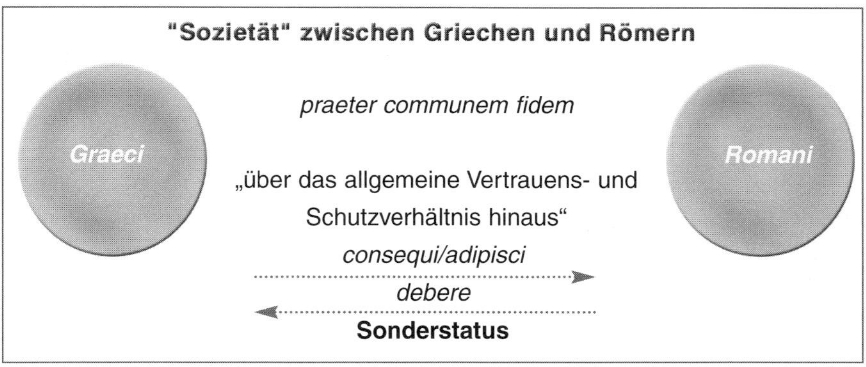


a
. 82

1. Die Römer seien in den *studia* und *artes* gefördert worden, die ihnen durch die literarischen Denkmäler und Lehren der Griechen zugänglich wurden; insofern sind die Griechen die Lehrmeister Roms. Allerdings schränkt CICERO dieses Zugeständnis ein; nur auf den Gebieten, wo kein Verdacht eines trägen und leichtfertigen Lebens aufkommen konnte. Das rein theoretische Spiel ohne konsequente Anwendung auf das politische Leben ist dadurch ausgeschlossen.
2. Die Römer müssen sich aufgrund der „Gaben" der Griechen verpflichtet fühlen, ihnen durch entsprechendes Verhalten diese Leistungen zurückzuzahlen.
3. Die Schüler sollten hier ihre subjektive Stellungnahme begründen.

11) So in: MENGE, H.: Lehrbuch der lateinischen Syntax und Semantik (neu bearbeitet von BURKARD, TH./ SCHAUER, M.), Darmstadt 2000, 694.

**Teil 3: Platons Staatsideal (4.3)**
Wenn nun aber gerade ein hochgebildeter d.h. in der Philosophie bewanderter Römer wie Quintus diese Verwaltung ausübt, ergibt sich bei der Erfüllung der generellen Verpflichtung die beste Chance, den zu verwaltenden Staat glücklich zu machen. Dafür ist der Geistesfürst der Griechen höchstpersönlich überzeugender Gewährsmann: PLATON. Es entbehrt nicht einer gewissen Pikanterie, wenn CICERO gerade im Kontext der römischen Verwaltung einer griechischen Provinz den Philosophen-König-Satz des Griechen PLATON ins Spiel bringt (und nicht etwa innerhalb seines in *De re publica* entwickelten Staatskonzepts). Die Verbindung von Macht und Philosophie könne eine Garantie für das Glück des Staates, also auch für das Wohlergehen der Untergebenen sein. Gattungsspezifisch fällt auf, dass auf diesem Höhepunkt der Briefäußerung die dritte Person vorherrscht. Der Ich-Du-Bezug ist hier reflektorisch überhöht, indem PLATONS Maxime in lateinischer Sprache zitiert wird, eine Eigenart, die CICEROS Brief in die Nähe der literarisch-fiktiven Briefe SENECAS rückt, die sich ja an ein allgemeines Leserpublikum wenden. Doch CICERO bleibt nicht auf Distanz zu dieser weisen Aussage. Er wäre nicht CICERO, wenn er sich auf dieser Geistesebene nicht selbst mit in Szene setzte. Er stellt den Fall der Provinz Asia in den Zusammenhang des ganzen römischen Staates, der vielleicht einmal (wohl unter ihm als Konsul) dieses Glück hatte, einen Philosophen als seinen 'Leiter' zu haben. Diese pointiert gesetzte Nebenbemerkung (im *quod*-Satz) ermöglicht dem Schreiber einen psychagogischen Trick: „Was vielleicht einmal unserem Gesamtstaat zu Teil geworden ist, das ist auf jeden Fall der Provinz Asia beschieden." Durch diese Antizipation des Optimalfalles (Quintus muss sich ja erst in dieser Richtung bewähren) wird der auf den *humanitas*-Erweis abzielende moralische Appell an den Adressaten vom Anfang des Briefes hier in höchstem Maße verstärkt. Der, der über die Griechen herrscht, hat sich von Jugend an intensiv um die Aneignung von Wissenschaft, Tüchtigkeit, Bildung (*doctrina, virtus, humanitas*) bemüht, sich also griechische Philosophie zugeeignet, so dass sich PLATONS Ideal zu Gunsten seiner Nachfahren verwirklichen kann, ja muss. Da Quintus dieser Herrscher über Asia ist, muss er sich zwangsläufig mit der ihm zufallenden Sonderrolle identifizieren. Er wird deshalb die neue wieder auf „Du" umspringende Adhortatio *cura, ut ...* (im 8. Abschnitt) bereitwillig annehmen. Dass er seine um ein Jahr verlängerte Amtszeit zum Wohl „Asiens" (*ad salutem Asiae*) einsetzt, wird ihm zu einer persönlichen Verpflichtung. Die Griechen werden ihm aufgrund seiner Geistesverwandtschaft mit ihrem Urahnen PLATON keine „Fremden" sein.

Die persuasive Taktik des Briefes (die vorherrschende Leserlenkung oder Psychagogie) lässt sich im Schema folgendermaßen verdeutlichen:

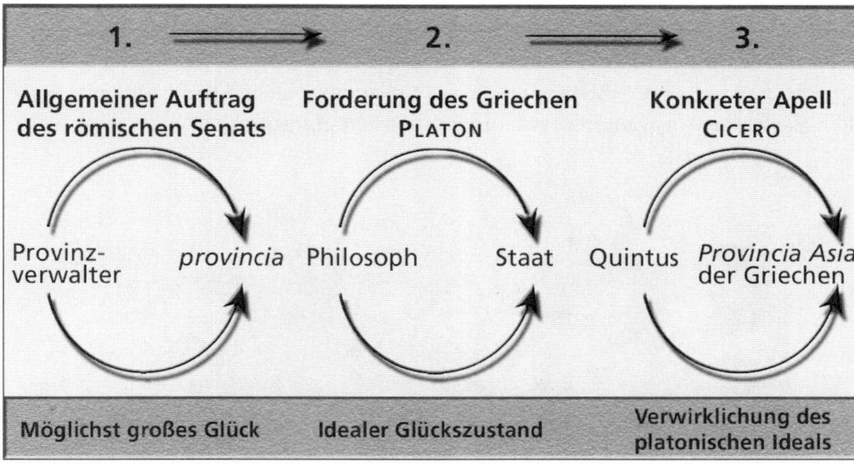


a
. 83

1. CICERO zitiert die PLATON-Stelle, weil er auf diese Weise den philosophisch gebildeten Bruder verpflichten kann, sich entsprechend dem Ideal zu verhalten. Er hat die Chance, durch philosophisches Engagement für das Glück der Bürger zu sorgen. Zugleich will er damit wohl auch andeuten, dass unter seinem Konsulat sich dieser Idealfall für das Imperium Romanum ergeben hat.
2. CICERO hält es für förderlich, wenn die Staatsführung in der Hand eines Philosophen liegt; damit wäre in größtmöglicher Weise eine auf *humanitas* gegründete Verwaltung gewährleistet und das Glück der Bürger am besten gesichert.
3. Die Argumentationslinie verläuft in der Form, dass zunächst allgemein die Aufgabe eines Provinzverwalters beschrieben wird (mit besonderer Rücksicht auf die Griechen), dass dann PLATONS Forderung des „Idealzustands" in der Staatsverwaltung als Leitziel vorgeführt wird und dass schließlich daraus die moralische Verpflichtung für den Bruder Quintus abgeleitet wird.
4. Im Verhältnis zu den Griechen trifft für CICERO die übliche Unterscheidung „Herren" und „Sklaven" nicht zu. Die Griechen sind keine „Untermenschen", vielmehr kulturell höherstehend. Sein Dilemma ist demnach, dass er die höhere Kultur Griechenlands zwar anerkennt, aber in der zu starken Anlehnung an das griechische Vorbild die Gefahr der Überfremdung Roms und damit des Verlustes der römischen Identität erkennt. Die Lösung besteht für ihn darin, das Fremde so an das Eigene, d.h. Römische zu amalgamieren, dass eine Identifikation noch möglich ist. Erst im Bewusstsein der eigenen Identität kann man angemessene Rücksicht auf fremde Völker nehmen; erst dann ist Toleranz möglich.
5. Der hauptsächliche Unterschied im völkerrechtlichen Verhalten zwischen Antike und Gegenwart besteht darin, dass heute alle Menschen in Herkunft, Rasse, Religion, Kultur gleich angesehen werden.
6. Griechenland hat eigentlich das „wilde" Rom kultiviert; Rom müsste diese Leistung der Griechen anerkennen. CICERO erkennt sie im Hinweis auf die *studia et artes*, die die Römer von den Griechen empfangen haben, an, schränkt sie aber auf bestimmte Gebiete ein.

S. 84

Im 15./16. Jh. wurden die Angehörigen fremder Kulturen offensichtlich als unterhalb der Gattung Mensch stehend beurteilt, als tierähnliche Fabelwesen. Heute spricht man von „Euro-Arroganz", die sich in einem solchen Denken manifestiert. Die Karikatur von Daumier verdeutlicht dies sehr eindrucksvoll:

Die Vorstellungen von dem „wundersamen Menschen" waren wohl deshalb so abstrus, weil man dadurch seine Überlegenheit und damit den Anspruch über die anderen zu herrschen unter Beweis stellen wollte. Sie sind ein Ausdruck des europäischen Selbstbewusstseins, auf dessen Grundlage im 19./20. Jh. die Kolonisation der Welt von Europa aus durchgesetzt wurde.

S. 85

1. Cicero spricht sich für einen humanen Umgang mit den Griechen aus; diese tun sich aber ihrerseits schwer, mit ihren kleinasiatischen Nachbarn auszukommen, in denen sie offensichtlich so etwas wie „Barbaren" sehen.
2. Schillers Maxime deutet an, dass das Verständnis von Menschen verschiedener Art dann gesichert wird, wenn man sich wechselseitig genau kennen lernt. Im Vergleich mit dem Fremden erkennt man seine Eigenheit, nur im Wissen um die eigene Identität ist man fähig, den anderen angemessen zu verstehen und in seiner Eigenart anzuerkennen.

## 3. Die Beurteilung der Briefbotschaft: Ciceros Dilemma

(Gesamtinterpretation im wirkungsgeschichtlichen Zusammenhang)

Die Psychagogie oder Leserlenkung des Briefes ist von einer hohen Achtung gegenüber der Kulturleistung der Griechen bestimmt. Die Römer, allen voran CICERO und sein Bruder Quintus, fühlen sich diesem unterworfenen Volk gegenüber verpflichtet. Sie müssen den Wert ihrer Kultur als Bildungsvorgabe und -ergebnis (*humanitas*) respektieren und sie in ihrer Würde achten. Das ist die Quintessenz des Briefes.

Warum aber steht CICERO den Griechen im „realen" Leben eher mit Abscheu gegenüber? Schätzt er nur deren geistige Vorfahren, die Griechen des „alten Hellasv (*Ad Q. fr.* I 1,16), nicht aber die degenerierten Zeitgenossen, wie von einigen angenommen wird? Dann wäre der Rat an Quintus zu einer besonderen Aufmerksamkeit den jetzigen Griechen gegenüber eigentlich überflüssig. Klafft hier etwa zwischen Idee und Wirklichkeit eine Lücke, so dass ein „Rest an Widersprüchlichkeit in jedem Falle bleibt"? (CHRISTES, 109). Ist der Brief an den leicht hitzigen und aufbrausenden Bruder nur eine ad-hoc-Mahnung ohne programmatische Absicht? JOHANNES CHRISTES deutet den Brief in dieser Richtung.[12]

Gibt es eine plausiblere Lösung dieser Interpretationsschwierigkeit? Fest steht: CICERO hat hier, wie wohl auf einen konkreten Fall bezogen, ein Verhalten in Idealform propagiert. Nicht von ungefähr hat er PLATONS Ideal vom Philosophen-Königtum am Höhepunkt des Briefes zitiert. Die Achtung griechischer Kultur und ihrer Vertreter ist – auf der Verstandesebene – eine in jedem Fall erstrebenswerte Einstellung. Das römische Leben ist jedoch zu CICEROS Zeit nicht so weit, dieses Ideal zu verwirklichen. Seit CATOS DES ÄLTEREN Ausspruch, dass, sobald jenes Volk uns seine Wissenschaft gebe, es alles verderben werde,[13] sind bei den Römern Ressentiment und Minderwertigkeitskomplex nicht verschwunden. Das Gefühl sperrt sich gegen die Anerkennung der Griechen. Aus dem römischen Nationalstolz erwachsen den Herrschern Ängste vor einer Überfremdung ihrer Kultur durch die von überall her auf Rom eindringenden Einflüsse. Das, was das Herrenvolk groß gemacht hat und was sie instand setzt, die Herrschaft über die ganze bewohnte Erde auszuüben, droht verloren zu gehen. Auch CICERO sieht (kaum anders als SALLUST) im Verlust des Römischen eine ernste Gefahr; so sitzt er gleichsam zwischen zwei Stühlen. Das ist sein Dilemma. Obwohl sich seit dem 3. Jh. v.Chr. in den oberen Schichten, in der Aristokratie (besonders im Scipionenkreis), die Akkulturation zwischen Rom und Griechenland immer mehr durchgesetzt hat, ist CICERO, der sich für den ganzen Staat Rom, wie einst CATO, verantwortlich fühlt, wie wir aus *De re publica* (bes. 5. Buch) wissen, noch voller Skepsis und auf Betonung des römischen Eigenwertes bedacht; sonst hätte er nicht jenes überzeichnete, geradezu hyperbolische Urteil an den Anfang der *Tusculanen* gestellt, „dass unsere Leute" alles weiser als die Griechen erfunden oder das von ihnen Übernommene, soweit sie es eines Einsatzes für würdig hielten, besser gemacht hätten.[14]

> *Meum semper iudicium fuit omnia nostros aut invenisse per se sapientius quam Graecos aut accepta ab illis fecisse meliora, quae quidem digna statuissent, in quibus elaborarent.* (*Tusc.* I1)

„So reagierte er auf den kulturellen Anspruch der Griechen mit nationalstolzer Irritation." meint CHRISTES (a.O. 110). Ist es aber nicht mehr als Irritation? Steckt dahinter nicht eine Grundüberzeugung, die gerade in ihm, der sich wie kein anderer um die Aneignung einer fremden Kultur bemühte, wach geworden ist, nämlich dass

12) a.O. 119, der Brief habe „nicht so sehr eine programmatische als eine appellative Funktion".

13) CATO *ad fil. frg.*1: *quandoque ista gens suas litteras dabit, omnia corrumpet.*

14) S. dazu HARDER, R.: Das Prooemium von Ciceros Tusculanen (Die Antithese Rom – Griechenland. In: Ἑρμηνεία, Festschrift für O. Regenbogen, Heidelberg 1952, 104-118.

nur dann eine Übernahme des Fremden erträglich ist, wenn dieses Fremde so an das Eigene amalgamiert wird, dass eine Identifikation damit noch möglich bleibt. Einfacher gesagt: Nur dann, wenn das Bewusstsein der kulturellen Identität nicht zerstört wird, ist für CICERO die Begegnung mit fremder Kultur und deren Aneignung sinnvoll und vertretbar.[15] Der Amalgamierungsprozess war in CICEROS Zeit auch durch ihn noch nicht in der Weise vollzogen, dass diese Bedingung erfüllt gewesen wäre. Deshalb propagiert CICERO im Idealfall die Achtung vor der Würde der griechischen Kultur und ihrer Vertreter, in der aktuellen Politik bleibt er zu ihr und ihnen auf kritischer Distanz, zumindest fallweise.

Projizieren wir nun die erarbeiteten Ergebnisse in den Verstehensrahmen, den wir am Anfang weit ausgesteckt haben. Welche Folgerungen ergeben sich daraus? Was ist der pädagogische Ertrag?

CICERO war sein Leben lang bemüht, der römischen Lebensart und Herrschaftsform durch die produktive Auseinandersetzung mit den griechischen Vorgaben ein tragfähiges geistiges Fundament zu geben (etwa bei der Begründung der „gerechten Herrschaft" und des „Gerechten Krieges"). Dass er dabei über Rom hinausweisende, für die Zukunft relevante Gedanken formulierte, liegt auf der Hand. Die Aussage des Briefes an Quintus liegt auf der Ebene seiner programmatischen Äußerung über das Verhältnis zu den „Ausländern", die er in *De officiis* gemacht hat. (vgl. das Zitat am Anfang, S. 108). In diesem allgemeinen, d.h. auf alle Nichtrömer bezogenen Fall, bleibt das Ideal noch sehr viel weiter und für längere Zeit hinter der Realität zurück als etwa im Falle der Griechen. Dieses Ideal zielt auf die Gleichheit aller Menschen in sozialer und kultureller Hinsicht.

Die Gleichheitsidee war in der Antike gewiss bereits angedacht, in der Stoa, auch in der griechischen Sophistik, deren Denken wiederum schon im Hippokratischen Eid seinen Niederschlag gefunden hat. Dort heißt es, dass die Integrität des Arztes allen Patienten gegenüber gewahrt sein muss, ob ihm nun die Körper von Frauen oder Männern, von Freien oder Sklaven zur Behandlung anvertraut sind.

„Von Natur sind wir alle in jeder Hinsicht gleich", so formuliert es der Sophist ANTIPHON im 5. Jh. v.Chr. „Gott hat alle Menschen freigelassen, keinen hat die Natur zum Sklaven gemacht." So lautet die revolutionäre Idee des ALKIDAMAS im 4. Jh. v.Chr. Er ist damit seiner Zeit weit voraus. Als Idee mit möglicher Breitenwirkung bestimmt der Gleichheitsgedanke den Geist der christlichen Bibel, dem Grundbuch der neuen, rasch ungeheure Menschenmassen anziehenden Religion:

„Hier ist nicht Jude, nicht Grieche, hier ist nicht Sklave noch Freier, hier ist nicht Mann noch Frau. Denn ihr seid alle eins in Christus." So schreibt PAULUS im Galater-Brief (III 28).

---

15) Deshalb sind die Römer nach CICEROS Ansicht eben nicht auf allen geistigen Gebieten zum Wettbewerb mit den Griechen angetreten, sondern nur auf den Gebieten, auf denen sie eine Auseinandersetzung von ihrem nationalen Verständnis her für sinnvoll hielten. Dazu neuerdings DUNSCH, B.: Das Tusculanen-Proömium: Epochenwechsel von der griechischen zur römischen Philosophie? In: Anregung 46 (2000), 298-319.

Freilich innerhalb des römischen Imperiums hat dieses philosophische bzw. religiöse Programm keinerlei realpolitische, soziale Folgen. Auch die Waffe der Bibel blieb hier stumpf. Ja, als der christliche Glaube (*fides*) durch die heidnische Vernunft (*ratio*) der Philosophie eine theoretische Grundlegung erfuhr, aktualisierte sich die aristotelisch-römische Herrschaftsdoktrin, die von der Ungleichheit der Menschen ausging, im christlichen Gewande. So kommt etwa ISIDOR VON SEVILLA, Bischof und Theologe im 6./7. Jh. n.Chr., zu dem Urteil:
„Gleichwohl die Ursünde aller Gläubigen durch die Gnade der Taufe vergeben wird, schafft der gerechte Gott doch einen Unterschied im Dasein der Menschen, indem er die einen zu Sklaven, die anderen zu Herren macht, auf dass die Freiheit, Böses zu tun, begrenzt werde durch die Macht der Herrschenden."
Hier hat die griechische Bildung (*humanitas*), die den Bund mit dem römischen Herrschaftsanspruch (*imperium*) eingegangen ist, auch die Bibel überformt und ihre Wahrheit verdeckt. Denn nur unter solcher Bedingung ist jene oben gehörte theologische Rechtfertigung zu erklären, die der christliche Theologe und Humanist JUAN GINÉS DE SEPÚLVEDA für die Eroberung Amerikas gegeben hat, in deren Verlauf weder die Würde der dortigen Kultur noch die des Lebens ihrer Vertreter geachtet wurde. Der große Gegner SEPÚLVEDAS, der christliche Mönch und Bischof BARTOLOMÉ DE LAS CASAS hat die antik-christliche Programmatik damals schärfstens attackiert und der Wahrheit der Bibel Geltung zu verschaffen versucht:

> *Indi fratres nostri sunt, pro quibus Christus impendit animam suam ... Non enim stupidi seu barbari sunt.*
>
> (*Adversus persecutores et calumniatores gentium novi ad Oceanum reperti mundi Apologia*)

Der Gedanke der Brüderlichkeit unter Christen geht Hand in Hand mit der Idee der Gleichheit aller, auch bei verschiedenen Kulturen. Die Indianer seien keine Barbaren. Eine „Entbarbarisierung" gehe nicht mit der Bibel konform. Heute meint man, dass damals die Menschenrechte aus dem Meer der Geschichte aufzutauchen begonnen hätten. Freilich sind sie erst – nach der Vorleistung vieler anderer – im Zuge der Französischen Revolution 1789 kodifiziert worden. Doch so viel ist klar: Die Entdeckung der Menschenrechte begann, tief unten in der Geschichte Europas. Der Weg für die zunächst nur schwach glimmenden Ideen musste durch heftigsten Widerstand gegen vorherrschende Traditionen freigekämpft werden. Die größte aller politisch-sozialen Neuerungen, die von Europa aus weltweit Wirkung erzielen sollte, ist, wie wir sahen, durch Opposition und Tradition zustande gekommen. CICERO nimmt innerhalb dieser Entwicklung gewissermaßen eine Zwitterrolle ein. Er begründete auf der einen Seite die römisch-europäische Herrschaftsdoktrin mit, zu der sich die Neuerer in heftigsten Widerspruch stellten, auf der anderen Seite brachte er Ideen mit in die Welt (siehe die obige Postkarte!), die als tradierte Werte dieser Opposition die geistige Dynamik gaben; insofern erwies sich CICERO als Gegner und zugleich als Wegbereiter des Neuen. *Liberté, égalité, fraternité* im aufgehenden Dreigestirn am politischen Himmel des neuen Europa sind schon von ihrem Etymon her keine Erfindungen der Neuzeit, wie man sieht. Die Pfahlwurzel der Menschenrechte steckt gewiss in der Bibel, ihre Haarwurzeln senken sich jedoch hinab bis in die griechisch-römische Antike, wie es jüngst der Völkerrechtler DIETER

Blumenwitz[16] nachgewiesen hat. Gerade in diesem Bezug gilt demnach auch Karl Jaspers Wort: „Europa – das ist die Bibel und die Antike." Freilich sind die mühsam erkämpften Ideale Europas, die Menschenrechte, nach wie vor umstritten; ihre Durchsetzung bedarf des permanenten Einsatzes aller.

Das Thema „Würde einer fremden Kultur", das in Ciceros Brief in einem besonderen Bezug problematisiert wird, haben wir hier in einen großen geistesgeschichtlichen Zusammenhang gestellt; es ist jedoch nicht nur von historischem Belang. Die Vernetzung unseres Globus durch die informationstechnischen Medien fördert die Begegnung der Weltkulturen. Das Stichwort ist „Interkulturalität". Wenn diese Begegnung nicht zwangsläufig zu einem „Kampf der Kulturen" umschlagen soll, wie es Samuel Huntington in seiner Analyse der Weltpolitik annimmt,[17] setzt dies die intellektuelle und emotionale Fähigkeit voraus, die Würde fremder Kulturen zu achten. „Das Zusammenleben der Kulturen", das etwa Harald Müller in seinem „Gegenentwurf zu Huntington"[18] fordert, verlangt hier wiederum, dass man sich dabei der eigenen kulturellen Identität bewusst wird oder bleibt; dies gilt für den einzelnen Menschen nicht weniger als für ein Volk oder eine Völkergemeinschaft. Der Kontinent Europa steht heute vor dieser schwierigen Herausforderung, die zu bestehen seine Bewohner nur ein langwieriger Lernprozess fähig macht.

Die Lektüre von Ciceros Brief führt die Lernenden, dies sollte hier gezeigt werden, in das Zentrum dieser Problematik: Sie ist hochaktuell. Das Thema ist zeitlos und beweist einmal mehr die „Gegenwart der Antike".

---

16) Grundlegung der Menschenrechte in der westlichen Kultur. In: Sonderheft der Hanns-Seidel-Stiftung 1 (1995), 5-12.

17) Der Kampf der Kulturen, München/Wien 1997. Vgl. auch Bassam Tibi: Europa ohne Identität? Die Krise der multikulturellen Gesellschaft, München 1998, 33ff.

18) Das Zusammenleben der Kulturen. Ein Gegenentwurf zu Huntington. Frankfurt a. M. 1999.

# 8 Die Fabel von Stadt- und Landmaus (Horaz)

## Oder: Was mich eigentlich zufrieden macht

Das Projekt ist geeignet im Anschluss an die Fabellektüre den Übergang zur Oberstufenlektüre herzustellen. Es kann aber von seinem Thema her als Lektürevorhaben auch für sich stehen, dann eher zum Abschluss der Lektüre vor Beginn der Oberstufe. Da aus der Satire II 6 nur der „konkrete“ Teil der Fabel von Stadt- und Landmaus zur Originallektüre herangezogen wird, ist das Projekt dann gut zu verwirklichen, wenn die Lektüre von Dichtung (etwa Catull oder Ovid) vorausgegegangen ist.

Hauptmethode: Statarische Lektüre mit textgrammatischer Erschließung
Vergleich mit der Rezeption der Fabel in der europäischen Literatur

Kreative Anstöße: Schülercollage über den Gegensatz von Leben in der Stadt und Leben auf dem Land

Fachübergreifende Zusammenarbeit mit: Deutsch, Ethik und Französisch

### 1. Didaktische Einordnung

#### 1.1 Die Frage nach Glück und Zufriedenheit

Die Antike hat mehrere Glücksmodelle entworfen – als Reaktion auf ein offensichtliches Urbedürfnis des Menschen, sein Leben in Zufriedenheit, d.h. in Frieden mit sich selbst zu gestalten. Diese Modelle liegen in ihren Zielvorgaben weit auseinander, ja sind oft geradezu konträr. Die griechische Sprache hat den verschiedenen Vorstellungen entsprechend für Glück unterschiedliche Begriffe geprägt. Besteht Glück in reicher und üppiger Fülle der Mittel, so steht dafür das Wort ὄλβος; ist damit Erfolg gemeint, so spricht man von εὐπραγία. εὐτυχία wird verwendet, wenn man sich unter einem guten Stern fühlt und frei von Sorgen und Unheil bleibt.

Zum Zentralbegriff wurde in der sokratischen Philosophie die so genannte Eudämonie (εὐδαιμονία). Das Empfinden für Glück verlagerte sich von außen nach innen, in die Seele; es bezeichnet eine Befindlichkeit, die man als Übereinstimmung mit sich selbst erklären kann. Für Sokrates und seinesgleichen war es das Gefühl der Zufriedenheit, das aus der Treue zu seinen Prinzipien kommt, weshalb er eben – den Gesetzen gehorchend – heiter die Todesstrafe durch den Giftbecher auf sich nahm. Nach Sokrates ging die Deutung von Eudämonie extrem auseinander; die einen sahen sie gegeben, wenn die Lustbedürfnisse voll befriedigt werden (Hedonismus); die anderen, wenn die Triebe gebändigt werden und man in asketischer Bedürfnislosigkeit lebt (Beispiel: Diogenes im Fass).

Auch in Rom hat man – von griechischen Vorstellungen nicht unbeeinflusst – sich über das Glück und damit letztlich über die Sinnhaftigkeit des Lebens tiefer gehende Gedanken gemacht; das geschah im philosophischen Traktat, in den Briefen, auch in der Dichtung. Auch die Römer hatten keine einhellige Meinung; hier standen sich gleichfalls Extreme gegenüber: die stoische Theorie von der Seelenruhe und die epikureische Lehre vom wohlbemessenen Genuss der Lust. Glück lag für die einen in Anerkennung und Ruhm auf der politischen Bühne – eine sehr römische Ausprägung –, für die anderen in einem beschaulich-abgeschiedenen Leben mit Freunden, das fern von aller politischen Aufgeregtheit unauffällig, aber durchaus den Freuden des Lebens zugetan verläuft. Oft wohnen beide Seelen in einer Brust, die zwei Prinzipien stehen sich antinomisch gegenüber, was sich wiederum in Unausgeglichenheit, vielleicht sogar in innerer Zerrissenheit äußern kann. Zum Ausdruck kommt dies in ganz verschiedenen Formen der sprachlichen Vergegenwärtigung, zuweilen sogar in einer Satire, in der der Autor sich selbst ironisiert. So bei HORAZ.

## 1.2 Lust an Spott, Satire und kritischer Attacke

Zum Menschen gehört es, dass er seine Unzufriedenheit, seinen Ärger, seinen Widerspruch sprachlich artikuliert, mündlich oder schriftlich. Gerichtet sind solche Äußerungen gegen Mitmenschen, gegen die Gesellschaft, gegen die Politik und ihre Vertreter; nicht selten wendet sich der Kritiker gegen sich selbst. Man spricht dann von Selbstkritik oder Selbstironie. Der Grund dafür liegt gewiss in der Lust des Menschen an Spott und lästernder Heiterkeit, auch in einem ihm angeborenen Aggressionstrieb.

Die tiefste Ursache aber ist wohl sein Drang nach Freiheit, das, was ihm nicht passt, zu attackieren, bloßzustellen; Kritik ist so meist nicht um ihrer selbst willen geäußert, sondern mit dem Ziel, den Dingen – aus der Sicht des Kritikers – Gerechtigkeit widerfahren zu lassen. Man hält dem anderen den Spiegel vor, damit er sich vor sich selbst entsetzt. Diktatoren vertragen das nicht, weshalb in ihrem Reich alle Formen solcher Kritik in der Regel nicht geduldet werden. Zusammen mit der Freiheit verschwinden Spott und Satire.

Solche Kritik kann feinsinnig oder grobschlächtig sein, gescheit oder plump, scharfzüngig oder humorvoll, verletzend oder von Taktgefühl bestimmt. Immer freilich ist sie darauf angelegt, die Wirklichkeit zu verzerren, durch Übertreibung oder, indem sie bestimmte Züge einseitig hervorkehrt. Sie will eben mit Nachdruck auf etwas aufmerksam machen.

Die literarische Form, in der sich kritische Attacken präsentieren, kann unterschiedlich sein; in der Antike war es in frühester Zeit das jambische Gedicht, dann die Komödie, die missliche Zustände der Gesellschaft und Politik oder auch des Privatlebens aufs Korn nahmen. Später übernahmen die Kleinform des Epigramms und die Satire diese Funktion. Dass damit in Europa eine kulturelle Tradition begründet wurde, steht außer Zweifel. Von den literarischen Formen sind heute mehr oder weniger stark präsent die Komödie und die Satire; ihre Intention ist transformiert worden in den bissigen Zeitungskommentar, in das Streiflicht, in die kabarettistische Attacke oder sie hat sich visualisiert in Karikatur oder Cartoon.

Die Frage nach dem Glück ist ebenso ein würdiger Gegenstand des gymnasialen Unterrichts wie das Phänomen der kritischen Attacke in all ihren Erscheinungsformen.

## 2. Interpretationslinien

### 2.1 Horaz' psychische Dialektik

Die Satire II 6 beginnt eigentlich im Ton eines Hymnus. Ein Preis an den Sohn der Maia, also an Merkur, den Gott des glücklichen Fundes. Sein „*hermaion*" („Glücksfund") ist das Sabinergut, das er von Mäzenas nach dem Jahr 35 v. Chr. vermutlich für die ihm gewidmeten Satiren des ersten Buches geschenkt bekommen hat. Das Sabinum war „jenes Landgut beim heutigen Vicovaro in den Sabinerbergen hinter Tivoli, das ihm zur Stätte musischer Ruhe wurde, ohne die er das hektische Leben in Rom nicht ertragen hätte". So KARL BÜCHNER.[1]

Genau diese Spannung ist das Thema der Satire, das Horaz nach dem einleitenden Dankgebet in scharfer Kontrastierung aufbaut. Der Hektik und Aufgeregtheit der Stadt mit ihren klimatischen Beschwernissen und politischen Belastungen stellt er die Ruhe, die Muße, das Zusichkommen auf dem Land gegenüber. Hier in Rom die „Karriere" des politisch Arrivierten, der sein Ohr dicht an den Gesprächen über imperiale Entscheidungen oder gesellschaftspolitische Orders hat, das Lustgefühl des VIP, des überall Bekannten und Begehrten, freilich auch des der Pression täglicher Verpflichtungen Unterworfenen, dort das ruhige, bescheidene Leben in Sicherheit und Freiheit, die Entlassung aus den Zwängen des Protokolls, das Gespräch mit Freunden über philosophische Fragen bei Wein und ländlichen Speisen.

BÜCHNER nennt diese Extreme „die beiden Pole zwischen denen, die Grundstützen, auf denen sich das Leben des HORAZ bewegt".[2] Nach FRIEDRICH KLINGNER ist für HORAZ „das sabinische Gut Brücke zur Welt geworden: ein Stück Welt, das frei von den Verkehrtheiten des Lebens ist, wo sich ein rechtes Dasein verwirklichen lässt."[3] HORAZ freilich kann sich weder für das eine noch für das andere ganz entscheiden. Die Großstadt schenkt ihm den Ruhm, das Land die Ruhe. Träumt er aber nur „den Traum vom glücklichen Landleben"[4], wie MICHAEL VON ALBRECHT andeutet, so als wäre das nicht immer wieder aufgesuchte Realität? Das Sabinum existiert doch nicht weniger als Rom. An beiden hängt der Dichter mit seinem Herzen. Mit keiner Rolle kann er sich völlig identifizieren. In dieser psychischen Dialektik lebt HORAZ, an ihr leidet er. Ein Schüler hat einmal diesen seelischen Zustand des Dichters so zu analysieren versucht:[5]

**„Fehlende Rollenidentifikation – Horaz' menschliches Leid?** (*Sat.* II 6, 40-58)

Zwei Rollen muss HORAZ in Rom erfüllen: In der einen wird er von Mäzenas als Unterhalter in Anspruch genommen, in der anderen als angeblich gut unterrichteter politischer Ratgeber vom Volk. Doch er weiß, dass ihm, seiner Persönlichkeit, keine der beiden gerecht wird. Dass man den Eindruck gewänne, er identifiziere sich mit

---

1) Die römische Lyrik. Texte, Übersetzungen, Interpretationen, Geschichte, Stuttgart 1976, 91 f.

2) Ebenda.

3) Römische Geisteswelt, München 1956, 315.

4) Geschichte der römischen Literatur, Bd. 1, New Providence, München, London, 1994, 568.

5) Entnommen aus VERFASSER: Passt Horaz in ein modernes Curriculum? In: Werke der Antike, Dialog Schule und Wissenschaft, Bd. IX (hg. von HÖRMANN, F.), München 1976, 160.

einer der beiden Rollen, er halte sich dafür, wofür er von den anderen gehalten wird, das sucht er durch die Ironie der Darstellung, jene verunsichernde Unter- bzw. Übertreibung, zu verhindern. Er muss darauf beharren, dass er andere, wichtigere Aufgaben hat, als im gesellschaftlichen Leben Roms zu funktionieren. Und dennoch schafft die Beziehung zu Mäzenas, welche durch zu starke politische Bindung, durch eine mögliche Identifikation mit der zugedachten Rolle, seine Kunst gefährden kann, als Existenzgrundlage die Voraussetzung für jegliches freiere Schaffen. Er also, in Klischees gedrängt und als Sohn eines Freigelassenen nicht zum Adel, als Freund des Mäzenas nicht zum Volk gehörig, schlechthin nirgends ansässig zu machen, steht allein. Von seinen Rollen fordern alle etwas, aber er als Mensch, als Person, ist von keiner angesprochen. Dieser Mangel an tiefem persönlichen, Emotionen weckenden Kontakt stellt für jeden Menschen einen bedeutenden Leidensdruck her, der psychisch verarbeitet werden muss. Bei Horaz geschieht das dahingehend, dass er die auf Grund seines Intellekts ohnehin nahe liegende Position des Rationalen zu der seinen macht. Und mit diesem Boden unter den Füßen, reflektierend und mit der Distanz des Darüberstehenden, kann er sich wieder, wie die nachfolgende Schilderung des von ihm ersehnten Landlebens zeigt, mit dem Emotionalen befassen, dabei seine emotionale Betroffenheit mit Ironie überspielend und in Frage stellend (wie es sich auch in der Liebeslyrik zeigt)."

(Roman Lohmaier)

a

S. 92.

Horaz' innere Verfassung ist gekennzeichnet von zwei extrem verschiedenen Bedürfnissen oder Befindlichkeiten. Er will einerseits in Rom trotz aller Bedrängnisse am Leben der *high society* teilhaben; er sucht aber andererseits immer wieder die Ruhe und Abgeschiedenheit des Landgutes. Schon hier lässt sich eine gewisse innere Gebrochenheit erkennen.

## 2.2 Die Fabel von Stadt- und Landmaus

### Teil 1: Ländliche Gastfreundschaft (4.1)

Die Fabel beginnt als Erzählung über ein einstmaliges Geschehen *Olim ... fertur accepisse*. Trotzdem bleibt es ein virtuelles Ereignis, das sich unter Tieren abspielt, zwischen zwei Mäusen, einer Landmaus und einer Stadtmaus. Letztere wird von ihrer „Freundin" auf dem Land gastlich empfangen. Achtet man auf Begriffe und Wendungen, die ihre Gastfreundschaft kennzeichnen (*artem solvere hospitiis animum ... neque sepositi ciceris invidit ... ore ferens ... cupiens varia fastidia cena vincere ... dapis meliora relinquens*), so zeigt sich, dass die Gastgeberin ihre gewohnten Regeln der Sparsamkeit außer Acht lässt, um der verwöhnten Freundin aus der Stadt den Besuch so angenehm wie nur möglich zu machen. Sie trägt all ihre Essensschätze auf, enthält der Stadtmaus nichts vor (kein Missgönnen: *invidia*), während sie sich mit dem Kärglichen bescheidet und das Bessere der andern überlässt. Horaz überzeichnet bewusst die Gastfreundschaft, um den Kontrast scharf zu betonen: Die feine „Dame" aus der Stadt, der vor dem rustikalen Angebot graust (*fastidia*), „berührt alles nur mit hochmütigem Zahn“, schaut also auf das Dasein ihrer Partnerin von oben herab, sie respektiert die bemühte Gastlichkeit nicht, lässt sie das Gewohntsein an einen höheren Lebensstil spüren.

Im Schema:

| ***rusticus mus*** | ***urbanus mus*** |
|---|---|
| *artum solvere animum* | *fastidia* |
| *non invidere*<br>*meliora relinquere* | *dente superbo tangere* |
| **Bemühte Aufmerksamkeit** | **Hochmütige Distinguiertheit** |

a

.93

1. Träger der Haupthandlung ist die Landmaus (*mus rusticus*); sie erscheint als Subjekt an der Spitze: alle Prädikate in den Haupt- und Gliedsätzen sind darauf bezogen: *fertur accepisse – solveret neque … invidit – dedit – esset.* Die Stadtmaus ist nur Objekt oder Genitivattribut: *urbanum murem – amicum – fastidia tangentis* (*muris*). Die Konstellation des aktiv Handelnden und passiv Betroffenen kommt trefflich in dem stilistisch pointierten Satzbau (mit Polyptoton: *veterem vetus*) zum Ausdruck.

Landmaus

v e t e r e m vetus hospes a m i c u m

Stadtmaus

2. Die Lebenswelt der Landmaus wird beschrieben mit: *cicer, avena, ador, lolium, semesa lardi frust*a – *cavus, palea … in horna* (also einfache ‚Speisen‘ der Natur; Wohnen in einer Höhle, Liege aus heuriger Spreu – ‚primitive‘ Lebenswelt).
3. Eigenschaften der Landmaus: *pauper, asper, attentus quaesitis, artus animus, quem tamen solveret hospitiis … neque invidit; dapis meliora relinquens* (also: bescheiden, bedürfnislos, knauserig gegen sich selbst, allerdings für Gastfreundschaft aufgeschlossen und da großzügig).
4. HORAZ will durch das Herausstellen von Verhalten und Umwelt der Landmaus den einen der beiden für den Vergleich nötigen Erfahrungsbereiche markant kennzeichnen, damit sich dann der Gegenbereich der Stadtmaus davon auffallend abheben kann.

**Teil 2: Einladung in die Stadt (4.2)**

Der Kontrast macht die Unzufriedenheit der Stadtmaus manifest. Solcher Lebensstil, wie ihn ihre Freundin auf dem Lande pflegt, ist ihr zuwider, macht keinen Spaß. Deshalb beginnt ihre Gegeneinladung mit dem Satz: *Quid te iuvat ...?* Sie will der Landmaus zeigen, wie man richtig lebt, ihr den Unterschied zwischen der einen und der anderen Lebensform unmittelbar vor Augen führen. Der gesellschaftliche Stolz präsentiert sich in freundschaftlich-aufdringlicher Art, indem er die Überlegenheit des eigenen Lebensstils vorstellt. Dem unkultivierten wilden Leben auf dem Lande (*feris silvis!*) wird das *high life* der Großstadt entgegengesetzt, mit der gleichfalls hochtrabenden Geste einer philosophischen Paränese: Da alles Irdische sterblich ist und weder dem Großen noch dem Kleinen die Flucht vor dem Tode gelingt, soll man, solange es möglich ist, in günstigen Lebensverhältnissen glücklich leben (*in rebus secundis vivere beatum*). Das Glück definiert sich durch die äußeren Verhältnisse, die günstig verlaufen (*res secundae*); angesichts der Kürze des Lebens macht nur ein hohes Maß an Lust und Genuss das Leben lebenswert.

Die Städterin zeigt sich wohlgebildet, weiß ihren Lebensstil in „tiefsinnigen Worten" argumentativ zu vertreten. Zumindest hat sie sofort die passende Sentenz parat, um sie wirkungsvoll einzusetzen. Der Appell (zwei anaphorische Imperative: *vive ...., vive ...*) zeigt sofort Wirkung. Die beiden Mäuse springen aus dem Haus und machen sich des Nachts auf den Weg in die Stadt, in die sie sich heimlich einschleichen. Schon hatte die Nacht ihre Mitte erreicht, als beide ihre Füße in den reichen Palast setzten. Die Stilebenen haben abrupt gewechselt: von der philosophischen Reflexion und Adhortation mit epikureischem Anstrich hin zur epischen Erzählung. Der Ton ist nun der des Heldenepos, gemessen und getragen, ein Geschehen erfassend wie beim listigen Erobern einer Stadt (man beachte den historischen Infinitiv *subrepere* und das *cum inversivum*). Auch die Beschreibung des Luxus und der reichen Fülle an Essen im Hause hat epischen Zuschnitt. Spannung wird aufgebaut. Vor dem Hintergrund der kontrastierten Lebensbereiche dringt die „epikureische" Lebensanweisung nachdrücklich ins Bewusstsein:

| ***ferae silvae*** | ***urbs*** |
|---|---|
| *praerupti nemoris dorsum* | *locuples domus* |
| *patientem vivere* | *rubro cocco tincta vestis* |
| | *multa fercula de magna cena* |

*In rebus secundus vive beatus!*
*Vive memor, quam sis aevi brevis!*

a
S. 93

1. Die Stadtmaus sieht im Leben der Landmaus ein *patientem vivere*, ein duldsames Leben am Kamm eines steilen Waldgebirges; es ist für sie ein Leben in wilden Wäldern (*feris ... silvis*), also unkultiviert und in der unwegsamen Natur, ein Leben, an dem man keine Freude haben kann (*Quid te iuvat?*).

2. Das Argument, mit dem die Stadtmaus die Landmaus zum Aufsuchen der Großstadt bewegen will, ist die Vorstellung des Glücks. Glück gibt es nur dort, wo ein reiches, lustvolles Leben gelingt. Und da das Leben nur kurz und weder dem Großen noch dem Kleinen die Flucht vor dem Tod möglich ist, soll man den Augenblick genießen. Ihr Plädoyer gilt also einem reichen, lustbetonten Leben. Diese Vorstellung hat einen epikureischen Einschlag.
3. Wenn die Stadtmaus die Wörter *terrestre* und *letum* in den Mund nimmt, dann will sie sich – so die Intention des Autors – gebildet zeigen, sie pflegt eine höhere Sprachebene, von poetischem Anstrich und philosophischem Tiefgang. Lebensstil und Sprachstil sollen korrespondieren. Dass HORAZ hier in der Ambition der *mus urbanus* ein bestimmte Art des gesellschaftlichen Lebens parodiert, steht außer Zweifel.
4. Unter *beatum vivere* versteht die Stadtmaus ein lockeres, üppiges Leben in der Fülle und im Luxus des städtischen Angebots und in einer affektierten, an der Oberfläche perfekt funktionierenden Lebensart. Glück erfüllt sich im Lebensstil des „großen Mannes" (*magnus*).
5. Die Textstellen als Ausgangspunkt für die Schülerzeichnungen sind: *Quid te iuvat ... patientem vivere ...?* Und *inde ambo praepositum peragunt iter.*

**Teil 3: Der Schock (4.3)**

Nun im Stadthaus, in ihrem Lebensbereich, ist die feine Dame, die Stadtmaus in ihrem Element, sie zieht alle Register ihres Könnens als Gastgeberin. Sie zeigt, was sie sich unter Bewirtung vorstellt. Sie platziert den Gast auf einer feinen Purpurdecke, eilt hochgeschürzt geschäftig (*cursitare*: verb. intensivum) hin und her, erfüllt die Dienste der Gastgeberin, kostet alles mit der Zunge vor, was sie kredenzt.[6] Der Gast freut sich über den Wandel seines Geschicks und ist guter Dinge, als plötzlich der laute Krach der Türflügel beide von ihren Liegen aufjagt. Sie rennen voller Angst durch den Raum und atemlos springen sie zitternd umher, als plötzlich das ganze Haus vom Gebell der Molosserhunde widerhallt. Die epische Erzählung verdichtet sich zu einem dramatischen Höhepunkt mit unmittelbarer Vergegenwärtigung (historisches Präsens, *cum inversivum*, zwei historische Infinitive *currere*, *trepidare*). Vorbei ist das Glück des Augenblicks. Die Hektik, das Gefährliche der Großstadt brechen unversehens über beide herein. Auch die Stadtmaus ist geschockt und in Panik. Die Reaktion der verstörten Landmaus hat wieder einen philosophischen Anstrich: „Auf ein solches Leben kann ich verzichten." Unter Glück stellt sie sich anderes vor. Ihre Höhle draußen am Lande ist sicher vor hinterhältigen Attacken (*insidiae*). Da kann sie sich freier bewegen. Und das lässt sie schließlich mit ihrer einfachen Kost zufrieden sein. Dieses Bekenntnis ist die einfache Antwort der Landmaus auf die hochtrabende Belehrung der Stadtmaus, die ja letztendlich zu dem dramatischen Schockerlebnis geführt hat.

---

6) Sie zeigt damit die in der Stadt übliche Sitte der *praegustatio*, die dem besten der Sklaven zufällt. Ihr Verhalten ist also ein affektiertes Spiel mit der Rolle der Großstadtdame. HORAZ überzeichnet ihren Lebensstil bewusst.

Die ganze Fabel zeigt einen wohldurchdachten Wechsel in den Stilebenen zwischen epischer Erzählung und philosophischer Reflexion.

Im Schema:

| **Epische Erzählung** | **Philosophische Reflexion** | **Epische Erzählung** | **Philosophische Reflexion** |
|---|---|---|---|
| *Olim ... fertur accepisse cavo* | *Rebus secundis vive beatus!* | *moenia subrepere currere, trepidare* | *Haud mihi vita est opus hac.* |

Die auf der jeweiligen Stilebene überzeichnete Situation – bei der philosophischen Lebensbetrachtung nicht weniger als bei der epischen Dramatisierung des Geschehens – zeigt deutlich parodistische Züge in der Fabel an; diese geben der Satire eine heiter-ironische, humorvolle Note.

a

S. 94

1. Das Umfeld der Stadtmaus ist umschrieben mit: *rubro cocco tincta vestis – lecti eburni* (noch aus 4.2) – *purpurea veste – succinctus*. HORAZ möchte damit den Gegensatz zur Lebenswelt der Landmaus herausstellen: das Ambiente von Luxus und Reichtum.
2. Zunächst wird im narrativen Präsens das angenehme Leben der Stadtmaus beschrieben, wie sie sich an ihrem gewandelten Dasein erfreut. Der Umbruch wird durch ein *cum inversivum* eingeleitet mit dem Prädikat im Perfekt (*excussit*: hist. Perf.); das weitere Geschehen ist in historischen Infinitiven *currere – trepidare* erfasst; es ist also eine Dramatisierung beabsichtigt. Das Geschehen verläuft wie bei einer gefährlichen militärischen Aktion. Alles endet mit dem Ausruf der geschockten Landmaus, der nicht ohne philosophisches Sentiment ist.
3. Während die Stadtmaus sich als affektierte, in der Bewirtung von Gästen geübte Hausherrin gibt, die sogar ein serviles Auftreten vorspielt, ist die Landmaus bemüht, den Gast nicht zu enttäuschen, indem sie ihr vom Besten vorsetzt, das sie hat, sich selbst aber mit dem Einfachsten begnügt.
4. Der Autor möchte auf zwei verschiedene Lebensstile aufmerksam machen: das einfache, genügsame Leben auf dem Land, das aufwändige, reiche, luxuriöse, aber gefährliche Leben in der Stadt.

**Gesamtdeutung der Satire II 6**

Die Fabel als zweiter Teil der Satire bringt zwei verschiedene Welten in Gegensatz, das einfache, aber zufriedene Leben auf dem Lande und das luxuriöse, aber gefährliche Leben in der Großstadt. Auf den ersten Blick glaubt man zwei gängige Glücksmodelle der antiken Philosophie in dieser Dialektik Fabel zu erkennen. Das kynische Modell der Bedürfnislosigkeit und das kyrenäische der Lustbefriedigung, das,

wie wir wissen, für die epikureische Philosophie in einer eingeschränkten Form grundlegend wurde. Doch sieht man genauer hin, so zeigt sich: Weder das eine noch das andere trifft voll zu. Die Landmaus verfügt für Sonderfälle über nicht unbeträchtliche Güter (Rosinen, Speck), sie ist sparsam, aber nicht extrem bedürfnislos. Die Stadtmaus ist dem Luxus und der Befriedigung ihrer Lüste zugetan und zwischen ihrer philosophischen Reflexion und der vorgeführten Lebenslage klafft ein Widerspruch: Das risikoreiche Leben in der Stadt, also im Zentrum der Politik, gewährleistet kein unabhängiges Leben. Es entspricht auch nicht der Maxime: „Lebe im Verborgenen!“ Insofern ist die verkündete Lebensorientierung, ihre Interpretation von *vita beata* eher ein „Pseudoepikureismus“[7] oder ein „verdrehter Epikureismus“.[8] Ganz sicher ist hier auch ein parodistischer Zug erkennbar.[9]
Deshalb sind auch die Vergleichsbereiche, die reale und virtuelle Welt, in der gesamten Satire nicht so leicht zur Deckung zu bringen. Rein formal lassen sich die Bereiche trefflich zueinander ordnen. Des Dichters Stadtleben (A1) entspricht dem Leben der Stadtmaus (A2), sein Landleben (B1) dem der Landmaus (B2). Die Anordnung ist also in einem kunstvollen Chiasmus gestaltet:

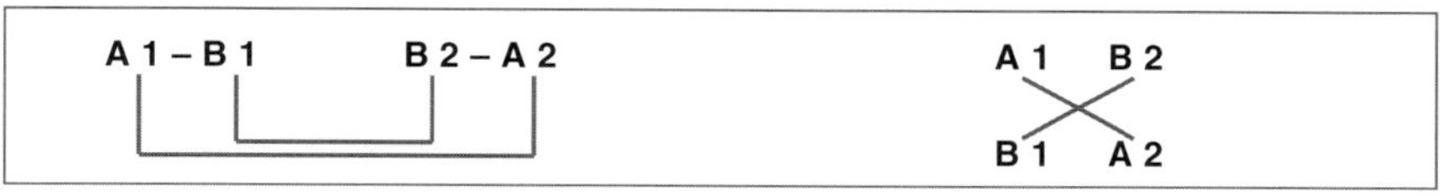


Inhaltlich ist aber das Stadtleben, wie es die Stadtmaus praktiziert, nicht durch eine philosophische Ausrichtung im epikureischen Stil gekennzeichnet. Umgekehrt ist das Leben der Landmaus in ihrer bescheidenen Sparsamkeit und philosophischen Unbedarftheit nur bedingt mit dem durchaus genießerischen Leben und der philosophischen Lebensorientierung des Horaz auf dem Sabinergut vergleichbar. Der reale Kontrast stellt das politische Engagement mit seinen Risiken und die epikureische Lebensart gegenüber.
Im Spiegel der Fabel wird diese Kontrastierung nicht vertieft, sondern relativiert. Epikureische Lebensform lässt sich in verdünnter, verzerrter Form auch in der Stadt verwirklichen, nimmt dafür aber die Risiken der Hektik und Bedrohung in Kauf. Im Grunde ist eine solche pseudoepikureische Lebensform wenig tauglich.
Der eigentliche Epikureer unter den Mäusen ist die Landmaus, wie Muecke und Bond[10] zu Recht annehmen; die *rusticus mus* lebt „free from care“ und verwirklicht in ihrer Höhle das Ideal des „Im-Verborgenen-leben“. Horaz’ Lebenssituation

7) So etwa Holzberg, N.: Die Fabel von der Stadtmaus und Landmaus bei Phaedrus und Horaz. In: Würzburger Jahrbücher (NF) 17, 1991, 237.

8) So Bond, R. P.: Dialectic, Eclectic and Myth in Horace, Satires 2,6. In: Antichton 19 (1985), 68-86, h. 84.

9) Das stellt Otto Schönberger (Horaz, Satiren und Episteln, Berlin 1991, 300) fest: „Parodie der Argumente genusssüchtiger Toren für ihr Genießerdasein.“

10) Muecke, a.O. S. 84; Bond, a.O., 194f.

gleicht freilich eher der der Stadtmaus.[11] Indem der Dichter ihre Art parodiert, macht er sich indirekt über sich selbst lustig. HORAZ kann sich für keine der Alternativen voll entscheiden. Nie würde er sagen können: „Das Leben in Rom brauche ich nicht." Er sucht es immer wieder auf, weil ihm Ruhm und Bekanntheit in der Großstadt nicht unlieb sind, zieht sich dann wieder auf sein Landgut zurück, um den dortigen Genüssen (wozu das philosophische Gespräch gehört) zu frönen. Hier manifestiert sich so etwas wie innere Gebrochenheit, eine Art von emotionaler Dialektik. Auf jeden Fall ironisiert sich HORAZ in diesem Hin- und Hergerissensein selbst. Selbstironie ist ein Element der Satire.
Der emotionale Einstieg in die Satire *Hoc erat in votis* mit dem Dankgebet an Merkur hat sein Pendant im emotionalen Ausruf am Ende *Haud mihi vita opus hac.*
Beide Aussagen (Dank für das Landgut – Verzicht auf das Stadtleben) würden gut zueinander passen. Doch gehen sie nicht mit der Lebensrealität des Dichters konform. Dank für das Sabinum ja, Verzicht auf Rom nein. Glück erfüllt sich hier in diesem inneren Zwiespalt, in der Möglichkeit, sich in Freiheit immer wieder neu für das eine oder andere entscheiden zu können.
Möglicherweise hat das auch ein römisches Format. HORAZ' Gedanken auf dem Lande kreisen um die Frage, ob Glück eher durch Reichtum als durch *virtus* zustande kommt. Seine Entscheidung gilt sicherlich dem letzteren. *Virtus* als „mannhafte Art, sittlicher Wert" ist mit dem Römer elementar verbunden. Dazu braucht HORAZ eben auch Rom, die Stadt, die Nähe zum *princeps.*
Seine innere Gebrochenheit macht sich HORAZ in der Satire II 6 bewusst, aber nicht verbiestert, sondern eher heiter. Er sagt sich lächelnd die Wahrheit.

Gesamtanalyse im Schema:

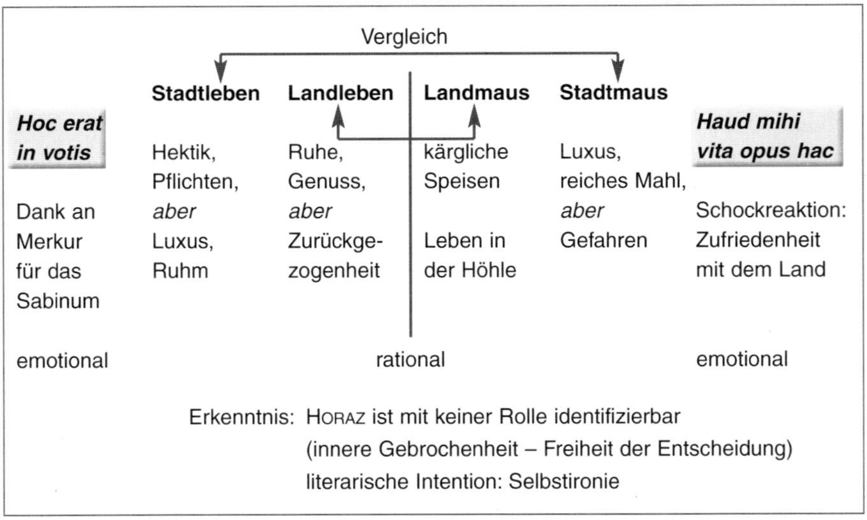


11) HOLZBERGS (a.O.) Annahme, in der Stadtmaus sei das Leben das Mäzenas gespiegelt, ist wenig plausibel. Vielmehr trifft die Meinung anderer Kommentatoren (z.B. MUECKE, F., WARMINSTER, G., 1993, 194) zu, dass im Verhalten der Stadtmaus ein anderer Aspekt bei HORAZ zum Vorschein komme.

Fragen zu den Aufgabenstellungen zur Gesamtinterpretation

. 94

1. HORAZ hat die in der Antike bekannte Fabel von Land- und Stadtmaus in seine Satire eingefügt, um darin seine persönliche existenzielle Befindlichkeit zu spiegeln: in den beiden extremen Lebensmöglichkeiten kommen seine zwei Seelen zum Ausdruck: Landleben bescheiden, aber gefahrlos – Stadtleben: luxuriös, aber riskant.
2. An der Landmaus ist positiv dargestellt ihr mit den einfachen Mitteln zufriedenes Leben, das frei ist von hinterhältigen Attacken, an der Stadtmaus ihr großzügiger Lebensstil und ihr Vermögen, im kurzen Leben den Augenblick intensiv zu genießen. Zwischen den Zeilen zu lesen ist, dass sich HORAZ mit keiner der beiden Lebensformen voll identifizieren kann. Beim Landleben fehlt ihm die Nähe zu den großen Ereignissen, er will kein „kleiner Mann" sein, beim Stadtleben fehlt ihm die ruhige Abgeschiedenheit („Lebe im Verborgenen!"), wonach er sich doch immer wieder sehnt, zudem die Sicherheit vor Gefahren. Die „Lebensphilosophie" der Stadtmaus ist eher „pseudoepikureisch". HORAZ' Vorstellung von Glück liegt weder auf der einen noch auf der anderen Seite. Im frei gewählten Wechsel zwischen den beiden Welten sieht er wohl die sinnvollste Form des Daseins; seine Glücksvorstellung ist demnach nicht widerspruchsfrei; er ist innerlich hin und her gerissen. Das ist seine innere Gebrochenheit, die er in dieser Satire offenbart, sich selbst ironisierend.
3. Wie man sich heute den Gegensatz von Stadt und Land im Bild vergegenwärtigen kann, dazu gibt es verschiedenste Ansätze; die Schüler sollten sich daran versuchen und ihre Ergebnisse interpretierend vorstellen. Zu der im Textbuch abgedruckten Collage sagt ihr Schöpfer Folgendes:
   „Neben der Wahl des Hintergrundes werden insbesondere durch drei Aspekte klischeehafte Vorstellungen von Stadt und Land verdeutlicht: Arbeit und ‚Arbeitsprodukte' (Bauern, Landwirtschaft – Arbeit im Büro, in der Industrie, an der Börse, Hochtechnologie); Wohnen (Schlichtheit, einfacher ländlicher Stil – moderne Architektur, Wolkenkratzer); Esskultur (einfache Speisen ohne große Auswahl – große Auswahl und „Exotisches").
   Am Rande taucht auch ein weiteres typisch römisches Gegensatzpaar auf, nämlich Traditionelles (auf dem Lande: Sabbatmahl) und Luxus beziehungsweise „Lotterleben" (Zigarre, Spielkasino, Stripbar).
   Völlig klar ist, dass eine Collage – wie eine Satire – übertreiben muss, um eine Aussage zu verdeutlichen." (Marcus Kräutlein)

## 3. Vergleichtexte

. 96

1. Im Gegensatz zur „Tiergeschichte" bei HORAZ zeigt die Fabel des ROMULUS den für diese Gattung typischen Aufbau: Narratio und Epimythion. Die Fabel hat demnach ein *fabula docet*, sie bietet eine Moral. Also erhebt sie keinen philosophischen Anspruch, wie es HORAZ' Fabel zumindest an der Oberfläche tut. Es geht deshalb nicht prinzipiell um die Frage des rechten Glücks, der *vita beata*. Daher sind bei ROMULUS die Gegensatzbereiche auch nicht so scharf und über-

zeichnet herausgearbeitet. Arm und Reich sind nicht als extrem verschiedene Welten gekennzeichnet, es geht eher um einfaches Leben auf dem Lande versus üppiges (an Leckerbissen reiches) Leben in der Stadt. Das Schmausen im Großstadtkeller wird auch nicht schockartig beendet wie bei Horaz, sondern das Kommen des Kellermeisters unterbricht es nur kurzzeitig, wobei die Reaktionen der beiden Mäuse unterschiedlich sind. Während bei Horaz beide in Panik hin und her rennen, zieht sich bei Romulus die Stadtmaus in ihren vertrauten Schlupfwinkel zurück, die Landmaus hingegen irrt in Todesangst umher. Nach dem Rückzug des Kellermeisters will die Gastgeberin ihren Gast beruhigen, was ihr aber nicht gelingt. Die Landmaus überlässt ihrer Partnerin das Leben in Genuss, aber in Gefahr (durch Mausefalle oder Katze) und gibt ihrem sicheren, aber einfachen Leben den Vorzug. Die Kontrastierung der beiden Welten lässt nicht das Gefühl aufkommen wie bei Horaz, es fehle jeweils der einen etwas von der anderen. Beide Vertreter sind mit ihrer Existenz zufrieden. Die Stadtmaus hat keine Furcht in ihrem Lebensbereich, die Landmaus keine Sehnsucht nach *high life* (nach einem Wandel ihres Geschicks).

2. Die Lehre der Geschichte zielt auf die einfachen Menschen, die sich nicht mit den „Besseren“ auf eine Stufe stellen sollen, um ein ihnen von Natur aus nicht zustehendes Gut zu genießen. Sie sollen ein einfaches, aber sicheres Leben in ihrer Bauernhütte führen. Eine solche Moral wäre der Aussageintention des Horaz völlig zuwider. Die Romulus-Fabel stabilisiert die sozialen Unterschiede.
3. Eine allgemeine Orientierung hat Horaz' „Tiergeschichte“ nicht. Als Teil einer Satire ist sie für deren Aussage funktionalisiert: als Spiegel für die existenzielle Befindlichkeit des Dichters. Insofern ist Horaz' „Tiergeschichte“, da Tiere sich in menschlichen Situationen zu bewähren haben, formal eine Fabel, vom Inhalt und der Funktion her aber nicht.

a

S. 97

1. Im Unterschied zu Horaz wird bei La Fontaine die Landmaus zuerst in die Stadt „zum Feste“ eingeladen. Die Gegeneinladung auf das Land steht als spontane Reaktion auf das, was in der Stadt passiert, am Ende. Der Umbruch des Geschehens ist allerdings undramatisch, bedingt durch falschen Alarm sozusagen („blinder Lärm“); die Mäuse werden in ihrer Fete gestört, aber kein Schock, keine Panik. Nach schneller Beruhigung der Szene wird das Mahl jedoch nicht fortgesetzt. Schon die Andeutung einer Bedrohung bewirkt den Rückzug der Landmaus, die sich verabschiedet und die Vorteile des Landlebens preist.
   Gemeinsam ist Horaz und La Fontaine die Zeichnung der verschiedenen Welten: hier Luxus und Genuss in vollen Zügen, aber die Möglichkeit einer Gefahr, dort ein einfaches, unbeneidetes, aber sicheres Leben, ohne Lust, aber auch ohne Furcht. Die beiden Welten stehen sich gegenüber, sie sind einer vergleichenden Bewertung unterworfen.
   Unterschiedlich hingegen ist die gedankliche Tiefe: Eine philosophische Reflexion ist bei La Fontaine nicht erkennbar. Dieser hat zwar auch kein explizites *fabula docet*, es deutet sich aber indirekt an: Jeder soll und kann nach seiner eigenen Façon glücklich werden. Die innere Dialektik, die bei Horaz als dem davon Betroffenen deutlich fassbar wird, spielt bei La Fontaine keine Rolle.

2. KURT TUCHOLSKYS Gedicht „Frage“[12] eignet sich für einen Vergleich wohl erst in der Oberstufe; dazu sollte auch die Zusammenarbeit mit dem Germanisten gesucht werden. Als Hilfe zur Bearbeitung dieses Textes ist nachfolgend ein Ausschnitt aus einer Abitur-Facharbeit („HORAZ und TUCHOLSKY im Vergleich. Eine Satire in Antike und Gegenwart – aus der Sicht einer Schülerin“, verfasst von URSULA MAIER, 1984) abgedruckt.[13] Man kann eine Schülerin oder einen Schüler darüber referieren und kritisch Stellung nehmen lassen. Vielleicht kommen die Bearbeiter dann zu einem ganz anderen Vergleichsergebnis.

**Der Vergleich der beiden Satiren**

Vergleicht man beide Satiren miteinander, so lässt sich sagen, dass in beiden Kritik am Leben in gesellschaftlichen Kreisen geübt wird, am Leben in der Öffentlichkeit. Was bei beiden besonders ähnlich ist, ist die Darstellung der falschen Erwartungen der Menge.

HORAZ beschreibt die Vorstellungen, die die Leute von ihm als Prominenten haben: vertrauliche Beziehungen zu den ganz Großen, beste Informiertheit in allen Bereichen, er ist der Mann von Welt. Er wird stark beneidet, weil er das schönste Leben hat. Bei TUCHOLSKY ist es ungefähr dasselbe, was sich die „Smokingmänner“, die Aufstiegsanwärter wünschen: Ansehen, Bekanntheit, den Ruf der Informiertheit, der Weltgewandtheit. HORAZ kann uns hier nun berichten: Seine Beziehungen sind nicht so gut, er hat viel mehr Unannehmlichkeiten durch seine Position, es ist alles gar nicht so schön, die Vorstellungen der Volksmasse sind reine Übertreibungen, er muss ihre Erwartungen enttäuschen. Es ist alles nicht das Wahre, es ist nur Schein. Dies zeigt TUCHOLSKY ebenfalls: Die Erwartungen der Leute, die sich um den gesellschaftlichen Aufstieg bemühen, werden ziemlich enttäuscht, „sie fallen auf den Popo“. Es war alles verklärt, aufgebauscht, zu rosig dargestellt. Dieser ganze Rummel ist ebenfalls nur Schein. Für beide ist also das gesellschaftliche Leben etwas Gehetztes (TUCHOLSKY: „so aufgeregt“; HORAZ: *urget*), Unruhiges und Unnatürliches, ‚Aufgesetztes‘.

Versucht man nun dem Totalitätsanspruch der Satire gerecht zu werden, indem man bedenkt, dass sie immer ein Bild der *condicio humana* überhaupt geben möchte,[14] so kann man auch hier die Problematik ausweiten: Beide Satiren weisen auf die Entfremdung von der Natur hin, auf die Gefahr, sich völlig einer leeren Schale hinzugeben. Beispiel dafür und konkreter Kritikpunkt ist hier bei beiden Autoren das gesellschaftliche Leben, der Kampf um gute Positionen, das Prestigedenken.

Ein Unterschied liegt aber darin, was beide unter diesem gesellschaftlichen Leben verstehen. HORAZ meint mit seinem Stadtleben schon auch das Leben in expo-

---

12) Enthalten in: TUCHOLSKY, K.: Panter, Tiger u. Co (hg. von GEROLD-TUCHOLSKY, M.) mit Vorwort, Hamburg 1983. Dazu ARNTZEN, H.: Literatur im Zeitalter der Information, 150-166; Deutsche Satire im 20. Jh., 167-192.

13) Die gesamte Facharbeit ist abgedruckt in: VERFASSER: Lateinunterricht, Bd. 3, 364-386.

14) Vgl. dazu BRUMMACK, J.: Zu Begriff und Theorie der Satire. In: Deutsche Vierteljahresschrift für Literaturwissenschaft und Geisteswissenschaft (hg. von KLUCKHOHN, P.), 1971, 45. Jg., Sonderheft, 276-379, h.: 333.

nierter gesellschaftlicher Position, aber dies wird bei ihm ausschließlich mit Politischem in Verbindung gebracht. Stadtleben ist bei ihm gleich ‚politischem Leben' und daraus ergeben sich auch die Risiken und Unannehmlichkeiten. Die Forderungen der Leute beweisen dies: Stellungnahme zu politischen Fragen, politische Informationen, Vermittlung bei Maecenas. Weil er ein Mitglied des Maecenaskreises ist, der doch Augustus nahe steht, wird von ihm politisches Engagement erwartet [...]. Von diesen Verpflichtungen und seinen Beziehungen zu politisch hoch gestellten Persönlichkeiten ist die Rede: das ist es, was die Leute an ihm bewundern und beneiden. Vergnügen und sonstige bequemliche Vorzüge seiner gesellschaftlichen Position werden in der Bewunderung, der Beurteilung durch das Volk nicht angesprochen. Dies ist typisch römisch. Von uns wird fast jeder Römer, der öffentliches Ansehen genießt [...], sofort mit Politik in Verbindung gebracht bzw. mit öffentlicher Betätigung für die Gemeinschaft. Den angesehenen unpolitischen Römer gibt es nicht, zumindest was die literarische Überlieferung anlangt.

Anders hier bei TUCHOLSKY: Was die Leute mit ihrem gesellschaftlichen Aufstieg in seinem Gedicht anstreben, ist rein vergnüglicher Natur, rein privat. Politische Ambitionen sind in keiner Zeile erkenntlich. Premieren, Bälle, Beziehungen zu bekannten Personen, die alles andere als politischer Natur sind, dies sind alles Vorstellungen, die auch wir heute mit dem Ausdruck des gesellschaftlichem Parketts in Zusammenhang bringen. Gesellschaftlicher Aufstieg ist also hier völlig unabhängig vom ‚Politischen', bringt auch keinerlei ‚politische' Verpflichtungen mit sich. Gerade dies kritisiert TUCHOLSKY immer wieder an seiner Zeit, der Epoche der Weimarer Republik. Er, dessen Hauptanliegen in vielen Satiren politischer Art ist, sieht im Volk keinerlei politisches Interesse, keiner will und kann mit der neuerworbenen Demokratie etwas anfangen. Man versucht lieber, wegen der bedrückenden, niederschmetternden politischen Erfahrungen der jüngsten Vergangenheit, in eine heile Scheinwelt zu entfliehen, sich durch gesellschaftliche Ereignisse abzulenken, Politik und politische Verantwortung zu verdrängen.

Und noch etwas verdeutlicht die zeitliche Distanz: HORAZ lehnt das Stadtleben ab – auf Grund der Risiken und Unannehmlichkeiten, des Verlustes der vollkommen freien Entfaltung seiner Persönlichkeit, der Konventionen, der Verpflichtungen, die er hat. Er zählt hier also konkrete Missstände auf. TUCHOLSKY erzählt uns nicht von Schwierigkeiten, von fassbaren Übeln, konkreten Konsequenzen des gesellschaftlichen Aufstieges. Er vermittelt uns eine abstrakte Folge, ein Lebensgefühl, das dieses aufgebauschte, unnatürliche Leben hinterlässt: eine gewisse Unausgefülltheit, Unzufriedenheit, eine Schalheit, „Popligkeit" nennt er dieses Gefühl in einem anderen Gedicht.[15] „Es ist alles eine Nummer zu klein", heißt es hier. Also befriedigt auch dieses Mann-von-Welt-Gehabe, diese Imagepflege doch nicht die Erwartungen, die man an das Leben hat. Nach der Meinung von ARNTZEN, der dieses Gefühl mit „lebendig tot" bezeichnet, handelt es sich dabei um ein Motiv, das in der Satire des 20. Jahrhunderts intensiv aufgenommen ist. So ein Gefühl scheint dem Römer unbekannt zu sein oder nicht literaturfähig; oder sein dichterisches Selbstverständnis ist noch nicht so gereift, um derartige Gefühle vermitteln zu können. Dies zeigt auch, wie das Spektrum der Themen für die Satire sich bis heute erweitert hat.

---

15) „Gefühle". In: TUCHOLSKY, K., a.O. 92f.

Etwas anderes hat HORAZ ausgenutzt: Die Satire bietet den antiken Dichtern die größte Möglichkeit, ihrer Individualität Ausdruck zu verleihen. HORAZ schildert uns seine Kritik aus eigener Erfahrung. Durch die Darstellung seines eigenen Lebens macht er uns auf allgemeine Missstände aufmerksam. TUCHOLSKY beschreibt und übt Kritik als Außenstehender. Er gehört nicht zu den Leuten, die alles daran setzen, gesellschaftlich aufzusteigen. TUCHOLSKY galt zu seiner Zeit immer als gesellschaftlicher Außenseiter.
Beide verfolgen den gleichen Zweck: Besinnung auf ein einfaches, natürliches Leben in Ruhe. TUCHOLSKY bringt dies in seinem direkten Appell an den „Smokingmann" zum Ausdruck. HORAZ spricht den Leser an keiner Stelle direkt an. Bei ihm wird der Appell zwischen den Zeilen deutlich. Er zeichnet uns das positive Gegenbild zum kritisierten Zustand dazu, was eigentlich untypisch für die Satire ist; Bei HORAZ findet sich dies aber in vielen Satiren. TUCHOLSKY sagt uns nur, wie es nicht sein soll. Dadurch kommen bei ihm noch viel mehr Forderungen zum Ausdruck, wie z.B. die Unabhängigkeit des Geistes von allen materiellen Gütern. Dies ist ebenfalls typisch für HORAZ, dass er in seinen Satiren zwar ein Generalthema hat, aber – allein schon wegen der Länge seiner Satiren, die ihm die Möglichkeit dazu gibt – mancherlei andere Themen behandelt, entweder weitere Angriffe auf andere Missstände oder, wie hier in Satire II 6, den Dank an Maecenas für sein Landgut. TUCHOLSKY dagegen bleibt bei seinem Thema.
Was den Stil anbelangt, zeigen beide Werke deutlich den realitätsnahen Charakter der Satire. Beide stellen Situationen aus dem wirklichen Leben dar, mit Ausnahme der Fabel bei HORAZ, die ja eine Spiegelung seiner Problematik auf fiktionaler und stilistisch höherer Ebene darstellt. Die Fabel war in der Antike überhaupt eine gängige Literaturform, um gesellschaftliche Missstände anzuprangern. Diese stilistische Überhöhung fehlt bei TUCHOLSKY.
Bei beiden Satiren wird also durch einfache, anschauliche Darstellung eine Art Lebensunterweisung gegeben. Es wird durch allgemeine Situationen ein besonders ernsthafter Inhalt angesprochen, den man zuerst gar nicht hinter der einfachen Form vermuten würde. Hier lässt sich also der Bildcharakter der Satire erkennen.
Am Stilniveau in der Satire aber erkennt man, dass TUCHOLSKY stets mehr an der Wirkung seiner Worte liegt als an der kunstvollen sprachlichen Form. TUCHOLSKY hat mit seinen Satiren wirklich einen Kampf führen wollen.
Bei HORAZ ist dies in Frage gestellt: seine Satire II 6 ist halb ernst, halb scherzhaft gemeint. So könnte man annehmen, dass ihm teilweise doch mehr am Erfolg als Dichter gelegen ist als an der Durchsetzung seiner Ziele. Dies würde die starke Bemühung um seinen sprachlichen Stil verdeutlichen. Ebenso würde sein versöhnlicher Spott, seine sanfte Kritik auf diese Haltung hinweisen. TUCHOLSKY steht hinter seinem Gedicht, seine Kritik meint er ganz ernst, die Forderung, die er erhebt, hat er auch selbst in seinem Leben verwirklicht.
Wenn wir den Vergleich auf eine knappe Formel bringen, so geht es um Folgendes: Man solle nichts daran setzen, nach oben zu kommen, auch wenn die Vorstellung von der Stadtmaus, die *purpurea porrectus in veste* mit vielen reichhaltigen Mahlzeiten lebt, oder die Ballplakate noch so verlockend sind; man solle auch an die Molosserhunde denken und an den warmen Sekt, was viele vorher nicht sehen, dann erkennen, dass das Risiko zu groß ist, „auf den Popo zu fallen" und zu dem Entschluss

kommen: *haud mihi vita est opus hac,* dann lieber in natürlicher Umgebung *palea porrectus in horna* leben und „den Smoking erst gar nicht anziehen!"

S. 97

3. Kafka seziert aus der Gesamtfabel nur den Teil heraus, in dem sich die schockartige Wendung des Geschehens vollzieht, wo die Maus in Angst und Panik gerät. Diesem Erlebnisakt gibt der moderne Autor eine besinnliche Tiefe. Damit ist dem Text der Charakter der Fabel genommen, er ist eher eine Parabel. Das unauflösliche Dilemma, in das die Maus gerät, ist nur im Ansatz mit Horaz' innerer Gebrochenheit vergleichbar.
Zur Deutung des Kafka-Textes sei folgende Hilfe geboten (entnommen aus Lehrerheft zu Klett-Lesebuch A, Gymnasium, 9. Schuljahr, Stuttgart 1967, verfasst von Karl Wolff):

**Franz Kafka: Die Maus**

Eine kleine Handlung in zwei Erzählschritten: 1. der Monolog der Maus, 2. die Anrede der Katze und ihre Tat.
Der Monolog – stets Ausdruck der Einsamkeit – beginnt mit einem Klagelaut. Dieser aber wird sofort zurückgenommen in den sachlichen Bericht des Vorhererlebten. Nur das wiederholte Personalpronomen *ich* und die beiden subjektives Empfinden ausdrückenden, gegensätzlichen Worte *glücklich* und *Angst* wecken – allerdings kühle – Anteilnahme. Nur einmal werden die Erfahrungen der Maus als aktiv erlebt dargestellt (*sah*), sonst stellt sie – passiv betroffen – fest: *die Welt wird enger ... diese ... Mauern eilen ... steht die Falle.* Die Maus also sieht sich selbst in ein wie selbstverständlich ablaufendes Geschehen gestellt; sie erliegt der Vorstellung, dass ihre Situation aussichtslos sei. Sie ist immer von Angst getrieben; das lässt sie die Weite fliehen und in der Enge kopflos werden. Der lakonische Schluss hat die gleiche sachlich-automatenhafte Präzision, er wirkt nicht unbedingt zynisch, sondern als selbstverständlich-unbeteiligter Rat. *Fraß sie* setzt ein erwartetes Ereignis und verliert so an Schwere.
Obwohl Kafka das kleine Kunstwerk eine Fabel nennt, stellen wir es zu den Parabeln. Denn: 1. die Erzählung ist ein geschlossenes Bild (die Parabel arbeitet mit einer eindringlichen Raumvorstellung: *breit ... rechts und links in der Ferne Mauern ... Mauern eilen ... aufeinander zu ... im letzten Zimmer ... im Winkel*); 2. die Lehre ist ins Bild verschlüsselt; 3. ein ‚kleiner Zug' gibt den Schlüssel: *dass ich Angst hatte,* kennzeichnet die einsame Existenz der Maus, löst den ‚Sonderfall' aus und gibt ihm Allgemeingültigkeit. So wird die Maus zur Chiffre für das Menschliche.
Man kann diese Parabel als (ein fast zynisches) Bild für die Ausweglosigkeit des Daseins verstehen: Was zunächst als Grund für Angst erschien, erweist sich als gut (*breit*); was dann als Grund für Glücklichsein genommen wird, führt in die Falle; was endlich als Ausweg angeraten wird, bedeutet Untergang. Aber man kann – und sollte auf dieser Stufe – die Parabel auch als Aufforderung ansehen, als Warnung davor, sich blind von der Angst treiben zu lassen und die Weite aufzugeben. Hier wird darauf verzichtet zu zeigen, mit welcher Kunst Kafka es vermag, das Irreale als Selbstverständliches darzustellen. Von den möglichen Deutungen ist diese aus didaktischen Erwägungen ausgewählt."

# 9 Ein Philosoph als Staatsführer? (SENECA)

## Oder: Warum die Menschen der Gemeinschaft bedürfen

Das Projekt kann als Abschluss der Prosa-Lektüre fungieren, am Ende der Jgst. 11 oder in der Oberstufe bei allen Formen des Lateinlehrgangs. Ins Zentrum ist ein Brief SENECAS gestellt, wozu dann im Vergleich oder Kontrast Texte von vor oder nach diesem Autor lebenden Staatsdenkern gestellt sind, von CICERO, THOMAS VON AQUIN und THOMAS HOBBES, so dass sich eine Linie in der europäischem Kulturtradition erkennen lässt.
Hauptmethode: Statarische Lektüre
Textvergleich nach thematischen Gesichtspunkten
Fächerübergreifende Zusammenarbeit mit: Philosophie, Politischer Bildung, Geschichte, Ethik, evtl. Englisch

### 1. Didaktische Einordnung

Die europäische Demokratie ist durch den Sturz von Monarchien zustande gekommen; die Revolution von 1789 zerstörte die politischen Grundlagen einer fast zwei Jahrtausende gültigen politischen Ordnung; sie setzte neue Orientierungspflöcke, an denen die Fahnen von Freiheit, Gleichheit und Brüderlichkeit wehten; doch die elementaren politischen Fragen ließ auch sie ungelöst. Wie stehen Freiheit und Frieden, Macht und Moral, Herrschaft und Verantwortung zueinander? Was steht dem zu, der Macht ausübt, und dem, der der Macht eines anderen untergeordnet ist? Der geistig Starke, Überlegene und der politisch Mächtige, an der Spitze Stehende – wie vertragen sie sich miteinander?
Dies sind Fragen, die in das Gebiet der politischen Reflexion, der Staatslehre gehören. Seit Anfang hat man darüber nachgedacht. Staatslehre ist ein Teil der Philosophie. In der römischen Welt waren es vor allem CICERO und SENECA, die dazu grundlegende Konzepte entwarfen.
Hier soll SENECA ins Zentrum gerückt sein, weil er als Philosoph am Kaiserhof sich innerhalb jener Staatsform praktisch bewähren konnte, die bis an die Schwelle des letzten Jahrhunderts Bestand hatte. Er war der Erzieher des jungen Kaisers Nero, konnte also an ihm sein staatstheoretisches Ideenkonzept in die Wirklichkeit umzusetzen versuchen. Seine Position musste ihn dazu herausfordern, seinen philosophischen Erziehungsauftrag, seinen „schier unverwüstlichen pädagogischen Eros" (MANFRED FUHRMANN) an einem historischen Exempel zu erfüllen: am jungen Nero, der ihm eigens zu dieser Aufgabe anvertraut worden ist. Dass er daran gescheitert ist, steht fest. Über die Gründe denkt man schon lange nach, ohne zu einem einhelligen Urteil gekommen zu sein. Sie liegen wohl im Persönlichen, vor allem im Charakter des Potentaten.
SENECA hat allerdings in seinen *Briefen an Lucilius* einen Entwurf darüber gestaltet, wie sich der Intellektuelle, der Philosoph in einem monarchisch geführten Staat verhalten soll und kann – und zwar wie es scheint, unabhängig von seiner persönlichen Erfahrung des Scheiterns. Hinter den hier entwickelten Gedanken steht die Grund-

annahme, dass der Mensch als *animal sociale* auf eine Gemeinschaft angewiesen ist und dass die Gemeinschaft einer geordneten Struktur, also eines herrschenden Prinzips bedarf, das einer Gottheit gleich den Bestand der Gemeinschaft sichert.[1] Dieses Prinzip kann in einem Einzigen repräsentiert werden, einem Lenker (*rex*), der in Rom *princeps* heißt. Da der Philosoph als Mensch nicht außerhalb der Gesellschaft leben kann, muss er sich mit dem Monarchen arrangieren. Wie ist das möglich? Im 73. Brief, den man auch den „Großen Staatsbrief" nennt, versucht SENECA darauf eine Antwort zu geben.

## 2. Interpretation des Seneca-Textes (*Ep.* 73)

### Teil 1: Der Philosoph und die Politik (4.1)

SENECA stellt es zunächst als einen Irrtum hin, wenn man Philosophen als widerspenstige, herrscherfeindliche Gestalten im Staat ansieht. Die drei Begriffe *contumaces, refractarii, contemptores* geben gewissermaßen in einer Klimax „Trotz", „Widerstand" und „Verachtung" als Verhaltensformen denen gegenüber an, durch die „die öffentlichen Angelegenheiten" (*publica*) verwaltet werden. SENECA weist dieses Urteil als irrtümliche Unterstellung zurück, macht aber zugleich deutlich, welche Distanz zwischen den „Denkern" und den „Verwaltern" besteht. Der Staat ist nicht *res publica,* sondern nur *publica* (Neutrum Plural) genannt, ist also kein Identifikationsbegriff, der einen emotional bindet und einen zum Einsatz dafür verpflichtet. *Publica* meint „das Öffentliche", das der verwaltenden Organe bedarf. Dafür sind eben die Verwalter (*magistratus, reges, ii, per quos ... administrantur*) zuständig. Der Philosoph ist, da innerhalb der *res publica* lebend, auf diese Verwalter angewiesen, will aber nicht deren Geschäft machen. Daher kann er nicht stur gegen sie sein, er muss ihnen im Gegenteil dankbar sein, weil sie ihm die Möglichkeit verschaffen, sein *tranquillum otium* zu genießen. Was darunter zu verstehen ist, wird gegen Ende des Briefes etwas deutlicher; hier wird es nur ansatzweise inhaltlich erklärt, insofern die vom Staat gewährleistete Ordnung und Sicherheit (*securitas publica*) viel zur Erfüllung des Ziels eines guten Lebens beiträgt. SENECA macht auch klar, dass dieses vom Staat gesicherte Gut (*bonum*) bei Philosophen – anders als bei den hektischen und ruhelosen Funktionären und Managern in Politik und Wirtschaft (*inquieti et in medio positi*) – nicht zur Befriedigung ihrer Leidenschaften benötigt wird und auch nicht dazu, ehrgeizig eine gesellschaftliche Karriere zu verfolgen. Solches ließe nur den großzügigen Spender dieses Gutes vergessen und würde ihm gegenüber die ver-

1) Vgl. dazu FUHRMANN, M.: Seneca und Kaiser Nero. Eine Biographie, Berlin 1997, 186: „Wie die Götter, so ist auch der Herrscher an seine Größe gebunden, Größe verpflichtet und darf sich nicht untreu werden. Alles dies wird von Seneca stoischer Lehre gemäß aus einer axiomatischen Begriffsbestimmung des Menschen abgeleitet: Der Mensch sei ein *sociale animal communi bono genitum,* ein Gemeinschaftswesen, zur Förderung des Gemeinwohls bestimmt." Vgl. auch REINHARDT, G./SCHIROK, E.: Senecas Epistulae Morales. Zwei Wege zu ihrer Vermittlung, AUXILIA 19, Bamberg 1988, 23: Seneca leugne den Grundsatz der Stoiker nicht, „dass der Mensch von Natur aus ein auf Gemeinschaft angelegtes Wesen sei (ep. 95, 52: *Natura nos* [...] *sociabiles fecit*)."

diente Dankbarkeit verhindern; diese Leute würden das nicht richtig einschätzen, was sie den Staatsführern schulden (*principibus debent*); damit ist nun auch der für SENECAS aktuelle Zeit zuständige Begriff des Staatslenkers genannt: *princeps*. Es geht, das wird deutlich, um das Verhältnis von *philosophus* und *princeps*[2] und darum, dass von Seiten der Philosophen keine Opposition gegenüber dem Prinzipat besteht; im Gegenteil: der Philosoph verehrt den Stifter des öffentlichen Wohls wie einen Vater (vgl. *ut parentem colere*).

Tafelbild:

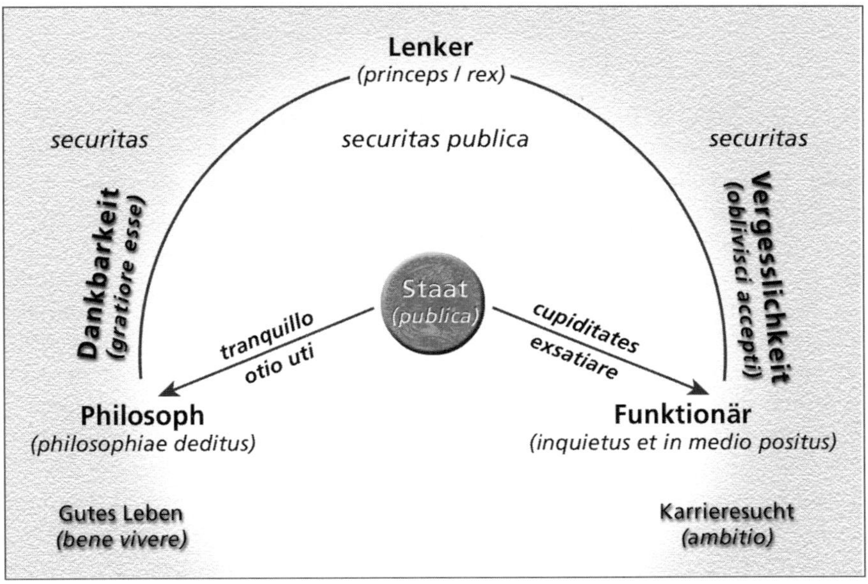


104

1. SENECA will widerlegen, dass Philosophen grundsätzlich politische Nonkonformisten sind, dass sie sich gegenüber Politikern widerständig und stur ablehnend zeigen.
2. Der Philosoph sollte dem Staat gegenüber dankbar sein, weil er den Verwaltern des Staates viel verdankt, vor allem den Genuss eines ruhigen *otium*.

2) *princeps* und *rex* sind hier als bedeutungsgleich aufzufassen, sie erfassen den gleichen Funktionsträger, der im Staat die führende Rolle hat, im historischen Fall SENECAS den, der die Spitze im Prinzipat inne hat. Deshalb trifft MIRIAM T. GRIFFINS Feststellung, Seneca, a Philosopher in Politics, Oxford 1976, 142, für den Brief 73 keineswegs zu: „For Seneca's time, we have evidence from his own work that *rex* was still commonly a term of opprobrium". Hier hat der Begriff *rex* einen positiven oder zumindest wertneutralen Sinn wie eben auch *princeps*. Richtig GRIFFIN, 146: „Seneca wishes to maintain that the task of those advising Kings and *principes* is the same; that the qualities on behaviour appropriate to the just King are appropriate to the Princeps."

3. Im Hinblick auf das Ziel eines guten Lebens stellt SENECA die *securitas publica* als bedeutenden Wert heraus; ohne die äußere Sicherheit könne der Mensch nicht gut, d.h. seinem Wesen gemäß (*secundum naturam*) leben. Das *otium* ist die Form des Lebens, in der es sich als gut erfüllt.
4. SENECA hebt den Philosophen ab vom Funktionär oder Manager, der unruhig im Mittelpunkt der Gesellschaft agiert und sich um öffentliches Prestige bemüht. Er wirft diesem vor, vergesslich gegenüber denen zu sein, die ihm etwas gegeben haben, immer bedacht darauf, sich noch weiter nach oben zu arbeiten, nur auf die zu sehen, die noch vor oder über ihnen stehen, ohne Blick für die, die sie bereits hinter sich gelassen haben, das ist ein typisches Phänomen der Karrieresucht, das sich in allen Zeiten bestätigt.

**Teil 2: Der Staat als Lebensraum des Philosophen (4.2)**

SENECA präzisiert nun Wesen und Existenzform des Philosophen; er nennt ihn einen „unbescholtenen und reinen Mann", weil er sich von den wohl schmutzigen Geschäften der politischen Arbeit (in der *curia*, auf dem *forum*, bei jeder Art *administratio rei publicae*) zurückgezogen hat, um sich dem „Höheren, Erhabeneren" in der Zurückgezogenheit zu widmen: dem Reich des Geistes, der reinen Betrachtung der Welt. Eine solche *vita contemplativa*, die zur *vita activa* der Politiker und Geschäftsleute in Gegensatz steht, erweist sich als das letzte Ziel des Philosophen. Die, die ihm das in Sicherheit ermöglichen, schätzt er hoch, er liebt sie geradezu. Sein Verhältnis dem Staatslenker gegenüber ist wie das eines Schülers zu seinem Lehrer, der ihm aus den unwegsamen Gebieten des Lebens herauszufinden ermöglicht. Das Zentralmotiv, das den Philosoph in seiner Einstellung zum Staat leitet, ist das der Sicherheit, des Schutzes; in drei Begriffen wird die in Teil 1 genannte Verbindung *publica securitas* wieder aufgenommen: *tuto* (37), *tutela* (42), *protegit* (43). Der kontemplative Mensch ist auf diesen Schutz von Seiten des Staates angewiesen, nur so kann er sein geistiges Streben (*artes suas*) verwirklichen.

In einem breit ausladenden Vergleich wird das zu erklären versucht, indem Neptun und Meer mit Monarchen und Staat gleichgesetzt werden – ein Vergleich, der dem Mittelmeerbewohner, der ständig mit den Unbilden des Meeres konfrontiert ist, unmittelbar einleuchtet. Die Quintessenz des Vergleichs ist: dem Neptun ist der am dankbarsten für eine windstille Fahrt, der die wertvollsten Güter per Schiff transportiert, ebenso muss im Staat dem Führer der für die Wohltat des Friedens am dankbarsten sein, der ihn für einen guten Zweck benützt, d.h. eben der Philosoph, der die in Frieden gesicherte Zeit für seine kontemplative Lebensform einsetzt.[3] Die Funktion des Vergleichs lässt sich folgendermaßen verdeutlichen:

---

3) Für HAUCK, P.: L. Annaeus Seneca. Ausgewählte moralische Briefe, Berlin 1910, 122ff., drücke sich im Brief 73 allgemein und in diesem Steuermann-Staatsführer-Vergleich im Besonderen SENECAS „Vorliebe für den monarchischen Staat aus." „Gerade er wird einer ruhigen Verwaltung sich dankbar erweisen, weil nur sie es ihm ermöglicht, ganz in Muße und in Ausbildung seiner Persönlichkeit zu leben."

Vergleichsstruktur:

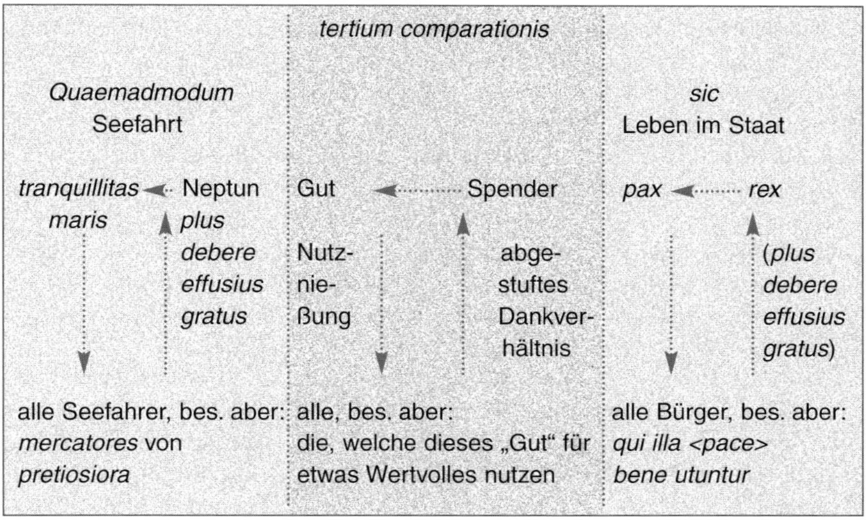


Die Gedankenentwicklung steuert also Schritt für Schritt auf den Zentralbegriff der Prinzipatsideologie zu, auf *pax*; sie ist die Leitidee der Kaiserherrschaft seit Augustus, trägt und legitimiert das Regime auf der einen Seite, garantiert den Bürgern eine ihrem Willen entsprechende Lebensbewährung auf der anderen Seite. Der Staat gibt durch seinen Lenker dem Philosophen die Garantie zur Verwirklichung seiner Existenzform.

Tafelbild:

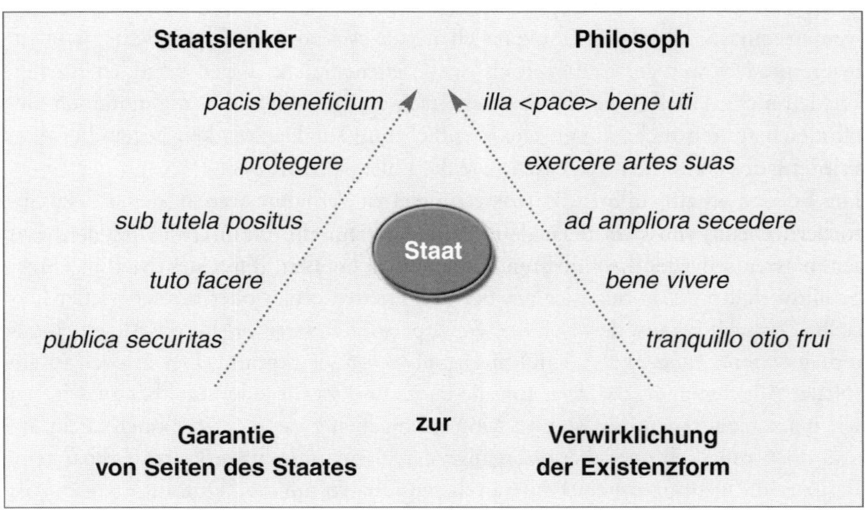

a

S. 106

1. Als Begriffe für den Bereich der politischen Tätigkeit sind genannt *curia, forum, omnis administratio.*
2. Mit *vir sincerus ac purus* ist der Philosoph gemeint. Die höheren Aufgaben, denen er sich widmet, könnten etwa sein: die Frage nach dem Glück, die Bewertung des Schicksals, das Verhältnis zum Tod, zu Gott, Überlegungen zum Entstehen und zum Ende der Welt.
3. Der Nichtpolitiker hat zum Staatslenker ein Verhältnis der Anerkennung und Hochachtung; er verdankt ihm die ungestörte, gesicherte Existenz innerhalb des Staates, so dass er sich voll auf seine höheren Aufgaben konzentrieren kann.
4. Der Vergleich setzt zwei Erfahrungsbereiche miteinander in Beziehung: die Seefahrt und den Staat. Das gemeinsame Dritte ist das Dankverhältnis der im jeweiligen Bereich Gefahren ausgesetzten Menschen gegenüber der Schutz garantierenden Instanz: *Neptunus* bzw. *rex / princeps. Pax* wird akzentuiert.
5. Der Staatslenker erhält eine in jeder Hinsicht positive Wertung (Gleichsetzung mit einer Gottheit), er ist in seiner Rolle unantastbar; die Möglichkeit zu einem Missbrauch der Macht wird ihm nicht unterstellt, die Notwendigkeit einer Kontrolle wird nicht in Erwägung gezogen. Heute wäre eine solche problemlose Akzeptanz des Herrschers nicht mehr denkbar, da im Unterschied zu den diktatorischen Regimen die vorherrschende Staatsform der Demokratie die Kontrolle der Regierung zu einem elementaren Prinzip erhoben hat.

**Teil 3: Der Frieden als öffentlicher Besitz (4.3)**

Der Frieden wird nun ins Zentrum der Betrachtung gestellt. *Pax* ist für viele Bürger ein mühseligeres, anstrengenderes „Geschäft" als der Krieg; seine Erhaltung überfordert sie ständig. Er gibt ihnen die Möglichkeit oder hindert sie nicht daran, sich der Trunkenheit, dem Ausleben der Leidenschaft oder sonstigen Verfehlungen (im Extrem: Verbrechertaten) hinzugeben, die sogar erst wieder mit Krieg ausgeschaltet werden müssen. Der Krieg lässt von sich aus das Ausleben der Eigensüchte nicht zu, insofern ist er weniger mühevoll als der Frieden. Solche Typen schulden für den Frieden nicht dasselbe wie etwa die beherrschten Menschen, d.h. die moralisch Gefährdeten spüren nicht die gleiche Verpflichtung zur Dankbarkeit gegenüber dem Friedensstifter, also dem Regenten, wie die Philosophen.

Der Frieden schafft im Staat Voraussetzungen zu Verhaltensweisen, deren Bekämpfung wiederum den Einsatz der Waffen, also Krieg, erfordern. Der Krieg erscheint als Folge und zugleich als Bedingung des Friedens. Der Weise sieht sich in einem Schuldverhältnis zum Staatslenker, der den Frieden erhält oder immer wieder herstellt. Das setzt voraus, dass sich der Weise persönlich (*viritim*) für die Allgemeingüter (*communia publica*) als „Schuldner" (vgl. *debere*) vorkommt. Der Frieden ist ein solches Allgemeingut, das zwar für alle da ist und wofür jeder dankbar zu sein hat wie beim Genuss von Sonne und Mond, sie gehen zwar nicht für mich allein auf und doch muss ich dem diese Vorgänge der Natur ordnenden Gott dankbar sein. Besitz und Eigentum unterscheidet in diesen Dingen nur der „Dumme". *Possessio* ist der persönliche Besitz, der nur mir rechtlich zusteht, *proprietas* ist das, was mir als Mensch zusammen mit anderen eigen ist, was also Gemeingut ist, das, was eben jeden zu einem Teilhaber an der menschlichen Gemeinschaft macht. Der Frieden macht aus den Menschen *socii*, also Mitglieder einer *societas*, d.h. des Staates, er ist demnach die notwendige Bedingung des Staates. Für den „Weisen" ist *pax* ein gemeinsamer Besitz, den er mit allen Teilhabern einer Gemeinschaft nützt; im Gegensatz zum „Dummen" ist für ihn aber *pax* auch ein privates Gut, wofür er persönlich dankbar ist und weshalb er sich dem Schöpfer und Bewahrer dieses Gutes in Verehrung verpflichtet fühlt (vgl. *diligit*, *obligatus est*) ebenso wie dem das Jahr und seine Zeiten regulierenden Gott. Der *princeps* wird hier indirekt in eine Funktionsanalogie zu *deus* gebracht.

Tafelbild:

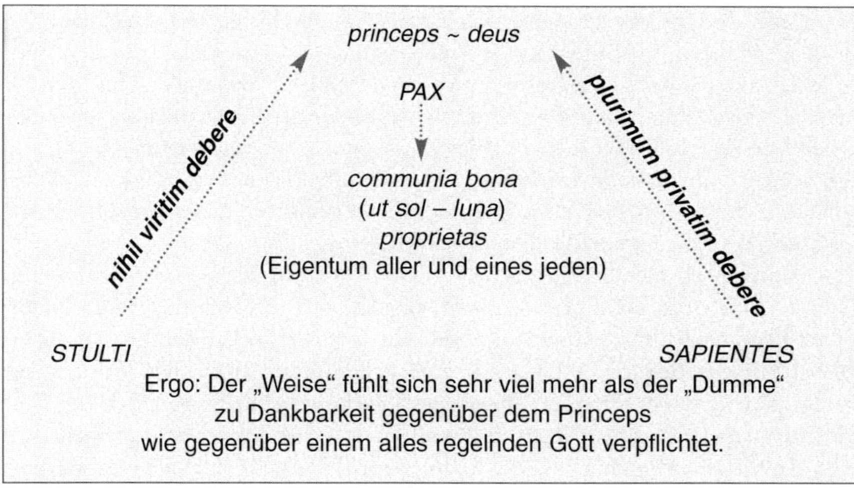


a 107

1. Die Bürger haben eine unterschiedliche Einstellung zum Frieden. Manchen ist der Frieden anstrengender als der Krieg; solche, die den Frieden für üble Zwecke benutzen, können für ihn nicht in gleicher Weise eine Dankesschuld empfinden wie die anständigen Bürger; ihr Verhalten erzwingt zuweilen sogar den Krieg, den sie immer als eine Möglichkeit kalkulieren.
2. Der „Weise" fasst den Frieden als höchstes Gut auf, der Krieg ist für ihn das extreme Gegenteil, das als Dauerzustand abzulehnen ist. Er rechnet den Frieden unter die Gemeingüter der Menschen, die ihn zu Dank verpflichten.
3. Der Vergleich mit Sonne und Mond dient SENECA dazu, den Allgemein- und doch auch wieder Individualbesitz des Friedens zu verdeutlichen. Der Frieden gehört allen(insofern hat jeder dafür auch persönlich dankbar zu sein).
4. Frieden ist kein Privatbesitz, sondern gehört allen; er macht aus jedem Bürger einen *socius*; er gewährleistet somit die *societas*, die Staatsgemeinschaft.
5. Im Grunde gilt heute dieselbe Vorstellung; zwar wird der Frieden durch die militärische Macht des Staates gesichert, die Friedensleistung des Staatsführers ist nicht mehr so unmittelbar präsent, aber jeder Einzelne kann den Friedensprozess beeinflussen, positiv und negativ. Insofern muss Frieden immer als notwendige Bedingung des Staates von jedem erkannt und anerkannt werden.

**Teil 4: Die Leistungen des Staates (4.4)**

Was SENECA über den Frieden gesagt hat, nämlich dass er allen in gleicher Weise und zugleich jedem Einzelnen gehört, also unteilbar, ein *individuum bonum* ist, weitet er nun auch auf den Wert der Freiheit aus: Er stellt das Wertepaar „Frieden und Freiheit", zwischen dem so viel Spannung herrscht, unproblematisch nebeneinander,[4] so als ob das eine notwendig zum anderen gehörte. Beide, allen gemeinsam und jedem persönlich gehörig, sind Gaben des Staates, die der Philosoph genießt, die es ihm ermöglichen, sich nicht zu Waffeneinsatz, Wacheschieben und vielfältigen Abgabeleistungen zu verpflichten. Sie beseitigen für ihn die *publica necessitas.* Das verpflichtet ihn zu Dank dem Staatslenker gegenüber. Die Philosophie lehrt ja vornehmlich auch, sich für gute Leistungen zu einem Schuldverhältnis zu bekennen und dieses durch Gegenleistungen abzutragen, durch Dank und Anerkennung. Quasi als Höhepunkt wird schließlich die Leistung des Staatslenkers für den Philosophen, also das politische *beneficium* zusammenfassend vorgestellt. Dem Manne, dem die Verwaltung (*administratio*) und fürsorgliche Planung des Staates (*providentia*) obliegt, verdankt er: eine reichhaltige Muse (*pingue otium*), eine freie Verfügung über seine Zeit (*arbitrium sui temporis*), eine von öffentlichen Aufgaben ungestörte Ruhe (*inperturbata publicis occupationibus quies*). Damit sind die Leitbegriffe dieses Textabschnittes wieder aufgenommen: *pax et libertas.*

SENECA modelliert hier eine Art Idealstaat unter einem Monarchen, wie er sich ihn als Lösung für einen politischen Zustand vorstellt, in dem Machtträger und Philosophie-Vertreter nicht identisch sind und eine wechselseitige Beeinflussung nicht oder nicht mehr möglich sind. Dass dieser Ansatz utopische Züge hat, liegt auf der Hand und wird durch SENECAS persönliches Schicksal nachhaltig bestätigt. Die Garantie des Friedens schließt nicht notwendig das Vorhandensein von Freiheit ein; selbst dann nicht, wenn man diese als innere Freiheit versteht, die man in einem autoritären Staat durch Rückzug in die private „Nische" gewinnen will.

Nach seinem Zerwürfnis mit Nero[5] hat SENECA als Mitwisser der Pisonischen Verschwörung keine von politischer Belastung ungestörte Ruhe gehabt und noch we-

---

4) GREGOR MAURACH (Der Bau von Senecas Epistulae morales, Heidelberg 1970, 154) nimmt dieses Wertepaar als spannungslose Voraussetzung für die rechte Art des Philosophierens; sie seien die Grundlage für das *otium*, dessen der Philosoph bedarf. Die politische Brisanz dieser Verbindung spielt nach ihm für SENECA offensichtlich hier keine Rolle. Der Kaiserfrieden wird als Leistung des *princeps* angesehen, wofür der Philosoph besonders dankbar ist. Eine solche Deutung des Briefes wird zweifellos der Aussageintention des Autors nicht gerecht. Anders KREFELD, H.: Anpassung und Widerstand. Senecas Philosophie und der Staat seiner Zeit. In: Fortwirkende Antike. Dialog Schule und Wissenschaft (hg. von HÖRMANN, F.) Bd. VI, München 1971, 124-132.

5) „It is true that Nero is never called *rex* directly, but Seneca certainly calls him that by implication, most clearly in passages, where he addresses Nero directly." GRIFFIN, M. T.: SENECA, a.O. 141. In der Vorstellung des *rex* und der ihm zugewiesenen Rolle, wie sie im Brief 73 manifest werden, hat SENECA zweifellos Nero vor Augen und das an ihm festgemachte Idealkonzept eines Staates darf als Kontrastbild zur tatsächlichen Lebenserfahrung des Philosophen verstanden werden. GRIFFIN (149) meint sogar, dass SENECA durch sein „idealized portrait of a particular ruler" Nero quasi einen Spiegel vor Augen hält.

niger die reklamierte Freiheit – allenfalls die Freiheit in der Wahl seines Todes, die er dann auch nutzte: er starb in der Haltung des Sokrates. Darin kehrt sich eine existenzielle Problematik hervor, von der dauerhaft das Verhältnis von autoritärem Staatslenker und freiheitlich denkendem Staatsbürger bestimmt ist.[6]

Tafelbild:

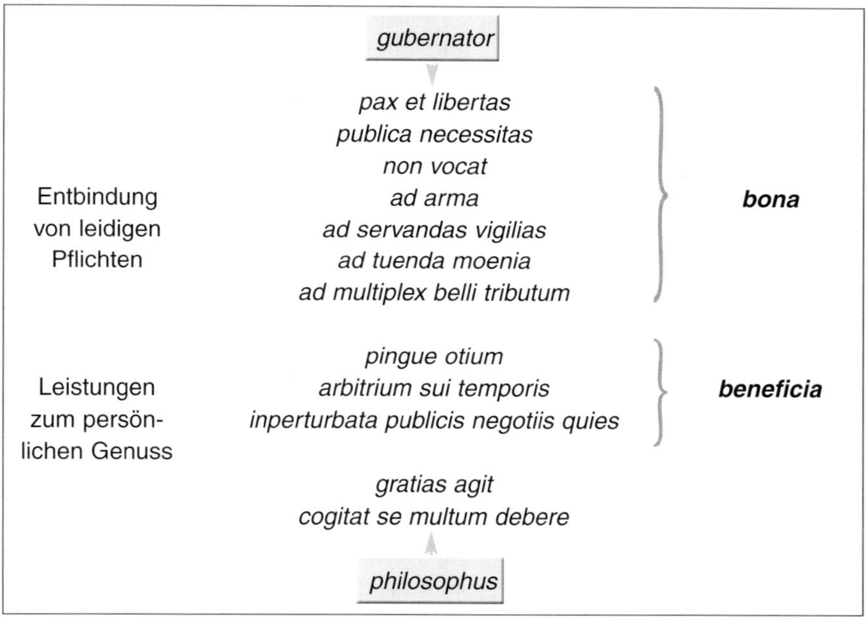


6) Für SENECA hat diese Problematik schon im Jahre 64 zum Bruch mit dem Kaiser geführt im Zuge des Schicksals des Stoikers Paetus THRASEA: „his ideal of being rex“ (GRIFFIN, a.O. 171) wurde durch NEROS Verhalten in diesen Majestätsprozess konterkariert; in diesem Jahr hat er sich auch aus dem politischen Leben zurückgezogen und seine Briefe zu schreiben begonnen. Vgl. dazu auch REINHARDT/SCHIROK, a.O. 25f.; SENECA habe im 73. Brief LUCILIUS eindringlich geraten, sich aus jeder politischen Verantwortung und sonstigen Tätigkeit zurückzuziehen. Er habe seine eigene politische Existenz aus der Sicht der Abfassungszeit als ein Irren bezeichnet (Ep. 83), aus dem heraus jetzt der richtige Weg gefunden sei. Die politische Situation unter Nero verbiete ein Engagement für einen korrupten Staat! MARION LAUSBERG (Cicero – Seneca – Plinius. In: Anregung 37, 1991, 92) meint, in SENECAS Brief bleibe, zumindest was das unmittelbar Erkennbare betrifft, das Objekt ganz außerhalb des Blickfeldes. In Brief 73 führe SENECA aus, dass die vom Herrscher garantierte *securitas publica* die Konzentration auf die Philosophie erst ermögliche. Eine solche Bewertung des Briefes 73 verkennt ganz sicher die SENECA belastende Spannung zwischen Idee und Wirklichkeit. Nero ist die Figur, zu der er ein Gegenbild entwirft.

S. 108

1. Seneca verbindet die Wertbegriffe von *pax* und *libertas* scheinbar problemlos miteinander.
2. In den Genuss dieser Werte bringt den Philosophen der Staatslenker. Dem wird dafür Dankbarkeit geschuldet. Die Lehre der Philosophie verlangt das Anerkennen eines solchen Schuldverhältnisses und eine entsprechende Vergeltung.
3. Unter *publica necessitas* ist die durch politische Unruhen oder gar Krieg bedingte Notlage des Staates gemeint, zu deren Beseitigung der Philosoph sich eigentlich zur Verfügung stellen müsste (durch Waffengang, Wacheschieben, Tributleistung); dass er davon befreit wird, zwingt ihn zu höchstem Dank. Dass sich ein Intellektueller eine solche *publica necessitas* nicht wünscht, ist als angemessen zu betrachten. Das ist heute nicht anders. Der Weise will keinen Krieg.

S. 108

Antworten zu den Aufgabenstellungen zur Gesamtinterpretation des Briefes:

1. Die ganze Tendenz des Briefes (gesuchte oder begründete Distanz des Philosophen zum Staatsdienst) zeigt, dass der Brief nach Senecas Rückzug aus der Politik verfasst ist.
2. Der Philosoph will nicht aktiv am politischen Geschehen beteiligt sein; er hat sich für bedeutendere Aufgaben entschieden. Der Regent gewährleistet ihm den dafür nötigen Frieden und auch die Freiheit, um sich möglichst unabhängig seinen Vorhaben zu widmen. Dafür zeigt er sich, da diese Güter auch eine persönliche Gabe für ihn sind, dem *princeps* mehr dankbar als andere. Dies ist ganz offensichtlich ein Idealkonzept, das Seneca proklamiert.
3. Nur indirekt deutet sich die Existenzlage des Philosophen an: Nach seinem Rückzug aus der Politik schreibt Seneca die Briefe (*Epistulae ad Lucilium*), wofür er die *beneficia* des Regenten braucht: *pingue otium, arbitrium sui temporis, inperturbata publicis negotiis quies.* Für kurze Zeit waren ihm diese politischen „Gaben" auch gegönnt.
4. Die Kombination von „Frieden und Freiheit" mutet einem unter Kaiser Nero – vor allem in der Spätphase seiner Regierung – wie eine Farce an; der Philosoph verhält sich hier so, als wolle er die aktuelle politische Konstellation ironisieren. Senecas erzwungenes Ende ist der Beweis, dass die Theorie und Praxis nicht zusammenpassen, ja dass die Idee von der Wirklichkeit ad absurdum geführt worden ist.
5. In der modernen Staatsform der Demokratie sind „Frieden und Freiheit" tatsächlich die Leitbegriffe und Leitziele der Politik; die Intellektuellen engagieren sich dafür, meist freilich auf Distanz zum politischen Tagesgeschäft, ihren „höheren geistigen Aufgaben" zugetan. Sie sind daher den politischen Akteuren für den gesicherten Existenz- und Arbeitsraum durchaus auch dankbar. Allerdings übernehmen heute nicht selten „Philosophen", „Weise", d.h. Professoren und Literaten politische Ämter; sie greifen also aktiv in die Sicherung eines ausgewogenen Verhältnisses von „Frieden und Freiheit" ein.

## 3. Vergleichstexte

### 3.1 Ciceros Staatsdefinition

In CICEROS Staatswerk *De re publica* unterhalten sich „weise" Männer über die Grundlagen des Staates und die beste Form des Staates; dieses fiktive Gespräch findet im Scipionenkreis statt, der vorwiegend von stoischem Gedankengut geprägt ist. Die von SCIPIO AFRICANUS gegebene Definition des Staates ist grundlegend geworden für europäisches Staatsdenken; sie ist an griechischen Vorbildern, vor allen an ARISTOTELES orientiert. Nach dieser Bestimmung ergeben die Menschen in ihrer Summe den Staat; alles, was das Volk ausmacht, ist der Staat: *res populi – res publica*. Der Staat ist quasi die organisierte Summe aller Menschen.[7] Diese Gemeinschaft ist von Natur aus gegeben, weil im Menschen eine natürliche Veranlagung zur Gemeinschaft steckt: ὁ ἄνθρωπος φύσει ζῷον πολιτικόν – *homo <natura> ... societatis appetens est*. Dieser dem Menschen gemäße Staat ist nach bestimmten Kategorien geordnet, er ist eine Rechts- und Nutzengemeinschaft. Als solcher ist er sozusagen der notwendige Existenzraum des Menschen, in ihm erfüllt sich seine Wesenheit. Der Staat ist Finalgrund der menschlichen Existenz. Er ist ein Ausdruck seiner *humanitas*. Die Menschen brauchen den Staat und müssen für ihn da sein. Dieser Staat bedarf der geistigen Führung (wie im Anschluss an die vorgelegte Textstelle formuliert), eines *consilium*, einer „Herrscherweisheit, Steuerkunst".[8] Gerade die geistig Hervorragenden müssen sich dafür einsetzen, ihn führen, damit er nicht in die Hände Minderwertiger gerät und die geistig Führenden den weniger Begabten zu dienen hätten. Das richtige, gute Leben erfüllt sich im Teilhaben am Staat.

CICEROS Konzept steht dem von SENECA diametral entgegen. Der Staat ist hier nur als „das Öffentliche" (*publica*) bezeichnet, als ein Bereich, im dem man lediglich lebt, mit dem man sich also auch nicht identifizieren kann. Man nimmt die angebotenen Güter an, „genießt" den Staat, wobei anderen die Führung überlassen ist. Die Menschen brauchen den Staat, doch sie engagieren sich nicht dafür; gerade die „Weisen" gehen auf Distanz, sie gehen anderen, „höheren" Vorhaben nach, der Staat muss ihnen dafür die Voraussetzungen garantieren: Frieden und Freiheit. Dafür erweisen sie sich dankbar und duldsam.

Bei CICERO ist die Staatsform der Republik sozusagen das Modell für dieses Konzept, bei SENECA die des Prinzipats. Die tragische Parallele ist, dass beide in dem Staat, den sie in Idealform darstellten, persönlich auf grausame Weise gescheitert sind, der eine durch die Henker der Proskription, der andere durch den vom *princeps* befohlenen Selbstmord.

---

7) Dazu grundlegend SUERBAUM, W.: Vom antiken zum frühmittelalterlichen Staatsbegriff, Münster 1970, 1 ff. Dabei ist festzuhalten, dass *populus* und *res publica* nicht identisch sind. Zwar tritt in der ciceronianischen Definition ein starkes personales Element hervor, doch muss man *res publica* auffassen als die „Gesamtheit der Angelegenheiten und Interessen des gesamtes Volkes. Staat ist also im römischen Denken ein abstrakter Bergriff" (SUERBAUM). Das bedeutet aber nicht, dass der Staat bestimmt wird als eine nur „abstrakte Macht, die dem Individuum befehlend oder gestaltend gegenüber tritt." So KUNKEL, W.: Römische Rechtsgeschichte. Eine Einführung, Köln/Prag 1956, 18 f.

8) So von KARL BÜCHNER (De re publica, Heidelberg 1984, 123 f.) wiedergegeben.

Tafelbild:

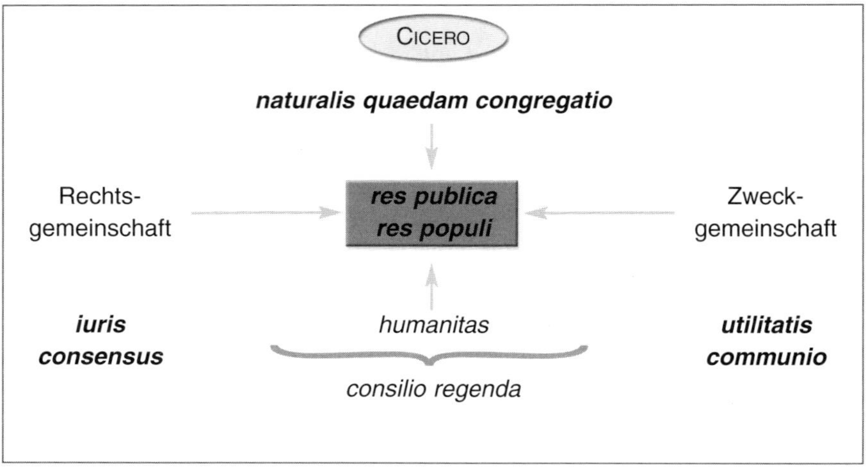
CICERO
naturalis quaedam congregatio
Rechts-
gemeinschaft
res publica
res populi
Zweck-
gemeinschaft
iuris
consensus
humanitas
consilio regenda
utilitatis
communio

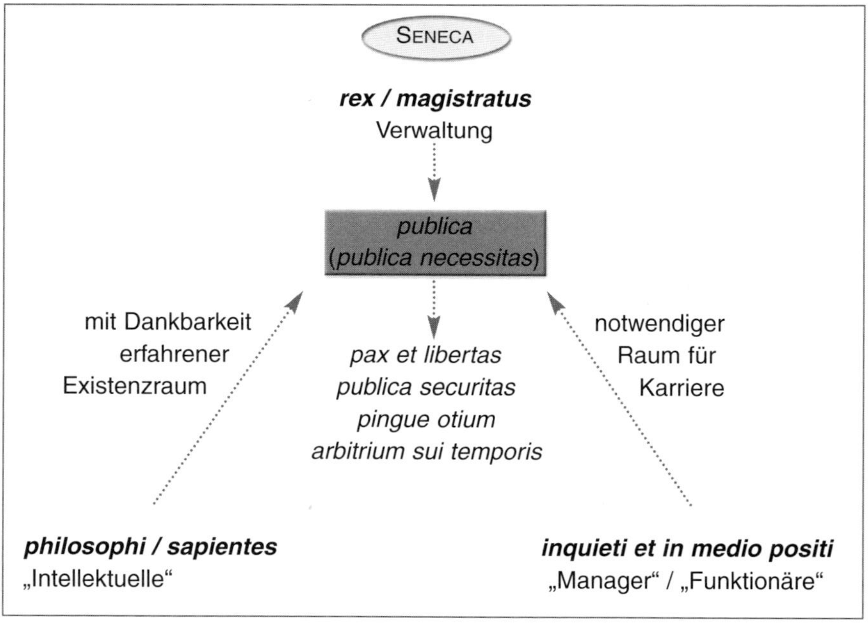
SENECA
rex / magistratus
Verwaltung
publica
(publica necessitas)
mit Dankbarkeit
erfahrener
Existenzraum
pax et libertas
publica securitas
pingue otium
arbitrium sui temporis
notwendiger
Raum für
Karriere
philosophi / sapientes
„Intellektuelle“
inquieti et in medio positi
„Manager“ / „Funktionäre“

1. *Res publica – res populi*: das Volk als Ganzes sieht sich als Staat, jeder Einzelne ist ein Teil davon und trägt zur Einheit der Gemeinschaft bei; insofern ist die Identifikation der Bürger mit dem Staat geradezu „naturgegeben".
109 2. Der Staat ist eine *naturalis quaedam congregatio,* also eine naturbedingte Vereinigung der Menschen, er ist die Konsequenz aus der menschlichen Natur: *Homo ... societatis appetens* entspricht dem aristotelischen Diktum. Auch für SENECA ist der Mensch ein *animal sociale*; das sich darin manifestierende Bedürfnis wird allerdings im autoritären System des Prinzipats anders befriedigt als in der Republik.
3. Mit *consilium* ist hier gemeint „die planende Organisationskraft", „die Fähigkeit zur geistigen Führung"; diese können einer besitzen (Monarchie), mehrere (Aristokratie) oder das Volk (Demokratie).
4. Die beste Verfassung ist gegeben, wenn das Volk an der Regierung beteiligt wird; in der römischen Republik hatte das Volk durch das Wahlrecht Anteil an der Regierung.
5. Ciceros These ist insofern folgerichtig, als die Freiheit des Intellektuellen nicht gewährleistet ist, wenn dieser sich von anderen beherrschen lässt.
6. Siehe dazu die Tafelbilder auf S. 143.

### 3.2 Thomas von Aquin

Schon die kurze Textpartie aus *De regimine principium* (I 1) lässt erkennen, dass sich THOMAS VON AQUIN in der Frage der Staatsentstehung direkt an ARISTOTELES anschließt (und damit indirekt mit CICERO übereinstimmt). Hier ist das ζῷον πολιτικόν unmittelbar ins Lateinische übersetzt: *animal sociale et politicum.*[9] Das *φύσει* ist mit *naturale* (*est homini*) aufgenommen. Der Aspekt der *naturalis necessitas,* die sich daraus ergibt, dass kein Mensch für sich autark leben kann, mag ein platonischer Einschlag sein (PLATON spricht von der χρεία – „Bedürftigkeit" des Einzelnen, die den Staat notwendig macht).

Allerdings muss dem Schüler verdeutlicht werden, dass für den christlichen Staatsdenker THOMAS der Mensch nicht hinsichtlich seiner ganzen „Person und aller seiner Güter auf die Gesellschaft hingeordnet" ist; vielmehr ist der ganze Mensch auf Gott hinzuordnen.[10] Deshalb ist für THOMAS „die absolut beste Verfassung die Monarchie, insofern hier das metaphysische Prinzip der Regierung der Vielheit durch

---

9) „Zu den wesentlichen *inclinationes* der menschlichen Natur gehört für Thomas von Aquin der Trieb zur Gesellschaft, weshalb er den Menschen ein *animal naturaliter politicum et sociale* nennt." Ontologisch gründet also der Staat in der Natur des Menschen – nicht wie bei HOBBES und ROUSSEAU auf einem Willensentschluss –, rechtlich auf dem Naturgesetz. Deswegen ist er jedoch keineswegs ein von Natur erzwungenes Produkt, wie etwa ein Bienenstock, sondern dank der rationalen Natur des Menschen „in seiner geschichtlich konkreten Gestalt eine Gründung menschlicher Vernunft und menschlichen Willens." So MATZ, U.: Thomas von Aquin. In: Klassiker des politischen Denkens I, von Plato bis Hobbes (hg. von MAIER, H. u.a.), München 1968, 135.

10) Vgl. hierzu und zum Folgenden MATZ, a.O. 239ff.

das Eine (im Verhältnis von Gott und Welt, Seele und Körper) zur reinen Darstellung kommt." Der Inbegriff des *summum bonum* ist der Frieden, der durch den Monarchen zu gewährleisten ist. Allerdings empfiehlt THOMAS aus praktischen Gründen eine so genannte gemischte Verfassung, die sich als eine Art „konstitutionelle Monarchie" versteht, wobei er auch hier ARISTOTELES nahe kommt, der die so genannte „Politie", ein *regimen mixtum,* bevorzugt. Die „gemischte Verfassung", die CICERO favorisiert, ist das römische Pendant.
Das „höchste Gut", dass das *bene vivere* ermöglicht, „enthält auch als Ziel der Gesellschaft die Vervollkommnung ihrer Mitglieder als freier Menschheit". Die Sicherung von Frieden und Freiheit durch den Regenten bzw. die Regierung erinnert sehr stark an SENECAS Maxime; auch dort ist der Regent in Funktionsanalogie zu Gott gebracht. Bei SENECA hat dieser Bezug freilich nur die Aufgabe eines Vergleiches, bei THOMAS ist es eine fundamentale theologische Wahrheit, auf der sein Staatskonzept gründet. Gott ist der Existenzgrund des menschlichen Staates. THOMAS' politische Vorstellung ist eingebettet in das umfassende Verhältnis von Gott und der Welt, in deren Beziehung der Mensch seine eigentliche und letzte Sinnerfüllung erhält. Daraus ergibt sich für ihn auch die Identifikation des Einzelnen mit dem Staat und dessen Anerkennung der leitenden Persönlichkeit.

Tafelbild:

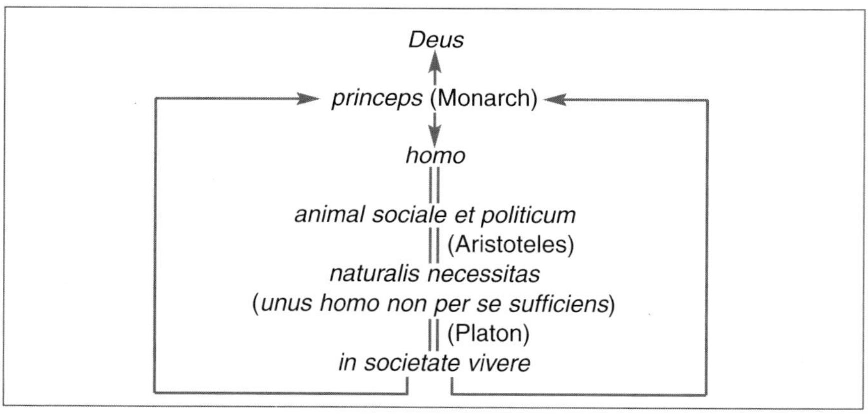


a
S. 111

1. Nach THOMAS VON AQUIN ist der Mensch von Natur auf den Staat angelegt (*naturale est* ...); das entspricht dem φύσει bei ARISTOTELES und dem *naturalis quaedam congregatio* sowie dem *natura* bei CICERO. Im *animal sociale et politicum* ist fast wörtlich das aristotelische ζῷον πολιτικόν aufgenommen, es entspricht inhaltlich genau dem *homo communionis et societatis appetens* bei CICERO. Mit ARISTOTELES und CICERO gemeinsam ist die aus praktischen Gründen vorgenommene Bevorzugung eines *regimen mixtum.*
2. Die Fähigkeit, den Frieden zu gewährleisten, wird von THOMAS VON AQUIN in besonderer Weise vom Staatsführer erwartet, auch das Vermögen, die Spannung zwischen Frieden und Freiheit konfliktfrei zu halten. Die Friedenssicherung ist

für ARISTOTELES ein Gebot an den Herrscher, für die Römer ist die Erhaltung der *Pax Romana* politische Maxime (die freilich auch den Krieg als Mittel zulässt). Bei SENECA ist die Werteverbindung *pax et libertas* ein politisches Ziel, das sich der Philosoph als idealen Zustand vorstellt, das er aber in seiner aktuellen politischen Umwelt als unrealisierbar erkennen muss.

### 3.3 Thomas Hobbes

Nach HOBBES' Auffassung beendet der Staat einen vorstaatlichen Zustand,[11] den von Natur gegebenen Zustand des „Krieges aller gegen alle"; der Mensch ist nicht von Natur aus des Staates bedürftig, er ist nicht auf Gemeinschaft angelegt, bezeichnend dafür ist das Leitwort: *homo homini lupus*. Seine menschliche Eigenheit besteht im Selbsterhaltungstrieb, der sich bis zur Tötung des anderen aktivieren kann. Der Staat ist sekundär bedingt, insofern er die Folge der Notwendigkeit ist, die natürliche Brutalität des Menschen in Schach zu halten,[12] also um die Wolfsnatur des Menschen zu bändigen. Der Staat kommt also durch einen rationalen Akt zustande, aus der Einsicht, dass die Erhaltung aller Menschen eines Systems der Sicherung bedarf; das setzt einen Willensentschluss voraus. Daraus ergibt sich eine Vereinbarung, eine Konvention, der zufolge durch Stimmabgaben auf eine Person oder Personengruppe die Leitung des Staates übertragen wird. Die Entscheidung erfolgt nach dem Mehrheitsprinzip, so dass auch diejenigen, die ihre Stimme nicht dem Gewählten gegeben haben, zu gehorchen bereit sind oder es sein müssen. Insofern ist die gesamte wählende Menge von Menschen, die sich eine regierende Gewalt geschaffen hat, der Staat: *res publica* oder *civitas*. Sie sind Teile am Körper des Staates, jeder Einzelne konstituiert den Staat mit, ist also gewissermaßen ein Stück der Identität des Staates. Der Leitung kommt absolute Macht zu, die aber zu Ende ist, wenn sie nicht mehr den Willen seiner einzelnen Mitglieder repräsentiert. Erst der so geschaffene Staat gewährleistet ein zivilisiertes Leben, ermöglicht Kultur und damit das *bene vivere*.

HOBBES steht damit diametral den Auffassungen eines ARISTOTELES, CICERO, SENECA und THOMAS VON AQUIN entgegen, wobei sein Konzept in Ansätzen schon in der griechischen Sophistik vorgeprägt ist. Der „Weise", der „Philosoph" ist wie jeder Bürger Teil dieses durch Vertrag geschaffenen Staates, genauso zu Gehorsam verpflichtet und in seinem Lebensvorhaben auf die Funktionsfähigkeit des Staates angewiesen. Von einer metaphysischen Verankerung des Staates ist keine Rede. Inso-

---

11) „Erst seit Hobbes gibt es eine ausgesprochene Lehre von einem Naturzustand als dem Zustand, der der Staatsbildung vorausgeht." So HANS MAIER: Hobbes. In: Klassiker des politischen Denkens I, a.O. 63.

12) HOBBES hat die Herrschaft des Staatslenkers abhängig gemacht von dessen konsequentem Einsatz wider das ursprüngliche Menschsein, gegen die „Natur-Brutalität" des Menschen. Vgl. dazu SCHMITT, C.: Der Leviathan in der Staatslehre des Thomas Hobbes, Köln 1982, 34ff.; nach SCHMITT sei der absolute Staat „der Unterdrücker eines im Kern, nämlich in den Individuen, unterdrückbaren Chaos."

fern der Souverän (der absolute Monarch) Ordnung, Sicherheit und letztlich Frieden im Inneren des Staates garantiert, ist er in der Funktion mit dem Regenten im römischen Prinzipat vergleichbar (nicht aber in den Verfassungsbedingungen, die zu seiner Herrschaft führen). Erklärbar wird auch, warum das HOBBESSCHE Staatsmodell für diktatorische Regime des 20. Jh.s (bes. des „Dritten Reiches") Orientierungsvorgabe geworden ist.

Tafelbild:

**Staat**
(*res publica / civitas*)
↓
nicht aus Gemeinschaftsbedürfnis
des Menschen
↓
Notsystem zur Zügelung
der Wolfsnatur
↓
**Staatsführer**
(*summa potentia*)
↓
Aufgabe der Sicherung der
Bürger gegen sich selbst
(gegen ihre *humanitas*)
↓
an Gesetze nicht gebunden: absolut

Im Vergleich der Staatsentwürfe von HOBBES und den früheren Denkern darf jedoch festgestellt werden: Hier stoßen zwei verschiedene staatstheoretische Konzepte aufeinander, die in einem extrem konträren Verständnis des Menschen ihren Grund haben; diese lassen sich in den beiden pointiert formulierten Dicta gegenüberstellen:[13]

| Thomas von Aquin | Thomas Hobbes |
|---|---|
| *Homo homini amicus.* | *Homo homini lupus.* |

13) Umfassender dazu VERFASSER: Der Staat als Ungeheuer. Hobbes' Leviathan im Vergleich mit Ciceros De re publica. In: Lebendige Vermittlung lateinischer Texte. In: AUXILIA 18, Bamberg 1988, 141 ff.

a . 112

1. Hobbes sieht die Existenz des Staates nicht als Bedingung der Natur an, der Mensch trägt nicht die Anlage dazu in sich, er ist von Natur kein Gemeinschaftswesen. Der Staat ist nur ein Notsystem zur Zügelung der Wolfsnatur des Menschen, insofern ist er indirekt oder sekundär eine Folge der menschlichen Natur. Bei SENECA, CICERO und THOMAS VON AQUIN ist der Mensch ein *animal natura sociale.*
2. Die HOBBESSCHE These lautet: *Homo homini lupus.* Die heutigen politischen Systeme mit ihrer polizeilichen Apparatur lassen vermuten, dass der Staat vornehmlich oder für einen Teil der Bürger eine Ordnungs- und Sicherungsaufgabe hat. HOBBES' These ist nicht unrealistisch. Doch entbehrt eine Antwort hierauf objektiver Erkenntnisse. Dem pessimistischen Menschenbild lässt sich durchaus mit guten Gründen auch ein optimistisches entgegenstellen; das Christentum z.B. hat ein solches Menschenbild. Auf jeden Fall sollte die Antwort fundiert begründet werden.
3. Der Staatsführer muss bei HOBBES die Fähigkeit haben, seine absolute Macht so auszuüben, dass er die Interessen aller Bürger angemessen vertritt und alle voreinander schützt, er also das *bellum omnium contra omnes* verhindert. Ein Philosoph ist zu einer solchen rein politischen Machtausübung nicht in der Lage, ihm fehlt dazu wohl die Härte und die Durchsetzungsfähigkeit.
4. Im Dritten Reich konnte HOBBES als Kronzeuge benützt werden, weil sein Regent („der Souverän") im Interesse des Ganzen, d.h. des Staates, selbst an keine Gesetze gebunden, also „absolut" war. Auch für die Spitzen des Nazi-Regimes galt die Maxime: *L' état c'est moi*, von der der von HOBBES mit initiierte europäische Absolutismus bestimmt war.
5. Die Begründung könnte in etwa so sein: „Der Staat als Ungeheuer" tritt uns in Gestalt des Leviathan gegenüber, an dem „jede Hoffnung zuschanden wird." Einen ähnlichen Eindruck vermittelt das Bild Goyas, das uns eine übermächtige, feindselige Gestalt über einem Herrschaftsterritorium präsentiert, in dem die Bürger in Panik auf der Flucht sind. Der „Schrecken des Leviathan" spiegelt sich im Schreckbild des „Gigante".

# Literaturzusammenstellung


## 1. Nepos: Der Eid des Hannibal

Glücklich, H.-J./Reitzner, S.: Die Hannibalbiographie des Nepos im Unterricht, Göttingen, 1985.

Golttsachnigg, D.: Jelusich. In: NDB 10, 398 ff.

Groag, E.: Hannibal als Politiker, Wien 1929.

Hofmann, W.: Hannibal, Göttingen 1962.

Hofmann, H./Pietschmann: Cornelius Nepos, De viris illustribus, Bamberg 1983, 99 ff.

Jelusich, M.: Hannibal, Wien/Salzburg 1934.

Kleinsteubner, H. J.: Stereotype, Images, Vorurteile. Bilder in den Köpfen der Menschen. In: Trautmann, G.: Die hässlichen Deutschen? Darmstadt 1991, 60-68.

Kornemann, E.: Römische Geschichte, Bd. 1: Die Zeit der Republik, Stuttgart 1964.

Maier, F.: Eine Szene mit weltgeschichtlichen Folgen. Hannibals Eid auf die ewige Feindschaft mit Rom. In: Auxilia 14, Bamberg 1988, 18-38.

Schönberger, O.: Von Nepos bis zum Neuen Testament, Auxilia 14, Bamberg 1985, 3-22.

## 2. Caesar: Die Freiheit der Barbaren

Gelzer, M.: Caesar, Politiker und Staatsmann, Wiesbaden 1982.

Maier, F.: Die Freiheit der Feinde. In: Caesar im Visier. Auxilia 37, Bamberg 1995, 83-96.

Ders.: Die Freiheit der Barbaren. Die Geburt des Freiheitshelden Vercingetorix in Caesars *Bellum Gallicum*. In: Zukunft der Antike. Die klassischen Sprachen am Scheideweg, Bamberg 2001, 208-217.

Meier, Chr.: Caesar, Berlin 1982.

Mensching, E.: Caesars Bellum Gallicum. Eine Einführung, Frankfurt 1988.

Münkler. H./Grünberger, H.: Die alten und die neuen Barbaren. In: humboldt spectrum, 6. Jg., Heft 1/99, 26 ff.

Petersen, O.: Freiheit, Sklaverei und die moderne Konstruktion der Rechte. In: Ganz, O. (Hg.): Menschenrechte in der Geschichte, Frankfurt 1998, 141-193.

Richter, W.: Caesar als Darsteller seiner Taten, Heidelberg 1977.

Schieffer, R.: Die Rede des Critognatus (BG 77) und Caesars Urteil über den gallischen Krieg, Gymnasium 79 (1972), 478 ff.

Schwarz, F. F.: Caesar oder der Triumph der Verwirklichung. In: Ianus 11 (1999), 8-14.

Timpe, D.: Rom und die Barbaren des Nordens. In: Begegnung mit dem Fremden (hg. von Schuster, M.), Berlin 1990, 45-70.

Will, W.: Julius Caesar. Eine Bilanz, Stuttgart/Berlin/Köln 1992.

## 3. Livius: Die Kapitolinischen Gänse

Gährken, B.: Livius. In: Interpretationen lateinischer Schulautoren (hg. von Krefeld, H.), Frankfurt 1968, 181-201.

Gruber, J.: Plädoyer für Livius. In: Die Antike als Begleiterin. Dialog Schule und Wissenschaft (hg. von Neukam, P.), München 1990, 26-41.

Ders.: Livius im Unterricht. In: Liviusinterpretationen. Auxilia 38, Bamberg 1995, 4-48.

MAIER, F.: Kapitolinische Gänse schnattern nicht. In: Anregung 40 (1994), 365-371.
DERS.: Die Kapitolinischen Gänse. Aktuelle Stichwörter aus römischer Quelle. In: Maier, F.: Antike aktuell. Eine humanistische Mitgift an Europa, Bamberg 1995, 129-136.
MEUSEL, H.: Die römische Auffassung der Geschichtsschreibung – Ausgewählte Stellen aus der 1. Dekade des Livius (u.a. auch M. Manlius, Galliereinfall). In: Lernziel und Lektüre. Unterrichtsprojekte im Fach Latein (hg. von Römisch, E.), Stuttgart 1974, 67-146.

## 4. SALLUST: Asiens Widerstand gegen Rom

V. ALBRECHT, M.: Geschichte der römischen Literatur, Bd. 1, München/New Providence/London/Paris 1994, 347ff.
BÜCHNER, K.: Römische Literaturgeschichte. Ihre Grundzüge in interpretierender Darstellung, Stuttgart 1962.
HOBSBAWN, E.: Wie viel Geschichte braucht die Zukunft? München/Wien 1998.
KLINZ, A.: Sallust als Schulautor. AUXILIA 11, Bamberg 1985.
DERS.: Sallust als Geschichtsdenker. In: Gymnasium 85(1978), 511ff.
KOSCHINSKI, J.: Dignitas, Libertas, Virtus im Rahmen der Sallustlektüre. In: AU XI 5 (1968), 62ff.
MAIER, F.: Die Idee der Freiheit als politisches Instrument. Überlegungen zum Mithridates-Brief des Sallust. In: Maier, F.: Antike aktuell, Bamberg 1995, 248-255.
DERS.: Kritik am Imperium Romanum: Die Stimme des Ostens. In: Anregung 40 (1994), 82-88.
DERS.: Römischer Imperialismus im Pro und Contra antiker Texte. In: Lateinunterricht zwischen Tradition und Fortschritt, Bd. 3, Bamberg 1995, 81-131.
SCHIROK, E.: Herrschaft und Herrschaftsanspruch. Römisches Selbstverständnis. In: FRUCTUS, Freiburg/Würzburg 1977, 29-32.
VOLKMANN, H.: Antike Romkritik, Topik und historische Wirklichkeit. In: Gymnasium 4 (1965), 9-20.

## 5. SUETON: Das Attentat auf Caesar

ALFÖLDI, A.: Caesars Tragödie im Spiegel der Münzprägung des Jahres 44 v. Chr. In: Schweizer Münzblätter 4 (1953), 1-11.
DAHLHEIM, W.: Die Iden des März. In: Julius Caesar, Die Ehre des Kriegers und der Untergang der römischen Republik, München/Zürich 1987, 190ff.
HANCHETT, W.: The Lincoln Murder Conspiracies, Chicago 1983.
LLOYD, L.: Myths after Lincoln, New York 1929.
MAIER, F.: Die Ermordung Caesars – Die Iden des März. In: Caesar · Bellum Gallicum, Lehrerkommentar, Bamberg 2000, 178-182.
MARTINET, H.: Suetonius Tranquillus, Gaius, Die Kaiserviten, lat. und dt. übers., Düsseldorf/Zürich 1997.
MEIER, CHR.: Caesar, Berlin 1982, 562ff.
RAFFALT, R.: Große Kaiser Roms, München 1977, 21ff.
WILL, W.: Julius Caesar. Eine Bilanz, Stuttgart/Berlin/Köln 1992, 213ff.
WALLACE-HADRILL, S.: The Scholar and his Caesars, London 1983.
WILDER, TH.: Die Iden des März, Frankfurt 1948.

## 6. OVID: Die Lykischen Bauern

v. ALBRECHT, M.: Interpretationen und Unterrichtsvorschläge zu Ovids „Metamorphosen" im Unterricht, CONSILIA, Lehrerkommentar, Göttingen 1984,64-68.

BRUNNER, A.: Gottesbild und Menschenbild. In: Stimmen der Zeit, H. 6 (1985), 363-373.

HENRICHS, A.: Die Götter Griechenlands. Ihr Bild im Wandel der Religionswissenschaft, Bamberg 1987.

MAIER, F.: Der Gott des antiken Mythos – eine Herausforderung für den aufgeklärten Menschen? Anstöße zur Ovid-Interpretation in der Mittelstufe. In: Reflexionen antiker Kulturen. Reihe Dialog Schule und Wissenschaft (hg. von Neukam, P.), München 1986, 78-99.

DERS.: Wie halten wir es mit den antiken Göttern? Ovids „Lykische Bauern" als Unterrichtsmodell. In: Lebendige Vermittlung lateinischer Texte, AUXILIA 18, Bamberg 1988, 53-85.

PETTAZZONI, R.: Die Wahrheit des Mythos. In: Kerenyi, K.: Die Eröffnung des Zugangs zum Mythos, Darmstadt 1982.

RÖMISCH, E.: Metamorphosen Ovids im Unterricht, Heidelberg 1976, 10ff.

STROUX, J.: Ovids Metamorphosen und ihre Behandlung in der Schule. In: v. Albrecht, M./ Zinn, E. (Hg.): Ovid, Wege der Forschung XCII, Darmstadt 1968, 294-315.

VÖGLER, G.: Der Begriff der „Metamorphose" bei Ovid. Am Beispiel der Erzählung von den „Lykischen Bauern" und von „Philemon und Baucis", AU 18,1 (1975), 25-31.

## 7. CICERO: Von der Würde einer fremden Kultur

BENGTSON, H.: Griechische Geschichte, München 1950, 90f.

BLUMENWITZ, D.: Grundlegung der Menschenrechte in der westlichen Kultur. In: Sonderheft der Hanns-Seidel-Stiftung 1 (1995), 5-12.

CHRISTES, J.: Rom und die Fremden. In: Jugend und Bildung im antiken Rom. Zu den Grundlagen römischen Lebens. AUXILIA 43, Bamberg 1997, 97-124.

HARDER, R.: Das Proemium von Ciceros Tuskulanen: Die Antithese Rom – Griechenland. In: Ermeneia, Festschrift für Otto Regenbogen, Heidelberg 1952, 104-118.

HUNTINGTON, S.: Der Kampf der Kulturen, München/Wien 1977.

JÜTHNER, J.: Hellenen und Barbaren. Aus der Geschichte des griechischen Nationalbewusstseins. In: Das Erbe der Alten 8 (1923), 118ff.

LAUFFER, S.: Die wirtschaftliche und soziale Bedeutung der Sklaverei. In: Lebendige Lektüre. Reihe Dialog Schule und Wissenschaft (hg. von Neukam, P.), Bd. 10, München 1977, 3-35.

MAIER, F.: Die Würde einer fremden Kultur. Ciceros folgenreiches Dilemma in Europa (zu Ep. ad Q. fr. II 27-30). In: Zukunft der Antike. Die klassischen Sprachen am Scheideweg, Bamberg 2000, 172-184.

MAIER, H.: Wie universal sind die Menschenrechte? Freiburg/Basel/Wien 1997.

MÜLLER, H.: Das Zusammenleben der Kulturen. Ein Gegenentwurf zu Huntington, Frankfurt 1999.

MÜNKLER. H./GRÜNBERGER, H.: Die alten und die neuen Barbaren. In: humboldt spectrum, 6. Jg., Heft 1/99, 26ff.

WETZ, F. J.: Die Würde des Menschen ist antastbar. Eine Provokation, Stuttgart 1980.

## 8. Horaz: Die Fabel von Stadt- und Landmaus


v. Albrecht, M.: Geschichte der römischen Literatur, Bd. 1, München/New Providence/London/Paris 1994, 565ff.

Bond, R. P.: Dialectic, Eclectic and Myth in Horace, Satires 2,6. In: antichton 19 (1985), 68-86.

Brummack, J.: Zu Begriff und Theorie der Satire. In: Deutsche Vierteljahresschrift für Literaturwissenschaft und Geisteswissenschaft (hg. von Kluckhohn, P.), 45. Jg. (1971), Sonderheft, 276-379.

Büchner, K.: Die römische Lyrik. Texte, Übersetzungen, Interpretationen, Geschichte, Stuttgart 1976.

Holzberg, N.: Die Fabel von der Stadtmaus und Landmaus bei Phaedrus und Horaz. In: Würzburger Jahrbücher NF 17 (1991), 237ff.

Klingner, F.: Römische Geisteswelt, München 1956.

Korzeniewski, D. (Hg.): Die römische Satire. Wege der Forschung, Bd. 238, Darmstadt 1970.

Maier, F.: Passt Horaz in ein modernes Curriculum? Zu Problemen der Dichterlektüre im curricularen System. In: Werte der Antike, Reihe Dialog Schule und Wissenschaft, Bd. 9 (hg. von Hörmann, F.), München 1976, 134-160.

Maier, U.: Eine Facharbeit „Horaz und Tucholsky im Vergleich. Die Satire in Antike und Gegenwart aus der Sicht einer Schülerin“. In: Maier, F.: Lateinunterricht zwischen Tradition und Fortschritt, Bd. 3, Bamberg 1995, 364-386.


## 9. Seneca: Ein Philosoph als Staatsführer?


Büchner, K.: Cicero, De re publica, Heidelberg 1984.

Fuhrmann, M.: Seneca und Kaiser Nero, Eine Biographie, Berlin 1999.

Griffin, M.: Seneca a Philosopher in Politics, Oxford 1976.

Hauck, P.: L. Annaeus Seneca. Ausgewählte moralische Briefe, Berlin 1910.

Krefeld, H.: Anpassung und Widerstand. Senecas Philosophie und der Staat seiner Zeit. In: Fortwirkende Antike. Reihe Dialog Schule und Wissenschaft (hg. von Hörmann, F.), Bd. 6 (1971), 124-132.

Kunkel, W.: Römische Rechtsgeschichte. Eine Einführung, Köln/Prag 1956.

Lausberg, M.: Cicero, Seneca, Plinius. Zur Geschichte des römischen Prosabriefes. In: Anregung 37 (1991), 82-100.

Maier, F.: Der Staat als Ungeheuer. Hobbes' Leviathan im Vergleich mit Ciceros De re publica. In: Lebendige Vermittlung lateinischer Texte. Auxilia 18 (1988), Bamberg, 141-173.

Maier, H.: Hobbes. In: Klassiker des politischen Denkens, Bd. 1 (hg. von Maier, H. u.a.), München 1968, 351-376.

Matz, U.: Thomas von Aquin. In: Klassiker des politischen Denkens, Bd. 1, München 1968, 114-146.

Maurach, G.: Der Bau von Senecas Epistulae morales, Heidelberg, 1970.

Reinhart, G./Schirok, E: Senecas Epistulae morales. Zwei Wege zu ihrer Vermittlung, Auxilia 19, Bamberg 1988.

Schmitt, C.: Der Leviathan in der Staatslehre des Thomas Hobbes, Köln 1982.

Suerbaum, W.: Vom antiken zum frühmittelalterlichen Staatsbegriff, Münster 1970.

Weinreich, O.: Der Staatsmann und Dichter Seneca als politischer Erzieher, Würzburg 1938.

# Inhalt